# 美军化生放核防护教育训练

# US ARMY CBRN DEFENSE EDUCATION AND TRAINING

王永红 主编

中国环境出版集团 · 北京

**图书在版编目（CIP）数据**

美军化生放核防护教育训练 / 王永红主编 . -- 北京：中国环境出版集团，2024. 6. -- ISBN 978-7-5111-5883-3

Ⅰ. E712.3

中国国家版本馆 CIP 数据核字第 2024ZH1780 号

**内 容 简 介**

本书总结了美军化生放核防护演变历程，简要分析了美军化生放核防护教育训练的内涵、分类、要求和原则；分析了美军化生放核防护教育训练的军事需求、战略计划、基本标准、组织管理和对象组成；重点分析了美军化生放核军官、准尉、军士、医学等专业人员的教育训练，美军化生放核防护专业分队的训练，美国陆军、海军、空军和海军陆战队合成部队的单兵和集体化生放核防护训练；梳理了美军化生放核防护教学机构、科研机构以及模拟训练器材等教育训练资源；总结了美军化生放核防护教育训练的特点。

本书系统全面且资料翔实，可以为从事化生放核防护教育训练的指挥人员、管理人员和教学人员提供借鉴，也可以为从事军事教育理论研究的人员提供相关领域理论参考。

**责任编辑** 田 怡
**封面设计** 彭 杉

---

**出版发行** 中国环境出版集团
（100062 北京市东城区广渠门内大街 16 号）
网 址：http: //www.cesp.com.cn
电子邮箱：bjg1@cesp.com.cn
联系电话：010-67112765（编辑管理部）
010-67175507（第六分社）
发行热线：010-67125803，010-67113405（传真）
**印 刷** 北京中献拓方科技发展有限公司
**经 销** 各地新华书店
**版 次** 2024 年 6 月第 1 版
**印 次** 2024 年 6 月第 1 次印刷
**开 本** 787 × 1092 1/16
**印 张** 18.5
**字 数** 392 千字
**定 价** 108.00 元

---

## 《美军化生放核防护教育训练》编审人员

审　　查：王　勇　　董中朝　　刘国宏
　　　　　罗　霞　　韩维涛　　李　鹏

主　　编：王永红

副 主 编：刘志亮　　来永芳　　吴江峰

参编人员：宋剑波　　黄伟奇　　袁　彪
　　　　　单　坤　　周　蔷　　徐照祎

统　　稿：王永红

校　　对：王永红

# 前言

美国作为世界军事强国，非常重视化生放核防护能力建设。美军制定了一系列应对大规模杀伤性武器的战略，编制了完善的化生放核防护条令，拥有先进的化生放核防护装备，实施了全维的化生放核防护教育训练战略计划，促进了美军化生放核防护能力提升。古语云："他山之石，可以攻玉。"我军正向着世界一流军队目标迈进，学习和借鉴美军化生放核防护教育训练的经验做法，具有重要的现实和理论意义。

一是有助于对化生放核环境的认识。刘伯承元帅有句名言，"五行不定，输得干干净净"，五行指的是任务、敌情、我情、时间和地形。未来战场，除了地形气象，还有电磁环境和化生放核环境。未来战场化生放核环境是什么，这是必须回答的问题。美军对核生化环境的认识来源于作战实践，主要来自20世纪末21世纪初的几场战争中。在战场上，军队面临的传统核生化武器威胁降低，而更直接、更现实的危害环境是有毒化学物质和放射性物质释放后形成的环境；在国内，化生放核环境主要来自故意和无意的化生放核事件，故意化生放核事件是由恐怖主义使用大规模杀伤性武器引起的，无意化生放核事件是由事故或自然灾害导致的危害。

二是有助于对化生放核教育训练目的的认识。化生放核教育训练目的有两个：生存和作战。在化生放核环境中首先要保障生存，但是生存并不是最终目的，生存是为了持续作战。在化生放核环境中，对于每名作战人员而言，都必须进行有效地防护，只有每名作战人员掌握了在化生放核环境中自我防护的技能，才能有效地生存。只有有效地生存，才能持续作战。美军规定，除了军人，在化生放核危险环境中的文职人员甚至军事基地的家属也要进行训练。

三是有助于对化生放核防护教育训练内容的认识。化生放核防护教育训练内容很多，美军针对不同的对象确定了不同的教育训练内容和标准。专业力量和非专业力量有区别；各军种有区别；军官和军士有区别；不同的衔级有区别；在不同程度的威胁地区也有区别。

四是有助于对化生放核教育训练理念的认识。化生放核训练是军队作战训练的一个重要组成部分，其教育训练的理念继承了军事训练的基本理论、原则和要求，但化生放核防护训练也有其特点：首先，强调实毒训练。因为只有经过实毒训练才能对所穿戴的防护器材的防护能力充满信心，美军各军种新兵入伍训练时均要在毒气室进行训练。其次，强调融合训练。化生放核防护是作战人员的一项基本技能，掌握这项技能的目的是在化生放核环境中持续作战。因此，美军的化生放核专业力量训练中融入了作战训练内容，在合同训练和联合训练中融入了化生放核防护训练内容。最后，注重远程学习。美军分布全球，依托联合知识在线、陆军知识在线和海军知识线等平台，为各军种不同层次需求的人员提供学习化生放核防护知识的途径。

本书由王永红负责总体设计。具体分工为：第一章由王永红撰写，第二章由王永红、吴江峰撰写，第三章由刘志亮、袁彪撰写，第四章由王永红、吴江峰撰写，第五章由宋剑波、周蔷撰写，第六章由刘志亮、徐照祎撰写，第七章由来永芳、单坤撰写，第八章由王永红撰写，第九章由刘志亮、黄伟奇撰写，第十章由王永红撰写。

本书在撰写过程中得到各级领导的高度重视，国防大学王勇教授，军事科学院防化研究院韩维涛副研究员、李鹏副研究员，陆军防化学院董中朝教授、刘国宏教授、罗霞教授等提出了许多宝贵意见，在此表示衷心的感谢。

由于作者水平有限，书中难免有遗漏和不完善之处，敬请读者批评指正。

作　者

2023 年 12 月于北京

# 目录

# 第一章 美军化生放核防护教育训练概述

美军化生放核防护训练起源于第一次世界大战中的化学战，随着核生化武器的出现和发展而不断丰富和完善，经过100余年的发展，形成了成熟完整的教育训练体系。

## 第一节 化生放核防护演变历程

美军化生放核防护经历了核生化武器防护和有毒有害物质防护与化生放核一体化防护演变的过程。化生放核防护的变化历程说明了美军面临的威胁、危害种类和重要性发生了变化，军队防护的使命任务也随之调整变化。

### 一、战场核生化武器防护

战场核生化武器防护是美军化生放核防护的起点和重要内容，起源于第一次世界大战的化学防护，随着生物武器和核武器的出现，形成了核生化防护。

#### （一）化学武器的使用，催生化学防护

美军的化学防护始于第一次世界大战。1914年10月以后，德军和法军相继在战场上试验性地使用了刺激剂武器，揭开了第一次世界大战化学战的序幕[①]。如1914年10月27日，德军向新夏佩法军第2军阵地发射了3 000发105 mm榴霰弹，由于法军毫无防护准备，德军首次使用达成了目的。法军于1914年秋季开始，在战场上对德军使用填充刺激剂的手榴弹、枪榴弹和炮弹。但总体来说，这段时间，德军和法军使用化学武器都带有试验性质，只是将刺激剂装入常规弹药内，由于数量较少，取得的军事效果不明显。1915年4月22日，德军在伊珀尔附近开展了大规模的化学攻击，造成法、英联军约1.5万人中毒伤亡，此战成为第一次世界大战大规模化学战的开端，

① 纪学仁．化学战史[M].北京：军事译文出版社，1991：10.

也标志现代化学战登上历史舞台。

1917 年 4 月，美国宣布参加第一次世界大战对同盟国作战。此时，美军尚无专业化学战机构，为了适应战争需要，美军采取了一系列措施，促进了自身化学战和化学防护的发展。美国在国防部地雷局成立了化学战研究委员会，具体工作由 5 个联邦机构分别负责；10 月，成立统一管理化学战的专门机构——化学战务署，该署下辖医疗处、训练处、研究处、毒气生产处、防毒器材生产处、发展处和试验场。

1917 年 10 月，美国建立了毒剂弹药厂——埃奇伍德兵工厂，该兵工厂是美国最大的化学战装备研究和生产机构。耶鲁大学、俄亥俄州立大学、麻省理工学院等大学承担了大量化学战研究工作。

美军于 1917 年将工兵 31 团改编为毒气团，1918 年扩大为化学旅（3 个团、54 个连），有士兵 1.5 万人，军官 1 500～2 000 人。1918 年停战时，美军化学部队共有士兵 20 518 人、军官 1 680 人。此外，美军在各集团军、军和师司令部设有化学军官管理化学战勤务岗位。

在第一次世界大战中，美军缺乏化学毒剂探测手段，主要采用鼻嗅侦察化学毒剂，后来发明蒸汽野战探测器，并曾使用动物进行化学毒剂探测。利用三角铁、钟等进行化学报警。建立了第一个实验室，重达 110 t[①]。

在第一次世界大战期间，美军生产了大量的防毒面具、防毒油膏以及消毒器材，据统计共生产并配发了约 600 万具防毒面具、60 t 防毒油膏及其他防毒和消毒器材，生产了超过 60 万具训练面具。

在化学洗消方面。化学洗消剂主要有漂白粉、防护药膏等；洗消装备比较简单，采用扇子、蒸汽消毒罐、消毒卡车[②]等工具和设备进行洗消。

由于缺乏足够的装备与训练，美国在第一次世界大战的战场伤亡比例很大，据美国医疗部门统计，美国远征军受毒气伤害人数达 70 552 人，占美军战时受伤医院治疗人数的 31.4%[③]，占作战伤亡人数的 29%[④]，在所有参战国中伤亡比例最大。

生物战初露端倪。第一次世界大战爆发后，许多国家在一两年内保持中立。德国意识到一些中立国可能会支援协约国，决定破坏这样的局势。从 1915 年开始到 1917 年结束，德国在美国、罗马尼亚、西班牙、挪威和阿根廷等国，使用炭疽杆菌和马鼻疽杆菌感染运往协约国的军用骡马。在第一次世界大战中，德国对美国巴尔的摩、纽波特

① History of Chemical and Biological Deterctors, Alarms, and Warning System. U.S. Army Soldier and Biological Chemical Command, 3-6.

② History of Decontamination. U.S. Army Soldier and Biological Chemical Command.

③ TC 3-8 Chemical Training. Heaquaters Department of the Army, 29 September: 1994: 2-1.

④ 纪学仁 . 化学战史 [M]. 北京：军事译文出版社，1991：9.

纽斯、纽约以及诺福克等地的战马和骡马进行袭击。首次尝试是在1915年初，一名叫斯顿伯格的人携带马鼻疽杆菌进入美国，并将病菌交给美国医师艾伯，让他把病菌抹在马鼻子上，或投到马的饮水罐中，但此次行动未取得成功。1916年，同盟国在美国发动的生物战达到顶峰。[①]但由于效果不明显，美国未采取生物战的防护措施。

### （二）生物武器的出现，催生化学生物防护

第一次世界大战结束后，反对化学武器的呼声越来越高，1921—1922年，英、美、法、日和意5国在华盛顿召开的裁减军备会议上通过了化学战应予完全禁止的提案。1925年6月17日，37个国家的代表在日内瓦签订了《禁止在战争中使用窒息性、毒性或其他气体和细菌作战方法的议定书》（以下简称《日内瓦议定书》），这是首次将化学武器和生物武器作为一体提出。但当时的世界强国并没有认真执行该议定书，继续进行化学和生物军备，德国生产了7 800 t化学战剂[②]，日本生产了8 000 t[③]，德国和日本化学生物武器的发展引起了美国的高度关注。

20世纪20年代初，美国化学战政策摇摆不定，陆军内部主张，美国将不发动化学战，但要做好同类报复以及在敌人使用化学武器时保护自身安全的准备，同时主张撤销化学战务署。化学战务署从最多时2万人一度削减到不足500人。20世纪30年代，美国修订了化学战的基本政策，1935年，恢复了埃奇伍德兵工厂部分功能，但由于经济危机，孤立主义占上风，化学战备发展缓慢。直到1941年12月，美国于第二次世界大战后，其化学政策发生实质性变化，开始重整化学军备，化学战备经费拨款为1940年的近30倍，1942年的经费达10亿美元。化学兵从战前的约2 000人增加到1941年的约6 600人，1943年最高兵员达到66 000余人。化学兵的主要任务是实施化学进攻，同时还担负喷火、发烟等任务。在化学防护装备发展方面，美国共生产并配发3 500万具军用和民用面具，7 000万具防毒口罩和其他防护装备[④]。

20世纪20年代早期，化学战务署内部有人建议进行生物战研究，但当时的化学指挥官Fries认为不值得这样做。20世纪30年代，化学武器有了长足发展，但生物战很少引起人们的注意。虽然没有大规模化学生物战剂使用，但化学生物战剂的谣言和报告依然引起美国情报官员注意，最终导致美国决定进行研究，并建立报复性生物战能力。

---

① 朱建新 . 生物战史 [M]. 北京：时事出版社，2015：28-31.

② Jeffory K, Smart M A. History of Chemical and Biological Warfare: An American Perspective. U. S. Army Chemical and Biological Defense Command, Aberdeen Proving Ground, Maryland, 21010-5423: 36.

③ Ibid., 37.

④ 纪学仁 . 化学战史 [M]. 北京：军事译文出版社，1991：253-254.

第一次世界大战后，德国再没有实施生物战袭击行动。但资料表明，德国事实上进行了生物战准备。1934 年，英国《泰晤士报》报道了有关德国在巴黎进行生物媒介激化物试验的事件。有关德国生物军备的情报，刺激了美国生物军备神经，加速了美军生物军备和生物防护的发展。第一次世界大战结束以后，法国率先启动生物军备，直至第二次世界大战德国入侵时停止，其技术水平领先其他国家。日本从 20 世纪 30 年代初开始生物战备，至 1945 年战败结束。日本生物战备在总体上落后于欧美，但日本通过残忍的人体细菌实验，取得了其他国家难以获得的结果。加拿大、英国也开展了生物战备。美国生物军备晚于德、法、苏、日、英、加等国，1941 年，美国在陆军部成立了生物战研究局，战争期间进行了多种细菌和病毒的研究，1942 年，生物战被指定为化学兵的功能。尽管美国在生物战研究方面取得领先，但生物防护准备不足，物理防护和生物防护不能有效防护各种战剂的感染。生物战训练虽然有所进步，但一直使用模拟战剂。

随着化学生物军备的加剧，化学生物防护装备技术水平不断提高。20 世纪 40 年代，美军研制生产了 M4 芥子气侦毒箱、M5 液体侦毒膏、M6 液体侦毒纸、M7 系列侦毒棒、M9 系列化学毒剂侦察箱、M10 化学毒剂分析箱、M11 毒烟识别箱、M12 毒剂采样箱和神经性毒剂自动报警器等器具。还建立了 M1 野战实验室，重达 21 000 磅，需要 7 辆卡车进行运输；标准化了 M2 基地化学实验室；建造了 M3 机动化学实验室。第二次世界大战以前，陆军对生物战剂探测的需求不明显。在 20 世纪 50 年代以前，陆军只依赖野战采样和实验室鉴别。①

第二次世界大战期间，美军研制生产了 M1 系列、生物 M2 系列、M3 轻型系列、M4 轻型系列、M5 战斗、M7、M8 等面具，其中生物 M2 系列超过 800 万具。

洗消剂主要以漂白粉和防毒膏为主，20 世纪 30 年代生产 DR1 洗消剂用于海军舰船，并开始研制氯化物，非腐蚀性洗消剂。1945 年，德国发现神经性毒剂，美国开始测试针对神经性毒剂的标准洗消剂，开启生物战剂洗消计划。洗消装备方面：美国先后研制了洗消喷洒器、海军专用洗消设备、大规模洗消设备、M1 洗消装置、M2 洗消装置、M3 系列洗消装置、M4 洗消装置、M5 洗消装置、M5 防护膏盒等。

### （三）核武器的出现，催生核生化（NBC）防护

1945 年 8 月 6 日和 9 日，美军在广岛和长崎分别投下了 1 枚原子弹，两枚原子弹分别为 1.4 万 t 和 2 万 t TNT 当量。广岛伤亡 14.4 万人，其中死亡 6.8 万人，67% 建筑

---

① History of Chemical and Biological Detectors, Alarms, and Warning System. U.S. Army Soldier and Biological Chemical Command, 7-15.

物被毁；长崎伤亡 14.4 万人，其中死亡 3.8 万人，40% 建筑物被毁。原子弹的使用标志人类战争进入了核武器时代，核防护也随之登上历史舞台。冷战期间，美苏核军备竞赛达到登峰造极的程度，两国的核弹头之和超过 6 万枚，足以毁灭地球好多次。

核武器的出现，并没有使化学武器退出历史舞台。从第二次世界大战结束到 1975 年的 30 年时间里，世界上发生了 140 多起局部战争和大规模武装冲突。在这些局部战争和武装冲突中，曾发生近 20 起指控使用化学武器的事件。其中，已证实使用了化学武器并具有一定规模的有 1950—1953 年美军在朝鲜战争中的化学战；1961—1973 年美军在越南战争中的化学战。伊拉克同伊朗的两伊战争进行了较大规模的化学战。2012 年以来，叙利亚内战中曾多次使用化学武器。

第二次世界大战结束后，美国、英国和加拿大继续生物军备合作，但到 20 世纪 50 年代末期，英国和加拿大放弃了生物武器计划，美国则单独继续其生物军备直至 70 年代。

在此期间，核生化防护装备技术水平得到了长足发展。

在核爆监测方面，20 世纪七八十年代，美国研制部署了天基核爆探测系统和天基辐射探测系统，实现了全球范围地面、空中和太空核爆炸实时 / 近实时监测；通过国际核监测系统，实现了全球地面、地下和水下核爆炸监测。近年来，美国天基核爆探测技术取得新进展，主要有新一代 GPS 星基核爆探测器和“太空与大气爆炸报告系统”，美国核探测能力将进一步加强。

在核辐射监测方面，主要装备有 AN/UDR-13、AN/VDR-2、AN/PDR-75、AN/PDR-77 辐射仪，ADM-300A 多功能剂量探测仪等。

在化学侦察方面，一是化学侦察装备不断标准化，如侦毒箱、侦毒纸、化验箱、机动实验室。二是研制了多型化学自动报警器，20 世纪 50 年代有 M5 自动 G 类毒剂固定装置报警器、M6 系列自动 G 类野战报警器；60 年代有 M18A1、M18A2 化学毒剂报警器、M7 自动野战 V-G 毒剂报警器、M8 自动化学毒剂报警器；80 年代有 M8A1 自动化学毒剂报警器，在“沙漠盾牌 / 风暴”中，美国陆军使用了 12 000 部；90 年代有改进型化学毒剂报警器（ICAM）、M22 自动化学毒剂报警器。三是研制了化学遥测报警装备，20 世纪 60 年代，研制了 E49 遥测感知报警器（1 200 英尺*）；90 年代，研制 M21 遥测化学毒剂报警器，提出了化学毒剂侦察卫星概念，轨道 300 km，近实时报警（10 min），但没有完成。研制联合军种轻型遥测化学毒剂报警器（JSLSCAD）探测范围 360°，距离 5 km。

在生物侦察方面，20 世纪 50 年代，生产了 M17 生物战剂采样箱。60 年代，M19

*：　1 英尺 =0.304 8 m

化生放（CBR）毒剂采样和分析箱，M34化生（CB）毒剂采样箱，出现自动生物战剂报警早期概念和工作。1974年，开始开发生物探测和报警系统（BDWS）。90年代，研制了M31自动生物战剂集成侦察系统（BIDS）和M94远距离生物遥测侦察系统（LR-BSDS），搭载在直升机上，生物模拟战剂探测距离15～20 km。提出近距离生物遥测探测系统的概念，探测距离5 km。

在核生化综合集成方面，20世纪80年代，美国研制了XM87核生化侦察系统，全部集成核生化探测、报警和通信，搭载在M113装甲输送车、M3布雷德利步战车和高机动多用途轮式车。90年代，研制了多用途集成化学毒剂报警器（MICAD），集成核生化侦察、报警和报告系统，专门为区域报警、战斗和装甲车辆以及战术方舱和防护系统设计。建立了联合报警报知网络（JWARN），连接核生化探测器与战术通信系统，提供核生化报警、报告和战场管理。研制了M93核生化侦察系统（FOX）、联合军种轻型核生化侦察系统（JSLNBCRS）、斯特瑞克核生化侦察车，满足不同作战部队的核生化侦察需求。

在个人防护装备方面，不断完善单兵防毒面具，20世纪90年代研制了M45化生面具、XM50联合通用面具。此外，还针对坦克、战斗车辆、飞机等装备平台的需要，研制了专门的面具，如M14和M25坦克面具，M24和M43飞行人员面具，M42系列战斗车辆面具，M48阿帕奇飞行人员面具等。

在核生化洗消方面，一是洗消剂，20世纪50年代，陆军主要关注神经性毒剂洗消，同时关注芥子气洗消；研制有超级热漂白（Supertropical Bleach）洗消剂，继续检测不同的生物洗消剂。60年代，研制了非腐蚀洗消剂（DS2），1979年，陆军决定用DS2作为生物洗消剂。80年代，改进化学/生物毒剂洗消剂，研发多用途化生洗消剂。二是洗消装备，先后研制轻便型（M13洗消装置）、车载式（M3A3洗消装置）、喷气式（XM16）、拖车型（M7/M7A1洗消装置）、非水型（XM19非水装备洗消系统、XM20非水车辆洗消系统）、车辆工事内部型（XM15）、吸附型（M100吸附洗消系统）、个人用（M13个人洗消包、M258皮肤洗消盒、M295个人装备洗消盒）等洗消装备。

为了加强生化防护教育训练，1952年，美军在亚拉巴马州麦克莱伦堡建立新的训练中心和学校——陆军化学兵学校。

原子弹出现后，生物、化学武器仍在继续发展，生化威胁继续存在，美军称为原子、生物和化学（ABC）战，原子、生物、化学武器防护出现一体化，被称为原子、生物、化学（ABC）防护。20世纪40年代末50年代初，曾短时间用过化学、生物和放射性（CEBAR）战。1951年9月10日，化生放（CBR）被指定为化学兵的三项核心功能，成为陆军和化学兵的官方术语，如CBR军官和CBR军士。1952年11月1日美国爆炸了第一枚氢弹后，ABC这一术语就不再使用了。20世纪70年代中期，化学兵开始使用 NBC 术语，但只有化学兵军士用核生化作为称谓，而军官叫化学军官。

## 二、战场放射性和化学物质防护

20 世纪末和 21 世纪初，美军发动和主导了几场局部战争，在这几场局部战争中，交战双方都没有使用核生化武器，但美军在战场上面临了新的化学和放射性环境。一是贫铀弹的使用造成了局部放射性环境。贫铀弹是指以贫铀为主要原料制成的导弹、炸弹、炮弹、子弹等。贫铀炸弹中一般含有 300～400 g 贫铀，大型导弹每枚约含 11～12 kg 贫铀。贫铀燃烧时产生的大量云雾状氧化铀会沾染坦克等装甲车辆的表面，形成放射性污染源。贫铀可通过呼吸道吸入、弹片嵌入、伤口污染等多种途径进入人体。二是因化学设施遭袭，形成化学污染环境。

1900—1991 年以美国为首的多国部队发动的海湾战争，在战争中，美军使用了贫铀弹打击伊拉克的坦克，贫铀弹超过 80 万枚，重达 300 多 t，造成了一定范围和程度的放射性污染；在“沙漠风暴行动”结束时，伊拉克油井燃烧，露天销毁伊拉克毒剂火箭弹，都产生了低浓度毒烟，这使美军面临有害化学物质的威胁。

波黑战争 1994—1995 年期间，美军投下了 10 800 枚贫铀弹，达 2 750 kg。1999 年科索沃战争中，北约空袭南联盟，美军使用了 3.1 万枚贫铀弹，达 8 500 kg[①]。北约空袭南联盟，南联盟的大量化学设施遭袭，对战场造成了化学污染，北约要求美军化学兵去侦检和鉴别各种有害物，由于美军的现役装备主要针对传统毒剂，而且训练也是基于传统毒剂，美军在现场无法完成任务。

2003 年伊拉克战争中美军也使用了大量贫铀弹。

## 三、应对全球化学生物恐怖

20 世纪末 21 世纪初，全球恐怖主义一度十分猖獗，生化恐怖成为现实威胁。1995 年 3 月 20 日，日本奥姆真理教制造了骇人听闻的东京地铁沙林毒气事件。东京时间 8—9 时许，以东京地铁霞关站为中心的日比谷、丸之内和千代田 3 条地铁线 16 个车站的站台上以及 5 列地铁车厢内发生沙林毒气事件。事发时正值上班高峰期，地铁内人员密集，危害极大，共造成 12 人死亡、5 500 余人中毒、14 人终身残废，其中中毒较重住院治疗的有 1 036 人[②]。此后，奥姆真理教又在新宿、横滨等地制造

① 陈揭剑 . 战时贫铀弹所致肾病的特点及防治 [J]. 人民军医，2013，56（5）：589-590.

② 于义风 . 反核生化恐怖 [M]. 北京：解放军出版社，2004：93.

了多起毒剂恐怖事件。东京地铁沙林毒气事件，开创了恐怖组织使用大规模杀伤性武器进行恐怖活动的先例。这一事件引起全世界的震惊和各国对反核生化恐怖活动的重视。

为了应对全球核生化事件，1996 年 4 月 4 日，美国海军陆战队成立了一支应对化生恐怖分子的快速响应部队——化生事件响应队（CBRF）。为应对本土的核生化恐怖袭击，美国于 1998 年开始建立应对大规模杀伤性武器民事支援队（WMD-CST）。

2001 年 9 月 11 日上午 9 时，美国遭受历史上最严重的恐怖袭击，纽约世贸大厦和华盛顿的五角大楼均遭到袭击。9 月 18 日，恐怖分子寄出第一批 5 封含有炭疽病毒的邮件，美国《太阳报》发现首例炭疽病例，此后美国政府部门、国会、主要媒体、驻外机构、民众和其他一些重要目标遭受了连续的炭疽恐怖袭击，造成美国国内恐慌，截至 11 月 30 日，有 18 人感染，其中 5 人死亡[①]。由于美国人越来越担心遭受生化恐怖袭击，市场上的防毒面具、防毒服、炭疽疫苗及各种类型的抗生素药物脱销。与此同时，一些有关生化战争以及如何应对生化武器袭击的书籍也供不应求。

美国意识到，过去轻视了国土内的安全。而“9 · 11”事件后，恐怖主义成为威胁美国国内安全的重要因素。2002 年 9 月，美国制定了《应对大规模杀伤性武器的国家战略》，该战略将敌对国家和恐怖分子手中的大规模杀伤性武器（核武器、生物武器和化学武器）作为美国安全面临的最严重威胁之一，将不扩散、反扩散和后果管理作为应对大规模杀伤性武器的三大支柱。2006 年 3 月，美国发布了《应对大规模杀伤性武器的国家军事战略》，提出了六项指导原则、四大军事战略举措和八项作战任务。

## 四、化生放核一体化防护

21 世纪初，美国为了同时应对传统的核生化武器和非传统的有毒有害物质，提出了化生放核概念。化生放核（CBRN）是化学、生物、放射性与核的简称。化生放核包括 3 个层面：第一层面是传统的化学武器、生物武器和核武器；第二层面是非传统的大规模杀伤性武器（简易装置），包括简易化学装置、简易生物装置、放射性散布装置和放射性爆炸装置、简易核装置；第三层面是有毒工业物质（TIM），包括有毒工业化学物质、有毒工业生物物质和有毒工业放射性物质。如图 1-1[②] 所示。

美军用“化生放核”取代“核生化”，表明美军作战环境的改变和职能任务的转

① 于义风 . 反核生化恐怖 [M]. 北京：解放军出版社，2004：134-140.

② ATP 3-90.40 Combined Arms Countering Weapons of Mass Destruction[R]. Headquarters, Department of the Army, 29 June 2017: 1-2.

型：一是从单纯的应对核生化武器扩展到应对化生放核有毒物质，二是从单一的战场作战防护扩展到本土防御，为地方当局提供军事支援，进而发挥应对恐怖主义和消除大规模杀伤性武器的作用。

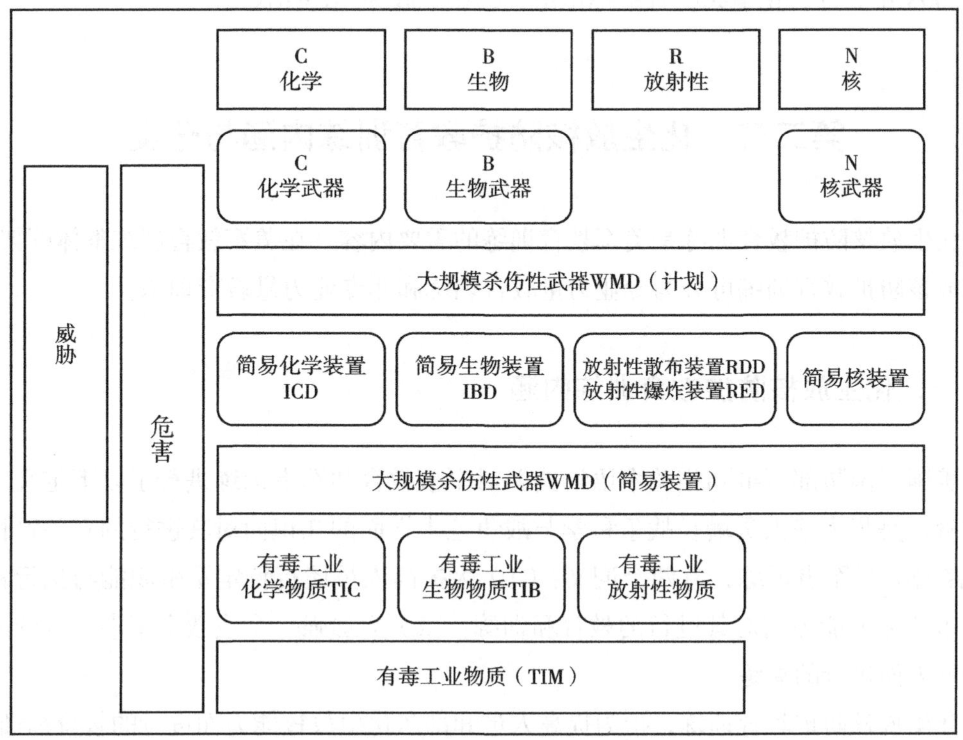


**图 1-1 化生放核要素**

化生放核术语提出后，美军对各军事领域相关术语进行了更新。

一是美军出版物都将“核生化”换成了“化生放核”。2004 年，美国国防部发布了《化生放核防护年度报告》，2005 年 8 月 26 日，美军正式将条令中的“核生化”改为“化生放核”①，如《JP 3-11 化生放核环境作战》《JP 3-40 化生放核后果管理》《FM 3-11 多军种化生放核作战条令》等。

二是美军化学兵的称谓、岗位和标识也换成了化生放核。2006 年 7 月 13 日，美国陆军人力资源司令部通知，化学兵职务名称由“核生化”改为“化生放核”②；2007 年 2 月，化学军官和军士教育系统的课程名称由“化学和核生化”改为“化生放核”；

① Major Joseph J. Hauer. The Chemical Corps’Conversion from NBC to CBRN[J]. Army Chemical Review, July-December, 2007: 4-6.

② U.S. Army Human Resourse Command, “Notification of Future Change to DA Pam 611-21, E-0704, Revision of Enlisted Career Management Field (CMF) 74 (Chemical) and Military Occupational Specialty (MOS) 74D (Chemical Operations Specialist)”, memo, 13 July 2006.

2007年5月21日，美国陆军人力资源司令部通知，化学军官职务名称由“化学和核生化”改为“化生放核”①；2008年1月11日，“陆军化学兵学校”改为“陆军化生放核学校”②。

2008年8月，化学兵的臂章标识由“GAS”改为“CBRN”。

## 第二节　化生放核防护教育训练内涵与分类

化生放核防护教育训练是美军教育训练的重要内容。在美军教育训练整体框架内，化生放核防护教育训练可分为专业力量教育训练和非专业力量教育训练。

### 一、化生放核防护教育训练内涵

美国《国防部军事和相关术语词典》对军事教育和军事训练进行了以下定义。军事教育，是指为使人员增长战争科学与战争艺术方面的知识而对其进行的有关科目的系统教学。③军事训练，有两个词义：（1）为提高人员履行特定军事职能与执行特定的军事任务的能力而对其进行的教育和训练；（2）为加强一个或数个军事单位的战斗准备能力而进行的演练。

化生放核防护教育训练，指为提高人员和部队化生放核能力而进行的教育和训练。化生放核防护训练需要达到的目的有两个：生存标准和作战标准。生存标准是个人必须掌握的，以便在化生放核爆攻击中生存，体现在生存和基本操作动作上。作战标准也是个人必须掌握的，以便在化生放核爆条件下保证整个部队继续作战。

化生放核防护教育训练的主要内容包括：对核生化袭击和危害进行判断、识别、报警和采取合适的防护行动；规避、通过沾染区域；以最小的干扰抵挡敌人核生化袭击；当部队在面向不同任务的防护状态（MOPP）级别时执行指定的任务；洗消人员和装备；使用化生放核危害预测系统预测下风方向危害；敌人核生化袭击前、中、后运用合适的防护程序；快速、准确地提交NBC1、NBC3和NBC4报告；维持核生化

① U.S. Army Human Resourse Command, “Notification of Future Change to DA Pam 611-21, O-0804-06, Revision of Officer Branch 74 (Chemical) and Area of Concertration (AOC) 74A (Chemical, General), Skill Identifier (SI) L3 (Technical Escort) and 5H (Nuclear Target Analyst; Deletion of AOC 74B (Chemical Operations and Training), and AOC 74C (Chemical Munitions and Materiel Management),” memo, 21 May 2007.

② United States Army CBRN School. http://en.wikipedia.org/wiki/United_States_Army_CBRN_School.

③ JP 1-02 Department of Defense Dictionary of Military and Associated Terms. 8 November 2010: 234.

防护、探测和洗消装备。

化生放核防护教育训练从力量性质角度可以分为专业力量教育训练和部队化生放核教育训练。从训练层级角度可分为单兵训练、集体训练和演习。

## 二、化生放核专业力量教育训练

### （一）化生放核军官职业军事教育

军官职业军事教育，是指对少尉以上各级指挥与参谋军官进行的军事教育，主要在各级军事院校实施，目的是使军官掌握与职业岗位相符合的知识和技能。军官职业军事教育采取逐级逐职培训的方式，包括 5 个层次：任命前教育、初级职业军事教育（少尉 O1 至上尉 O3）、中级职业军事教育（少校 O4）、高级职业军事教育（中校 O5 和上校 O6）和将官职业军事教育。

1. 任命前教育。培训对象是候任军官，重点讲授基础知识和基本技能，任命前教育在军种军官学校、后备军官训练团和候补军官学校进行。

美国的军种军官学校是培养武装部队骨干力量的学校，被誉为“三军军官的摇篮”，共 3 所，即陆军军官学校（西点军校）、海军军官学校（安纳波利斯海军学校）和空军军官学校（斯普林斯空军学校）。招收应届高中毕业生，学制 4 年。该类学校注重学员的德智体综合素质的全面发展，重视学习科学文化知识，培训基础职业技能，强化身体素质。毕业后授予少尉军衔。

后备军官训练团是美军设在地方高校和招募在校学生的机构。学习成绩和身体素质均合格的地方大学生可自愿报名参加。军队承担后备军官训练团学员的学费，并发放津贴。毕业后，达到少尉军官任命要求的被授予少尉军衔。现在美国陆军在 250 多所大学设有后备军官训练团，海军在 68 所大学设有后备军官训练团，空军在 143 所大学设有后备军官训练团 ①。

候补军官学校是美军士兵、军士和准尉提升军官的预备学校。现有 4 所（陆军、海军、空军和海军陆战队各 1 所），招收 20～28 岁具有大学毕业水平的优秀士兵、军士和准尉，也招收经过挑选的大学毕业生，学制 3～6 个月。主要学习武器使用、分队战术、军兵种知识及指挥领导方法等课程。毕业后授予少尉军衔。

新入伍的化生放核军官首先接受化生放射毒剂、有害物质、烟幕和洗消行动，以及个人防护服和装备使用的培训。培训的难点是在化学防护训练设施进行实毒训练，毒物训练是所有化学兵部队初级入门和专业发展课程的强制性组成部分。

---

① 董鸿宾 . 美国军事基本情况 [M]. 北京：军事科学出版社，2013：416.

2. 初级职业军事教育。培养对象是少尉至上尉，重点讲授军种战术问题，在初级院校进行。初级院校包括两个层次的尉官培训：

（1）新任命少尉军官任职前，到各军种化生放核学校进行与所任职务和工作相对应的专业学习；培训内容从化生放核基础军官领导课程（BOLC）开始。该课程为核生化基础知识，并结合了化生放核参谋职责、参谋作业、行政程序、组织和人事管理等方面的知识，也包括后勤行动、单兵和部队战术行动等。毕业后，学员被授予军官专业代码 74A。

（2）上尉级别军官培训教育。在本课程中，化生放核军官会进一步发展并加强技能和知识学习，包括在领导、训练管理、书写和口头通信、陆军作战（基础和条令）、参谋程序、核生化防护（基础和条令）、烟幕与火焰行动、洗消和侦察等领域。上尉职业培训课程是化生放核军官参加的最后一次化生放核防护课程，在其职业生涯中，不再进行正规课堂式的化生放核知识学习。军官在服役满五年后，便可参加这项课程。

3. 中级职业军事教育。培训对象是少校军官，重点讲授战役作战，在中级院校进行。中级院校分为指挥参谋与专业技术两类。指挥参谋类中级院校包括陆军、空军和海军陆战队的指挥参谋学院，以及海军战争学院的指挥参谋系。培训对象为服役 7～15 年的中级军官，学制 10 个月；主要学习战役层次联合部队的指挥与运用，培养分析能力和创造性思维；毕业后晋升中校或上校军衔。中级专业技术院校为中级专业技术提供本科以上的学历教育，包括军种所属的海军研究生院、空军技术学院，国防部所属的国防测绘学院、国防新闻学院、国防采购学院、三军医科大学等。

4. 高级职业军事教育。培训对象是中校和上校军官，重点讲授战略问题和战争艺术，在高级院校进行。高级院校主要招收服役 16～23 年的中校和上校军官，多数取得硕士以上学位，学制 10 个月。学习内容包括国家军事能力和指挥体制、联合作战理论、战役计划以及联合作战指挥。毕业后晋升上校或将官，担任师、军级指挥职务和军以上高级司令部的参谋职务。现有高级院校 6 所，分别是国家战争学院、武装部队工业学院、陆军战争学院、空军战争学院、海军陆战队战争学院和海军战争学院。

5. 将官职业军事教育。培训课程有“拱顶石”课程、“联合部队军种司令部指挥官”课程和“顶点”课程等。

### （二）化生放核准尉职业军事教育

准尉分为五级，从低到高分为一级、二级、三级、四级和五级准尉。

一级准尉是由陆军部长任命，二级及以上级别的准尉，由美国总统任命。一级准尉和二级准尉具有相应军官的权力，重点是熟练掌握技能，以及操作和保养本领域 /

军职专业直接相关的系统。当他们成为操作保养的专家后，重点则转为将所用系统与兵种系统整合在一起。

三级准尉是级别较高的技战术专家，履行技术领导者、训练者、操作员、管理者、保养员、维护者、整合者和顾问等职责。他们还履行上级赋予的、与兵种有关的其他职责。随着他们的级别越来越高，他们关注的重点是与更大的陆军系统整合在一起。

四级准尉是级别更高的技战术专家，履行技术领导者、管理者、保养员、维护者、整合者和顾问等职责，并担任许多兵种级职务。他们关注的重点是将兵种系统、陆军系统与联合部队级系统、国家级系统整合在一起。

五级准尉是最高级别的技战术专家，履行技术领导者、管理者、整合者和顾问等职责。他们是所属兵种的高级技术专家，担任旅级或更高级别的职务。

美陆军在新修订出版的陆军部手册 600-3《军官职业发展与任职管理》中，明确了连级至军级岗位化生放核准尉的职务与职责。

### （三）化生放核士兵职业军事教育

陆军化学兵士兵入伍训练包括基础作战训练和高级单兵训练（AIT），采取“一站式”训练，基础作战训练完成后，在陆军化生放核学校接受高级单兵训练，内容包括化生放核侦察、洗消和发烟初级训练，此外还接受化生放核防护装备训练，毕业后，获得 MOS 74D。

初级教育，对象为下士（E4），在服役的第四年进行。培训课程是化生放核基础军士课程（BNCOC），内容包括战斗生存技能、化生放核维护、准备化生放核攻击、化学生物毒剂特征以及其他。毕业学员将作为指挥员的主要建议员。没有获得 E7 等级的士兵，在其后的职业生涯中不能参加正规的化生放核教育。对于 1 个职业士兵而言，相当于 18 年没有另外的正式的专业训练。

中级教育，对象是上士（E6）或三级军士长（E7）。培训课程是化生放核高级军士课程（ANCOC），该课程的主要目的是提供化生放核防护作战、后勤和维护管理方面的高级技术和战术教令。这是职业士兵最后一次正规的化生放核教育，在其后 25 年中不再有类似教育。

海军陆战队化生放核士兵与陆军类似。

### （四）分队训练

美军化学兵分为侦察分队、洗消分队和发烟分队。训练内容包括战斗训练和专业训练。

## 三、非部队化生放核防护训练

这里的部队是指除化生放核专业力量以外的各军兵种部队，部队化生放核防护训练包括军官、士兵和集体 3 种对象。

### （一）军官化生放核防护训练

陆军军官的化生放核训练主要在入伍训练阶段完成。

海军军官的训练分为 4 级：1 级为初级，包括威胁武器效应、化生放核防护和生存技能，洗消程序，使用化生放气密室；2 级为高级舰艇生存和损害控制训练，包括化生放核防护任务；3 级为舰艇生存和损害控制队训练，同时在岸上和舰上进行；4 级为舰艇生存管理训练。

空军军官的训练分为 3 级：初级训练、作战训练和继续 / 再发展训练。

海军陆战队军官的初级化生放核训练与士兵相同。

### （二）士兵化生放核防护训练

陆军士兵。通用技能训练分为 4 级：1 级为士兵技能，2～4 级为士兵领导技能。1 级技能共有 7 项化生放核训练科目[①]；2 级技能共有 6 项化生放核训练科目[②]；3 级技能为化生放核训练科目；4 级技能为 1 个化生放核训练科目[③]。

海军士兵。分为 4 级：学徒 E1—E2，熟练工 E3—E4，精通级 E5—E6，职业级 E7—E9，每级都对应不同的化生放核防护训练。

空军士兵。分为 3 类：入伍训练、作战训练和继续 / 再发展训练，此外，还有应急管理训练。

海军陆战队。分为 3 类：入伍训练、维持训练和继续教育。

各军种士兵的化生放核防护训练详见第八章。

### （三）集体训练

集体训练主要包括车组、班、排、连、营和旅训练。车组训练主要训练车组乘员之

---

① STP 21-1-SMCT Soldier's Manual of Common Tasks Warrior Skills Level 1[M]. Heaquarters Department of the Army, September 2012: 3-154-3-182.

② STP 21-24-SMCT Soldier's Manual of Common Tasks Warrior Skills Level 2, 3, and 4[M]. Heaquarters Department of the Army, September 2008: 3-28-3-43.

③ 同，3-211.

间的协调以及战术动作，班、排、连、营主要进行战术训练，旅主要进行司令部训练。

### 四、化生放核防护演习

演习是一种高级的训练，目的是评估、维持战士、领导、分队、参谋和部队的能力。按照演习的难易程度可分为：（1）研讨会及演讲；（2）图上演习；（3）指挥所演习；（4）战术模拟演习；（5）野战训练演习；（6）实弹演习等。

化生放核防护演习分为化生放核专题演习和化生放核背景下的演习。按照组成力量可分为单一军种演习、诸军种联合演习和多国联合演习。单一军种演习由各军种组织实施，如陆军的"突然响应（Vibrant Response）""红龙（Red Dragon）"。海军要求所有海军设施每半年进行一次化生放核模拟战术演习，较大的基地每三年进行一次桌面和全体人员参与的训练演习。空军要求所有设施制定想定和进行演习，化生放核爆低威胁地区要求每年举行一次，中、高威胁地区每半年举行一次。海军陆战队每年举行"热情哨兵""警惕的盾牌"等演习。诸军种联合演习，由各战区举行，如北方司令部举行的系列"北方边界"演习。多国联合演习由美军和盟国或伙伴国家举行，如美韩在韩国每年举行一次代号为"能够响应"的生物威胁响应联合军事演习，以及"黑暗冬季""高官"等演习。

化生放核背景下的演习。一般由合成部队组织实施，设置化生放核条件。2017 年 10 月，美国陆军第三步兵师第一旅在欧文堡进行演习，条件设定为在大规模杀伤性武器条件下作战。2017 年 3 月，美国海军陆战队在冲绳展开防核生化演习，包括 MV22 鱼鹰倾转旋翼机在内的装备投入了演习。驻韩美军经常进行核生化条件下的作战演习。

## 第三节　化生放核防护教育训练要求与原则

美国从国防部到美军各军种都对化生放核防护教育训练提出了相关要求。

### 一、训练要求

美军各军种对化生放核防护教育训练提出了严格的要求。

#### （一）陆军

陆军要求所有士兵必须参与单兵化生放核防护任务，确保在任何条件下具有持续作战和执行任务的能力。化生放核防护训练集成到基础战斗训练和专业训练的各个阶段。

### （二）海军

美国海军作战部指示《支持作战舰队准备的化生放核需求》（OPNAVINST 3400.10F）指出，在高威胁或有潜在污染环境的所有海军行动中，指定的海军负责制定任务需求和实施管理化生放核防护政策。该指示进一步明确海军训练主任根据美国舰队司令部和舰队指挥官的要求，制定和实施化生放核基本、一般和具体训练。该指示还明确了其他海军人员在化生放核防护理论和训练中的作用。海军作战部副部长负责审查海军的化生放核防护规划政策，确保其符合国家指导方针，并确定海军对化生放核事件的立场。为了促进条令和相关训练的发展，海军情报总监收集、分析和发布化生放核威胁信息。

《海军水面部队训练手册》和《海军航空部队训练手册》为水面和航空部队明确了详细的训练指导和要求，包括化生放防护个人和部队的训练和人员资格要求。

海军战术参考手册《舰载生物战 / 化学战防御与对抗》（NTRP 3-20.31.470）[ 称为《海军舰艇技术手册》（NSTM）470 ]，指出化学和生物战争防御不是舰艇独立于其他任务的单一任务。船舶在危险环境中作战，包括各种有毒环境，化学或生物环境应被视为有毒环境的潜在叠加形式。化生放核的危害有可能影响船舶的每一个功能和任务，包括飞行甲板操作、井甲板操作、武器操作等，所有这些都应该在化生放核条件下进行。该手册指出，通过定期训练，穿戴个人防护装备造成的操作能力损失可以降到最低。

（NSTM）470 确定了 3 种训练类型：适应、集成、检测和洗消。

适应：经常在穿戴防护服和装备的情况下训练是有益的。

集成：人员穿着防护服时，应集成训练，并包含适合其专业与使命有关的任务（岸上和水面）。在舰艇部署前的训练周期中，海上训练小组（ATG）通过训练和演习评估化生放核防护训练和其他训练。

检测和洗消：有一套训练模拟器可用于检测和洗消技术的练习。检测和洗消是舰载训练演习和评估的一部分。

具体要求：军官、医疗代表和损害控制助理人员已确定职责，并要求进行专门的化生放核训练。此外，应训练舰桥人员监测已安装的化生放核系统，并熟练操作手动化生放核检测系统。操作专家接受过化生放核危害和报告程序方面的训练。

（NSTM）470 还明确了熟练程度标准，要求现役人员能够在 9 s 内戴上口罩，并在 8 min 内完成全套化学防护装备穿戴，达到北大西洋公约组织（北约，NATO）的标准。附加文件确立了对普通海军人员和特定海军部队（包括水面部队和航空部队）的要求和熟练程度。

海军作战部指示《海军基地应急管理程序》（CNO 3440.17）明确了海军基地和设施应急和后果管理，该指示适用于自然灾害和人为灾害，包括化生放核灾害。这些指示规定了对海军设施作出响应的作用和责任，以及协调海军指挥机构与其他部门、联邦、州和地方当局的程序，以便对紧急情况采取协作。此外，这些文件规定了训练和演习的要求，以便那些可能需要在灾害期间作出反应或继续行动的人做好准备。如有可能，预计将按照现有的国家级证书要求进行训练；额外的训练是通过网络教学或由指定的训练有素的化生放核防护教育人员提供的训练。

## （三）空军

空军的政策是在化生放核爆中度或高度威胁地区内训练和装备人员，或部署人员。空军要求所有空军人员在全维军事行动中具有应对化生放核作战的适当知识。空军化生放核爆训练政策规定，所有驻扎在化生放核爆高、中度威胁地区的军事人员都要接受为期 20 个月的重复训练。课程包括化生放核爆防护训练课程、爆炸物响应训练课程和化生放核爆任务资格培训。空军强调，单兵必须进行化生放核防护训练，这样他们才能在被攻击条件下生存，有利于提高部队生存能力和作战的熟练程度。

空军条令指示《应对化生放核作战》（AFDD 2-1.8）指出：每个空军士兵都必须拥有适当的教育水平，以符合其军衔和专业，必须了解化生放核原则、威胁环境、机构特点和适当的缓解策略，以确保被化生放核袭击时的防护能力。负责应对化生放核防护的空军人员还应该了解当地机构、其他军种、盟军和联盟伙伴应对化生放核的能力。

空军人员接受教育和训练，随后通过演习和战争游戏加强。为了确保有效性，化生放核防护教育和训练必须通过验证，主要包括军种、联合、盟军和联盟演习，以及使用经过时间验证的演习原则和战争游戏。在演习中，参与者应展示他们的能力，穿上个人防护装备，履行战时职能，并继续在真实的化生放核环境中作战。此外，所有重要的演习和战争游戏都应该包含化生放核事件，并强调后果管理和作战功能，包括指挥与控制、应急管理、情报、监视和攻击后侦察、计划、后勤、医学响应、部队防护、个人和集体防护。指挥官应不断评估训练和军事演习对其部队执行战时任务能力的影响。

空军和多军种的指示、指南、手册和小册子为化生放核应急管理行动的组织、装备和训练提供实质性资料。空军指令《空军应急管理规划计划和行动》（AFI 10-2501），为减轻和应对重大事故、自然灾害、常规攻击（包括使用高威力炸药的攻击）、恐怖分子使用化生放核材料造成的物理威胁建立了职责、程序和标准。该指南还提供了应急管理训练课程和目标受众的完整列表。

AFI 10-2501 给分配到具体行动、基地相关职责的人员定义了职责和训练需求，如响应特别小组、紧急行动中心和污染控制小组。指南要求所有人员接受训练，在穿戴完整的个人防护装备的情况下执行必要的任务。此外，指南还为初始和持续培训提供了指导。

空军政策指令《应对核生化作战准备》（AFPD 10-26）中规定，“建立空军应对核生化作战准备计划，制定政策，确保空军计划、组织、培训和装备人员，能够在核生化武器的威胁或攻击下完成指定任务”。

### （四）海军陆战队

海军陆战队的政策要求所有海军陆战队进行化生放核防护训练，以确保部队的完整性、凝聚力和化生放核防护专业知识。美国海军陆战队的理念是训练海军陆战队在任何战场条件或环境下完成作战任务。集成化生放核训练确保海军陆战队了解化学放核防护的全部内容。

海军空地特遣部队化生放核防御作战理念指出，要在化生放核条件下作战并取得胜利，首先需要运用有效的反击、主动防御和火力等措施，被动防御（防护）也是化生放核防御的重要内容，包括感知、塑造、屏蔽和维持 4 个概念范畴。

海军陆战队作战出版物《海军陆战队空地特遣部队核生化防护行动》（MCWP 3-37）指出：“海军陆战队不进行核生化战争，但在核生化环境下进行战争。”此外，该条令还包含了部队被动防御要求的具体清单。包括核生化环境下的防御作战标准作战程序，向部队教授核生化防护合格的人员，以及与核生化相关的决策能力。它还确定了部队应该具备的技能和能力，以便进行核生化防护。

海军陆战队命令（MCOs）确立了核生化防护训练政策、程序和标准等内容。

（1）《核生化防护训练》（MCO 3400.3F），指出美国海军陆战队“训练其人员在任何条件下完成他们的战时任务。”核生化防护准备由司令部负责，集中训练、操练和演习被集成到战争游戏场景和单个部队训练中，以确保对核生化防护行动和程序有一个全面的了解。每个海军陆战队员都必须识别核生化攻击，快速穿戴防护服和面罩，穿着防护服执行任务，并在核化生环境中存活和长时间持续工作。所有海军陆战队机构必须不断集成核生化防护训练，以确保部队的完整性、凝聚力和核生化防护作战专业知识。

（2）《海军陆战队训练和战备计划》（MCO P3500.72A）指出，建立“海军陆战队和指定海军人员在地面战斗、战斗支援和战斗勤务保障职业领域的训练标准、规章制度和政策”。战斗技能是海军陆战队的最高优先级，核生化训练是军种必须努力改进的一个领域。将核生化防护训练作为所有训练计划的组成部分，该手册中定义的训练活动应尽可能在核生化条件下进行训练。

（3）《核生化防护训练和战备手册》（MCO 3500.70），发布了“为核生化防护专家和军官制定训练政策、程序和标准，以协助他们达到和保持战备状态”。这份文件列出了专业的、集体的和单兵的核生化防护训练需求，以帮助准备部队完成他们的战斗任务。

## 二、领导发展原则

领导发展的原则如下：

1. 以身作则

领导者是榜样。表现优异的领导就是能起到良好的表率作用。领导者的一言一行都要经过仔细审查、分析，并经常被模仿。领导所做的榜样影响下级、家人和同事的思想和态度。一个好的榜样对下级的发展有积极的影响。

2. 负责下级领导的训练

上级领导负责培养下级领导。他们直接观察并评估下级，并向下级提供真实的、非正式和正式的反馈。他们根据需要，经常与下级讨论依法维持和提高领导技能、知识、能力和行为。他们确保下级提升技能、知识、能力和经验，让他们做好成功的准备，提高他们的适应能力，以更好地承担他们未来的责任。上级领导确保下级在他们的职业生涯的正确时期接受军事职业教育和技能培训，使他们在任职的部队中成为有效的领导。

领导需要反馈，以便了解他们是否达到了领导者期望的标准。通过咨询、辅导、教学，以及在某些情况下的监视对于领导发展十分关键。双向交流有助于下级更好地理解上级的期望并得出改进方法。咨询是坦率的，但也很圆滑。虽然有些领导和下级可能不喜欢坦率的方式，但如果他们不知道自己的缺点，就无法改进。

3. 为下级领导创造学习环境

成长最好发生在为下级提供机会克服障碍和作出艰难决策的环境中。领导者鼓励下级去寻找有挑战性的任务，领导为下级的诚实错误承担责任。

领导在有利于成长的环境中学习。学习成功的经验和失败的教训。领导必须乐于承担风险，尝试新的训练方法。允许下级诚实地对待错误——不是重复或粗心大意的错误，营造一个不带偏见的环境对领导者的发展至关重要。

领导必须善于自我评估和事后评估（AAR），以促进发展。领导不仅要愿意接受上级领导的建设性批评，也愿意接受同事和下级的建设性批评。理想情况下，领导首先应该通过诚实的自我评估进行学习。

4. 在任务指挥演习中训练领导

领导接受任务指挥训练来自两个方面：第一，他们训练自己和他们的下级如何使用任务指挥进行作战，如《任务指挥：陆军部队的指挥和控制》（FM 3-0 和 FM 6-0）中提出的。第二，从训练管理中遵循任务指挥原则。具体来说，他们告诉下级训练的目的和他们期望的最终状态，但是他们将如何实现最终状态的决定权留给下级。根据下级领导的要求，适当地提供指导。在训练中运用任务指挥遵循“训练就像战斗一样”的原则。使用任务指挥原则不仅提高任务指挥技能，而且也鼓励冒险、主动性和创造性。

5. 为培养适应能力强的领导而训练

陆军在最具挑战性的条件下不断取胜，因为士兵和文职人员适应意外情况。作战适应性始于学校，然后在艰苦和现实的训练情况下付诸实践，这种训练必须在领导者参与全维作战之前完成。

知道变化将会发生，有效的领导为此预先计划，制订潜在的应急计划来减少变化的影响。有能力的领导也寻找变化，以便他们能减轻转型的影响。

在训练中，将下级领导放在不断变化、陌生和不适的环境下，有助于锻炼他们的作战适应性。他们所学的课程有助于建立本能、自信和快速反应的能力。

陆军在领导承担下一个岗位之前对他们进行交叉训练。交叉训练提高部队的深度和灵活性，并建立领导自信。

6. 训练领导的批判性和创新性思维

批判性和创新性领导：思想开放且考虑多样，有时不墨守成规，可以取得这些解决方案的第二级和第三级效果；与其他单位成员协作，帮助他们分析和获得解决方案；及时作出明智的决定；善于诚实地评估自己的优点和缺点，自我确立发挥长处和克服不足的方法。

培养能够解决困难和复杂问题的领导。领导应该能够认识到问题所在，快速地提出正确的意见，考虑各种替代方案，并制定有效的解决方案。领导者应在最少的信息下轻松作出决策。

7. 训练领导了解他们的下级及家庭

每个领导都应该了解自己的下级至少两个层次的优势、劣势和能力。一个有能力的领导能最大限度地发挥下级的优势，并帮助下级克服不足。同样，一个有能力的领导能在下级领导培养他们的下级领导时，提供建议、忠告和支持。

家庭幸福对部队和个人的发展是十分必要的。陆军训练领导不仅要了解和帮助下级，还要帮助他们的家庭。训练确保下级领导认识到家庭的重要性，并善于帮助个人解决家庭问题，维持良好的关系。

## 三、部队训练原则

1. 指挥官和其他领导对训练负责

指挥官负责训练其部队。部队指挥官是部队主要训练管理员和训练员。指挥官要求下级领导对各自的组织负责。这些责任应用于所有现役陆军和生成力量的所有部队。

连长亲自管理连队的训练。营级指挥官和更高级指挥官通过部队行动管理训练，他们制订部队训练计划。指挥官必须不断地参与训练，他们的参与证明训练的重要性，并为下级提供指导和反馈。

所有部队领导必须理解部队的任务和指挥官的意图。这种理解使部队聚焦训练集体任务，使部队有能力在任何环境下进行全维作战。下级领导的任务，就是为达成全维作战而训练。使命必需列表（Mission Essential Tasks List，METL）熟练度十分关键。一旦训练进行，指挥官和下级领导需评估部队和领导关于集体和个人任务的熟练度。

运用“像作战一样训练”的原则，指挥官在训练以及实际作战中运用任务指挥。他们告诉下级他们的意图，下级决定如何实现这个意图。领导鼓励下级的积极性和创造性。领导尽力寻求更多有效的方法达到标准并满足训练目标。

2. 军士训练单兵、车组和小分队

军士是新兵、车组和小分队的主要训练者。他们的经验和知识对于决定部队训练圆满完成适当的集体任务至关重要。军士也决定进行集体任务所需的单兵训练，最终确定全维作战 METL 熟练度。军士确保单兵训练和发展的目标得到满足。

军士训练士兵并帮助军官训练部队。他们为下级制订计划和进行训练，辅导或指导其他军士，帮助训练和教育初级军官。他们向战士灌输纪律、韧性、勇士精神和陆军价值。他们确保所有的士兵都精通战士的任务和战斗演习，无论任务是什么。军士接受领导者的广泛指导，确定必要的任务、标准和资料，然后实施训练。

3. 标准化训练

标准是完成一项任务所要求的公认的熟练程度。掌握训练标准，而不能仅仅达到最低的熟练程度。对一项任务的掌握是能够在任何条件下本能地执行该任务。部队通过限制任务数量的方法掌握任务，以训练一些基本任务支持完成任务。领导训练他们的部队，直到他们达到标准，这可能意味着实际训练的时间比计划的更长些。训练计划包括再训练时间。如果部队的实际训练比计划提前达到标准，领导可以通过改变条件给予部队挑战，转移到其他任务或提前完成训练。个人和部队在训练之初演示其熟练程度，以找出需要注意的弱点。这有助于部队避免将时间浪费在他们精通的任务上。

标准是训练目标的一部分。领导掌握并执行集体和个人任务的标准，确保他们的单位满足战备需要。训练计划制订者在训练和评估大纲中为集体和个人任务建立标准。如果训练和评估大纲没有提供标准，则由指挥官制定。

新装备、新科技、新技术和新程序驱动新任务的发展。在陆军能够标准化新任务之前，指挥官和其他领导可能需要为紧急任务制定自己的一套条件和标准，上级指挥官批准这些任务、条件和标准，作为部队训练的基础。指挥官还要为该部队进行的每一项训练活动制定标准，该标准帮助部队依照其熟练程度确定其训练的进展。

4. 像作战一样训练

“像作战一样训练”意味着在期望的、预期的或相似的作战环境条件下为任务而训练。它还意味着改变训练条件，以提高作战适应性，训练合成部队作战，确保部队能与所有类型的军事和非军事伙伴作战。在训练背景中，“战斗”包括在全维作战中的致命和非致命技能。

有效的训练使领导和组织在不确定的条件下面临挑战，要求他们适应不断演变的局势和环境。指挥官创造训练条件，迫使下级领导迅速评估情况，并使用批判性和创造性思维去制定积极和创新的解决方案应对挑战。他们学会预测任务转变以及新出现的威胁类型和级别。

统一行动要求领导理解不同的组织文化。通过继续教育，与军事和非军事伙伴的定期训练，个人、部队及其领导增进文化了解。通过这种方式，他们可以避免文化上的误解，这些误解可能会破坏人际关系，甚至阻碍任务的完成。领导要精通文化规范和语言。在参加统一行动之前，部队与他们的伙伴一起训练，以避免长时间的调整周期。指挥官和其他领导在训练期间尽可能重复统一的行动，以便训练参与者，在正常情况下，与实际伙伴协调。真实、虚拟、建设性和博弈的训练器材能够模拟作战条件，甚至包括提供统一行动伙伴。在可能的情况下，指挥官建立预先部署的训练关系，以反映作战任务组织，帮助建立统一行动小组。

在执行进攻和防御任务中训练的熟练程度不能自动转换成稳定或民事支援任务的熟练度。同样，只聚焦稳定或民事支援任务的部队，在进行大规模进攻和防御作战方面可能面临重大困难。领导向他们的下级灌输这样的观念，同时付诸行动是正常的，而不是例外。

通过反映全维作战的模拟条件，训练提供了发展合同作战熟练程度的机会。指挥官制订创造性的训练计划，根据作战职能，不分地点和组成，对下级单位进行集体训练。这要求在集成训练环境中使用分布式模拟。

5. 在作战中训练

当部队进行作战时，继续进行训练。战斗可以积累经验，但不一定有效。为了适应不断变化的情况，部队甚至在战斗中继续训练。部队领导利用可用的时间排练任务执行情况，并为可能发生的紧急情况做好准备。在完成作战后和在完成中期任务后，他们通过进行事后评估（AAR），为未来作战吸取经验教训。

在作战中，可能没有足够的时间和资源来实施更多的驻地建立的正式训练管理流程。作战过程的训练通常比驻地训练更加不正式和分散。

6. 首先进行基础训练

基础训练包括战士任务和战斗练习，以及全维作战 METL 任务。以连级部队为基础聚焦个人和小分队技能训练。这些任务通常包括基本的新兵训练、操练、射击、体能和军事职业专业技能等。通常只有精通基础训练的部队能更容易集成和掌握更复杂的集体任务。

在陆军兵力生成机制（ARFORGEN）的重置部队池中，部队聚焦基础训练。在此期间，高级指挥官将个人训练计划和实施权力下放。这有助于连级部队有时间和其他资源去计划和实施个人和分队训练，为更大的部队集体训练打下基础。在这段时间，让下级负责开展训练，培养有能力的计划者和有效的训练者。

7. 为建立作战适应性而训练

虽然计划对成功训练至关重要，但环境可能导致计划改变。虽然陆军兵力生成机制系统试图在训练开始前确保人员和装备目标得到满足，但领导仍要为人员变动和装备短缺做好准备。领导制订训练、人员配备和装备应急计划。

训练人员在接到通知后，立即变换其职能。他们知道，由于该部队的任务可能改变，为部署做准备的时间可能大大缩短；因此，他们优先安排培训任务，以确保最重要的任务首先得到培训。例如，部队可以开始集体训练，作为备用应急远征部队，为短期任务进行警戒和部署，再重新部署并恢复训练，直到完成陆军兵力生成机制周期。有能力的领导者明白，在不确定的作战环境中，持续调控是不可避免的。

8. 理解作战环境

指挥官理解作战环境对训练的影响。在训练中，他们模拟作战条件，包括预期的变化。例如，完成一项任务所需的条件、集体任务和个人任务因作战所属冲突的范围而有所不同。在合成部队机动中完成任务所需的条件与在大范围安全角色中完成任务的条件不同。部队需要同时精通这两方面的工作，并经常同时执行这些工作。

指挥官使用作战变量（政治、军事、经济、社会、信息、基础设施、自然环境和时间）和任务变量（任务、敌人、地形和气候、可用的部队和支援、可用时间和地方因素），分析作战环境和任务，并进行计划、准备、实施和评估训练。该原则的实质是将作战环境的条件作为训练的一部分复制到标准中。

9. 维持训练

在训练中，维持是指复原能力和持续力。训练集成短期目标和长期目标。在士兵部署时必须能够长时间作战。指挥官和领导设计训练，以维持部队的熟练度，培养个人能力以维持他们在精神和身体上适应战斗的需要。训练包括心理和身体训练，以培养个人在持久的冲突中对频繁的部署有足够的弹性适应力。领导将全面士兵健身计划融入训练计划。

领导不断地评估其部队向全维作战 METL 熟练度的进展。一旦一项任务训练达到标准，领导必须通过下一项任务维持熟练度。指挥官在训练活动中寻求机会以维持熟练度。在短期计划中，维持能力被插入训练活动中，领导期望部队军士在战士任务和练习中维持部队熟练度。

10. 维护训练

在训练中，指挥官为部队分配时间以维护他们自己和装备达到标准。这段时间包括计划和例行的设备维护周期及装配区域操作。领导训练他们的下级领会维护装备的重要性。部队倾向于在操作过程中按照他们在训练中实践的标准进行维护。

领导确保下级按照与其他训练活动相同的强度进行定期维护。有效的维护训练可确保部队的装备在需要时可用。维护训练有明确、聚焦和可度量的目标。与其他类型训练一样，领导监督、实施标准，完成事后评估，并对下级负责。他们通过参与维护工作，以身作则，强调维护训练对准备工作非常重要。

领导训练下级的管理意识。良好的管理是在艰苦的训练中学会的，在这种训练中，个人学会尊重、信任他们自己和他们的领导。有效的训练使人们认识到维护良好装备和其他资源的重要性。个人必须保存资源，并就资源的使用和维护作出明智的决策，资源包括人员和部队装备、基地资产、训练区域、范围、设施、时间、环境和经费。领导和下级负责保护这些资产。下级往往会效仿领导者树立的榜样，保持准备状态需要加强对资源的问责。

完成任务要求个人在精神上和心理上做好准备，并使他们的装备正常地运行和得到维护。那些身体和精神健康的领导对下级有积极的影响。训练有素的个人才能照顾好自己和自己的装备。这种管理意识避免了在替代人员上的昂贵的和不必要的花费，并有助于确保人员随时可用、可部署。这些准备工作确保他们的安全和本单位其他所有人员的安全。

11. 进行多级和平行训练

指挥官组织训练活动，允许下级最大限度地训练他们的部队。通过多级训练，保证下级单位在上级单位的训练活动中有机会完成基本任务。多级训练是指允许多个梯队同时进行不同或互补的训练技术。这是最有效率的训练方法。它要求各有关层级的指挥官和其他领导同步计划和协调。

多级训练优化了时间和资源的利用。频繁部署和资源有限的环境中，这一点非常重要。当整个部队训练单一任务或一个部队进行不同级训练、不同任务时，指挥官使用多级训练。此类型训练有助于指挥官习惯于共同制定他们的作战环境。多级训练允许个人和领导看到一个梯队作用到另一个梯队的实施效果。该种训练为指挥官提供了减少训练资源需求的机会。例如低一级训练目标没有上一级训练目标重要时，可以将观察控制员等资源合并到高一级，以便同时观察两个层级。当多层训练包括多级，观察控制员的注意力很少能超过两级。

同时训练是指领导者在另一种训练范围内进行训练。它通过允许领导者最有效地利用可用时间来补充主要训练目标的执行。

大规模训练活动为进行多级训练提供最佳机会，而小规模活动可以同时提供有利于多级训练的条件。在更大规模训练演习中，领导根据本部队的需要，经过与其他有关单位的协调，主动开展活动，创建自己的训练活动。

# 第二章 美军化生放核防护教育训练军事需求

美军认为，美国面临严重的传统与非传统化生放核环境威胁，应对化生放核威胁必须建立多层次和全方位的防御体系。

## 第一节 美军面临的化生放核环境

化生放核环境包括出现的化生放核威胁和危害，以及对作战的潜在影响。[①] 通过有意或无意地释放化生放核物质也会形成化生放核环境影响。

### 一、化生放核威胁

化生放核威胁是指使用武器或简易装置造成化生放核危害的企图和能力。[②]

#### （一）化生放核威胁主体

化生放核威胁来自国家和非国家行为体。国家行为体尽管遵守不扩散的协议或条约，但可能有获得化生放核武器的动机，非国家行为体则认为他们不受不扩散协议和条约的束缚。

1. 国家行为体

国家行为体指代表政府行事的一个人或一群人。国家行为体能够帮助那些通过材料、技术和专门知识扩散大规模杀伤性武器的国家。国家行为体及其相关大规模杀伤性武器计划因他们的活动和复杂程序不同而不同，对美国构成现实的威胁。

近年来，核武器不断扩散，新型非传统生物和化学毒剂相继出现，传统和非传统

① JP 3-11 Operations in Chmical, Biological, Radiological, and Nuclear Enviroment. Joint Chiefs of Staff, 29 October 2018: vii.

② JP 3-11 Operations in Chmical, Biological, Radiological, and Nuclear Enviroment. Joint Chiefs of Staff, 04 October 2013: I-1.

投射系统的技术不断进步。拥有和寻求大规模杀伤性武器的国家将其视为战略平衡筹码、国际优势、地区领先、当地威慑，或在潜在冲突中作为应对美国和西方国家的一种手段，对美国构成了严重的挑战。

这些国家可能故意或无意向非国家行为体提供大规模杀伤性武器资源。一种情况，一些国家可能利用非国家行为体，将其作为代理，采用“借刀杀人”的策略。另一种情况，一些不稳定国家的大规模杀伤性武器可能落入非国家行为体系中，如 1991 年苏联解体后，相关国家对大规模杀伤性武器管控能力降低，化生放核武器、材料、技术或知识，落入其他国家或非国家行为体手中。由于世界很多地方政府权力兴衰影响当地和地区稳定，联合部队指挥官应该为国家拥有和国家控制的武器、材料、技术或知识的不断扩散制订计划，防止流向国家或非国家行为体中的流氓集团。

2. 非国家行为体

非国家行为体是指在国际上非政府代表的个人或团体，他们可能居住在一个国家，但他们不被该国认可[①]。非国家行为体包括恐怖主义和其他非国家实体，其中恐怖主义是最主要的非国家行为体。美国《国防部军事和相关术语词典》中，将“恐怖主义”定义为：蓄意使用非法暴力或威胁使用非法暴力来灌输恐惧，企图胁迫或恐吓政府或社会，以追求通常的政治、宗教或意识形态目标。其他非国家实体包括极端主义、叛乱分子、非政府组织、企业、流氓科学家 / 技术人员以及任何组织中独立行动的个人。

恐怖主义和其他非国家实体的主要区别是故意使用。恐怖主义寻求获得和使用大规模杀伤性武器，其他非国家实体没有使用的意图，在大规模杀伤性武器扩散中可能是有意或无意参与。如果他们是有意参与者，他们可能寻求经费支持。

一般来说，国家行为体大规模杀伤性武器的资源和体量很大，而非国家行为体（更多指特定的恐怖主义团体）大规模杀伤性武器的规模和复杂程度较小。许多恐怖组织的化学生物生产设施，如秘密实验室只有普通卧室大小。

## （二）化生放核威胁方式

化生放核威胁包括传统和非传统威胁两种形式。

1. 传统威胁

传统威胁是指利用常规投射手段（如空投炸弹、火箭、导弹、迫击炮和火炮）投射化生放核武器。

① JP 3–11 Operations in Chmical, Biological, Radiological, and Nuclear Enviroment. Joint Chiefs of Staff, 04 October 2013: I–4.

核生化武器的存在给一个地区带来了巨大挑战。拥有大规模杀伤性武器的国家本身就是一种挑战，即便不使用（存在、扩散和稳定破坏），也可能是对美国利益的最大挑战和危险。此外，国家之间不平衡，可能导致相邻国家间采取主动扩散的行动（如巴基斯坦和印度），这将严重破坏正在进行的不扩散、反扩散或其他外交和经济努力。

传统投射手段的进步和现代基础设施建设技术，继续使美国和全球面临传统的大规模杀伤性武器威胁。许多武器系统进步，包括不断增强的巡航导弹技术、无人飞行系统技术和不断发展的中远程弹道导弹以及深深埋藏在地下的设施已经成为美国军事力量面对的最困难的作战挑战。它们可能被用于制造和存储大规模杀伤性武器投射系统，以及用作指挥控制。由于建筑物的特点和隐蔽性，大规模杀伤性武器很难被定位和瞄准。随着技术的发展和材料的进步，对手使用的大规模杀伤性武器将更具致命性。

对手将继续以非常规手段运用大规模杀伤性武器材料，如通过生物布撒装置、远程控制公路炸弹和临时爆炸装置。对手也可能通过资助恐怖主义使用或运用大规模杀伤性武器技术和材料。

2. 非传统威胁

非传统威胁包括故意的、意外的和自然的化生放核事件。化生放核事件是指涉及化生放核危害出现的任何事件，来源于使用化生放核武器或装置打击目标，导致次生危害出现，或有毒工业品释放到环境中。

故意的化生放核事件一般由敌人使用化生放核武器引起，也可能是工业设施释放的有毒工业品。故意的化生放核事件可能包括：①恐怖行为，为了政治、宗教或意识形态目的和/或关系国家利益问题，对人员和财产运用暴力。例如2001年9月18日开始为期数周的美国炭疽恐怖事件，截至11月30日，有18人感染，其中5人死亡。②犯罪行为，如避开管理要求，故意倾倒或释放毒物。③恶意行为，如毒害一人或多人。

意外的化生放核事件是由人为错误或自然或技术原因导致的事件。2013年4月17日，得克萨斯州韦斯特化肥厂爆炸，由于应急预案不充分，应急措施不当，造成70人遇难（包括10名消防员），近200人受伤，70栋民宅被毁。意外事件通常指危险事故，可能包括爆炸、溢出、释放、渗漏等。

自然的化生放核事件是指自然灾害引发的二次或三次效应。

### （三）化生放核威胁评估

化生放核威胁评估是对化生放核威胁和危害的可能性进行的分析。指挥官和化生放核参谋人员必须做好进入任何作战地区的准备，同时应对化生放核的各种威胁和危险，每一种威胁和危险都有其独特之处，还可能威胁到部队。在执行任务时，军事人员可能面临故意使用化生放核武器、故意或意外释放有毒工业物质，或环境生物和放射性的危险[①]。

1. 敌对威胁评估

敌对化生放核威胁的评估涉及3个主要方面：能力、机会和意图。

能力是指对手基于其设计、开发或交付该活动中使用的资源（武器系统）的能力，以及进行特定类型的威胁活动的能力。根据现有情报，评估潜在的化生放核危害、武器系统、存储设施、生产设施、研究和开发项目以及交付方法。评估一个对手的能力涉及多个因素，需要更具体的信息。

机会是指对手针对特定目标和实现目标所需的武器或系统进行攻击的时机。指挥官和化生放核人员评估的因素包括何时、何地以及对手如何使用化生放核武器或毒剂。应考虑天气、地形、作战边界、防御和其他因素，评估敌人可能在何时何地发动攻击。敌人可能通过以下武器发起攻击：飞机、巡航导弹、无人机系统/遥控车辆、战术弹道导弹。隐蔽释放包括但不限于各种粗糙的化生放核设备或资源污染（饮用水）。

意图是指对手的目标、企图和目的，包括预期目标和效果，以及实现这些目标所需的决策和方法。指挥官和化生放核参谋对敌方使用化生放核武器的意图进行评估。对手的意图可能是造成伤亡、污染或恐慌，或显示其随时随地攻击的能力。

2. 事故或自然灾害威胁评估

重大事故和自然灾害持续发生，可能涉及化生放核试剂或材料。应当进行直接观察，获取其防空识别区内的产业信息，或者收集防空识别区内其他危害的情报。例如，大量有毒工业设施可能存在于作战区域或其附近。

## 二、化生放核危害

化生放核危害是指通过意外或故意释放、播撒化生放核物质引发的不利效应，由有毒工业品、生物病原体、放射性物质以及核效应导致。化生放核危害包括化学危害、生物危害、放射性危害和核危害，化生放核危害的总体特征见表2-1[②]。

---

① ATTP 3-11.36 Multi-Service Tactics, Techniques, and Procedures for Chemical, Biological, Radiological, and Nuclear Aspects of Commnand and Control. July 2010: D-1.

② JP 3-11 Operations in Chmical, Biological, Radiological, and Nuclear Enviroment. Joint Chiefs of Staff, 26 August 2008: I-4.

表 2–1　化生放核危害的总体特征

| 特征 | 化学 | 生物 | 放射性 | 核 |
| --- | --- | --- | --- | --- |
| 影响区域 | 相对较小 | 潜在地，很大 | 相对较小 | 大 |
| 探测能力 | 没有特殊仪器，探测困难 | 很困难 | 没有特殊仪器，不可能探测 | 独特的信号 |
| 探测和确认时间 | 几秒 | 几分钟或到几天 | 几分钟到几小时 | 近实时 |
| 从释放到效应出现时间 | 几秒到几小时 | 除了毒物，通常几天 | 与剂量有关 | 冲击波和光辐射，立即。<br>早期核辐射，与剂量有关 |
| 医学治疗 | 一些化学毒剂能够有效治疗；部分不能 | 有些生物战剂可以有效预防 / 治疗；部分不能 | 与剂量有关 | 与受伤和 / 或剂量的类型和严重程度有关 |

## （一）化学危害

任何制造、使用、运输或储存的化学品，包括化学毒剂和化学武器（被《禁止化学武器公约》禁止）以及有毒工业品，其有毒特性可导致死亡、危害环境或造成其他危害。[①] 过去，军事上只关注化学武器。现在，军事关注的化学危害类型已经极大地超过过去几十年，包括大量有毒工业品。

1. 化学武器

化学武器是通过爆炸的方式（如炸弹、炮弹或导弹）释放有毒化学品（或称化学战剂）。它包括装有各种化学毒剂的化学炮弹、导弹和化学地雷、飞机布洒器、毒烟施放器以及某些二元化学炮弹等。

2. 化学毒剂

化学毒剂是指用于战争目的、具有剧烈毒性、能大规模地毒害或杀伤敌方人、畜和植物的各种化学物质。目前所指的化学战剂主要是军用毒剂，简称毒剂。化学毒剂根据伤害类型分为神经、窒息、血液、腐烂和失能剂。化学毒剂根据持续时间分为持久性毒剂和非持久性毒剂。持久性毒剂释放后能造成超过 24 h 以上甚至几天或几周的伤害；非持久性毒剂释放 10～15 min 后消散或失去致人伤亡的能力。有毒化学品和前体，除了用于一定目的而不被《禁止化学武器公约》禁止外，其余都被禁止。

① JP 3-11 Operations in Chmical, Biological, Radiological, and Nuclear Enviroment. Joint Chiefs of Staff, 04 October 2013: A-1.

3. 有毒工业品

有毒工业品是由工业、政府或学术机构开发或制造用于工业生产或研究的化学品。例如农药、石油化工产品、化肥、腐蚀品、炸药和毒物等。又如氰化氢、氯化氢、光气、三氯硝基甲烷等是工业化学品，它们也能作为军事化学毒剂。[1] 有毒工业化学品释放后，能造成重大的有毒危害，能够破坏人体和装备。大多数有毒工业化学品释放蒸汽或高挥发性液体，具有短期和长期健康损害效应。大量释放有毒工业化学品还能产生环境破坏。工业化学品现场最小下风危害半径见表 2–2。

**表 2–2　工业化学品现场最小下风危害半径**

| 化学品 | 小规模释放（＜55 gal[2]） | | | 大规模释放（＞55 gal 或多点小规模释放） | | |
|---|---|---|---|---|---|---|
| | 隔离半径所有方向 /m | 下风方向防护 /km | | 隔离半径所有方向 /m | 下风方向防护 /km | |
| | | 白天 | 晚上 | | 白天 | 晚上 |
| 氨气 | 60 | 0.2 | 0.2 | 120 | 1.2 | 4.4 |
| 氯气 | 60 | 0.4 | 2.4 | 480 | 2.4 | 7.4 |
| 硝酸 | 60 | 0.2 | 0.2 | 120 | 1.2 | 2.4 |
| 光气 | 180 | 1.8 | 8.2 | 1 600 | 6.6 | 21+ |
| 硫酸 | 120 | 0.8 | 2.0 | 660 | 5 | 13 |

4. 其他化学源

当用于执法目的时，防爆剂、除草剂和能够产生烟幕和火焰的物质不包含在《禁止化学武器公约》分类中。

## （二）生物危害

生物危害是指对人类、植物或动物健康构成威胁的有机体或从有机体中提取的物质。这些危险物包括微生物、病毒或毒素（来自生物源的）。

1. 生物武器

生物武器是用于投射、散布或传播生物毒剂的工具，包括节肢动物。生物战是利用生物毒剂对人员、牲畜造成伤亡，或者对植物、物资造成破坏，或者对这种运用进行防御的行为。生物武器特点包括：具有高致命或失能的传染特性，毒剂的可用性或适应性强，便于规模化生产，毒剂稳定并适用于空中布撒。

---

① JP 3–11 Operations in Chmical, Biological, Radiological, and Nuclear Enviroment. Joint Chiefs of Staff, 04 October 2013: A–4.

② 加仑：1 gal≈3.785 L

2. 生物毒剂

生物毒剂是一种微生物，它能引起生物体的疾病，或引起物资的变质，包括病原体和毒素。病原体是产生疾病的微生物（如细菌、病毒、立克次体、朊病毒等），直接攻击生物组织和生物过程。毒素是生物体（如昆虫、细菌、真菌）自然产生的无生命的有毒物质，但也可能是人工合成的。生物技术、基因工程和自然突变方面的研究进展可能促进更致命的生物制剂的出现或开发。具有军事意义的病原体、病毒和毒素见表 2-3[①]。

**表 2-3　具有军事意义的病原体、病毒和毒素**

| 疾病（病原学毒剂） | 进入途径 | 未治疗死亡率（$LD_{50}$） | 潜伏周期 | 医学治疗 | 传染性（人与人） |
|---|---|---|---|---|---|
| 细菌和立克次氏体 | | | | | |
| 炭疽（炭疽杆菌） | 吸入、皮肤、食入、媒介 | 吸入：≥99%<br>皮肤：5%～20%<br>媒介：25%～75% | 1～6 d | 疫苗<br>抗生素 | 无 |
| 鼠疫（鼠疫杆菌） | 吸入、媒介 | 吸入：≥99%<br>媒介：60% | 1～6 d | 抗生素 | 高 |
| Q 热病（Q 热立克次氏体） | 吸入、皮肤 | ＜1% | 2～10 d | 抗生素<br>疫苗 | 无 |
| 野兔热病（土拉杆菌） | 吸入、皮肤、食入、媒介 | 吸入：30%～60%<br>皮肤、食入、媒介：10%～25% | 3～5 d<br>（1～21 d） | 抗生素<br>疫苗 | 无 |
| 病毒 | | | | | |
| 天花（重型） | 吸入 | 30% | 7～17 d | 疫苗 | 高 |
| 马脑炎病毒：<br>委内瑞拉、<br>东方、<br>西方 | 吸入、媒介 | 吸入：35%；媒介：10%<br>吸入＞75%；媒介：50%～75%<br>吸入：40%；媒介：10% | 2～6 d<br>5～15 d<br>4～40 d | 疫苗<br>抗病毒药 | 无 |
| 病毒性出血热：<br>埃博拉、<br>马尔堡、<br>拉沙热、<br>克里米亚－刚果 | 吸入、媒介、皮肤 | 50%<br>25%～90%<br>15%～50%<br>10%～40% | 2～21 d<br>5～10 d<br>6～21 d<br>5～6 d | 疫苗<br>抗病毒药 | 中度<br>中度<br>中度<br>低 |
| 寨卡病毒 | 媒介、皮肤 | ＜1% | 3～21 d | 护理 | 低 |

① JP 3-11 Operations in Chmical, Biological, Radiological, and Nuclear Enviroment. Joint Chiefs of Staff, 29 October 2018: B-2.

续表

| 疾病（病原学毒剂） | 进入途径 | 未治疗死亡率（$LD_{50}$） | 潜伏周期 | 医学治疗 | 传染性（人与人） |
|---|---|---|---|---|---|
| 毒素 | | | | | |
| 肉毒素 | 吸入、食入 | 吸入：60%<br>食入：10%～50% | 6～36 h<br>18～36 h | 疫苗 | 无 |
| 蓖麻毒素 | 吸入、食入 | 吸入：＞50%<br>食入：＜30% | 5～6 h<br>12～36 h | 护理 | 无 |
| 葡萄球菌肠毒素 B | 吸入、皮肤、食入 | ＜1% | 1～24 h | 护理 | 无 |
| T2 霉菌毒素中毒 | 吸入、皮肤、食入介 | 10%～60% | 几分钟至几小时 | 护理 | 无 |

生物毒剂的主要特点：小剂量能产生致死或失能效应；覆盖很大区域；很难及时探测；很容易隐蔽；能秘密地使用；有效预防或防护治疗复杂。

3. 其他来源

有毒工业生物制剂包括在工业、医学或商业过程中制造、使用、运输或储存的任何生物原料，可能造成传染或有毒威胁。其他相关生物危害物是流行病和自然发生的疾病。

## （三）辐射危害

放射性危害包括任何电磁或粒子辐射，它们能产生离子，造成损害、伤害或破坏。放射性危害是美国军事行动正面临的新威胁。

辐射源可以分为如下几类①：自然辐射源、工业辐射源、医疗辐射源和军用物资。自然辐射源包括来自地球和宇宙的辐射源。工业辐射源包括货物检查系统、工业 X 射线机、加速器、食品和医疗器械的灭菌器、井眼记录器和湿度密度计。医疗辐射源是放射治疗使用的放射性同位素，如钴 -60、铯 -137、碘 -125 等。军用物资包括军事装备中使用的所有放射性物质，在军事装备上或装备中可发现许多放射性核素，最常见的是用作发光剂（使物体在黑暗中发光）。

① JP 3-11 Operations in Chmical, Biological, Radiological, and Nuclear Enviroment. Joint Chiefs of Staff, 29 October 2018: C-3.

辐射以中子、α射线、β射线、γ射线或X射线造成生理破坏。辐射对人体健康的影响分为确定效应和随机效应两种。确定效应是指当剂量超过某一阈值时，效应的严重程度随剂量的增加而增加，低于该阈值时没有明显的效应，只在相对高剂量时发生。随机效应的发病时间较晚，且随着剂量的增加，发生的概率也在增加。瞬时辐射照射效应见表2-4。[①]

表2-4　瞬时辐射照射效应

| 实际剂量（cGy）暴露在空气中 | 1 d内的阈值效应 | 30 d内死亡概率 | 6 h内恶心/呕吐概率 | 要求住院期望概率 | 癌症死亡概率（照射40年后） |
|---|---|---|---|---|---|
| 25 | 不可预测 | <1% | <1% | <1% | <1% |
| 75 | 轻度恶心、呕吐、头痛 | <1% | <10% | <1% | 1%～2% |
| 125 | 淋巴细胞计数下降、发烧 | <1% | <25% | <10% | 2%～4% |
| 410 | 中度的呕吐、腹泻、疲倦 | ≥50% | 75% | 100% | 10%～15% |
| 1 000 | 行动能力下降 | ≥99% | 100% | 100% | 不适用 |
| 3 000 | 无法战斗 | 100% | 100% | 100% | 不适用 |
| 8 000 | 昏迷、死亡 | | | | |

## （四）核危害

核危害指核武器爆炸后产生的各种危害。核爆炸效应包括热（光）辐射、冲击波、瞬发辐射（早期核辐射）、核电磁脉冲和放射性沉降（放射性沾染）。核爆炸效应的性质和强度取决于核武器的类型、运用方式、爆炸高度和爆炸的介质等因素。核武器可以在太空、高空或低空，也可以在地面、地下、水下爆炸。

典型空中核爆炸能量分布为：热（光）辐射占35%，冲击波占50%，早期核辐射占4%，核电磁脉冲占1%，剩余核辐射（电离辐射中的一类）占10%。

1. 热（光）辐射。在某些情况下，核爆炸所释放的大量热和光的影响可能比爆炸更具破坏性。万吨级武器产生的热辐射可以点燃距离爆点数千米的木材、纸张、橡胶、

① JP 3-11 Operations in Chmical, Biological, Radiological, and Nuclear Enviroment. Joint Chiefs of Staff, 29 October 2018: C-4.

塑料和其他材料。

2. 冲击波。低空核爆炸会产生超压（以及由此产生的负压波）和强风。这些压力波通过挤压、弯曲、翻滚和断裂造成人员伤亡和物质破坏。

3. 核电磁脉冲。对所有电子和电气系统构成潜在的威胁，其大小、持续时间和范围取决于爆炸高度和武器当量。

4. 电离辐射。核爆炸产生的电离辐射一般分为瞬发辐射和剩余核辐射两类。瞬发辐射（X 射线、γ 射线和中子）一般在爆炸后的一分钟内产生，并直接从核反应中发射出来。剩余核辐射是由环境物质、未裂变的武器碎片和核爆炸后被卷入碎片云的放射性裂变产物产生的。瞬发辐射或剩余核辐射产生的急性辐射剂量可造成生物危害，导致严重疾病或死亡。此外，强烈的电离辐射会改变物体的物理性质，从而破坏物体（如光学、机械和电子元件）。放射性物质在目标区域和下风方向扩散，严重限制沾染区内的军事行动。

## 第二节　美军应对化生放核的使命任务

2022 年美国《国家安全战略》报告指出，“防止我们的敌人使用大规模杀伤性武器威胁我们、盟友和朋友”是确保国家安全的基本任务，2022 年美国《国家安全战略》报告确定了应对大规模杀伤性武器的 4 个战略优先事项：保护国土免受大规模杀伤性武器的攻击、阻止对美国及其盟国和伙伴使用大规模杀伤性武器、使联合部队在化生放核环境中占优势、阻止新的大规模杀伤性武器威胁。美国《应对大规模杀伤性武器的国家军事战略》报告宣称，“我们将不允许世界上最危险的政权和恐怖分子使用世界上最具破坏性的武器威胁我们，我们必须给予最高的优先权保护美国、我们的力量、我们的朋友和盟友免受已经存在的和正在增加的大规模杀伤性武器威胁”。美军应对大规模杀伤性武器包括不扩散、大规模杀伤性武器反击、化生放核防御和化生放核响应 4 个方面，如图 2-1 所示。

### 一、不扩散

近年来，由于材料、技术、专业知识等信息变得更易获取，防止大规模杀伤性武器扩散变得更加复杂和具有挑战性。完全停止扩散是不可能的，但是限制它是极其重要和可实现的。

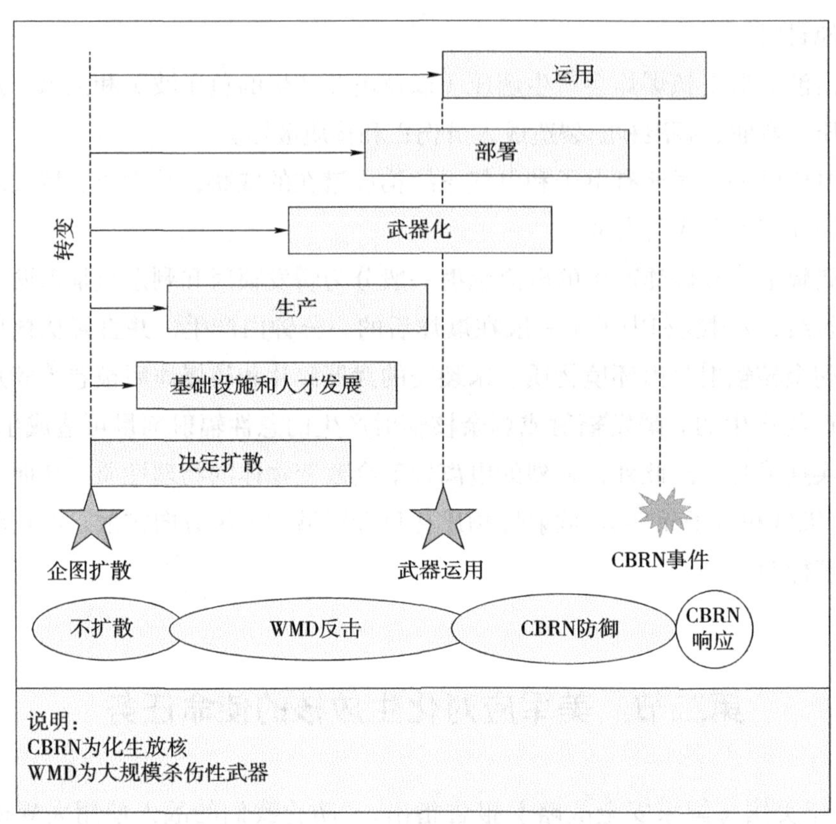


图 2-1　美军应对大规模杀伤性武器全过程行动

## （一）扩散的防止

扩散是指制造大规模杀伤性武器相关的材料、技术和专业知识从供应方转移到敌对国家或非国家行为体。大规模杀伤性武器及其支持技术的扩散以及恐怖主义扩张，增加了美国及其盟国的安全风险。

敌对国家和恐怖主义可能获得大规模杀伤性武器相关材料，并试图威胁美国及其盟国，在军事行动区域造成化学、生物和放射性沾染。扩散过程指对手可能实施获得和/或发展大规模杀伤性武器的一系列活动，包括决定扩散、基础设施建设、人才发展、材料生产、武器化、部署和运用。该过程可能不连续，如对手购买一套武器系统准备立即运用，就绕过了材料生产和武器化等中间阶段。

不扩散的目的是对敌对方的决策发挥早期影响，挫败其寻求或获取化生放核材料、大规模杀伤性武器前体、敏感技术和专业知识的兴趣与决心，以收不扩散之效。

不扩散的第一层是全球不扩散协议，包括《不扩散核武器条约》《禁止化学武器公约》《禁止生物武器公约》。这些协议已经建立了广为接受的标准规范，用以限制大规模杀伤性武器的获取、储存和扩散；各个国家围绕这些协议继续保持高级别的对话与合作。尽管这些协议建立了强有力的全球规范，但是缔约国履行协议义务的真实意愿，以及执政党使在野党履行协议义务的决心制约了这些协议阻止获取大规模杀伤性武器的能力。

不扩散的第二层是多边出口管制体制，包括核供应国集团、桑戈委员会、导弹及其技术控制制度、澳大利亚集团和瓦森纳协定。每一种出口管制体制在确定关键的和大规模杀伤性武器与导弹有关的材料和技术方面都扮演了重要角色，它们采取适当的措施控制这些资源的出入。桑戈委员会、核供应国集团和澳大利亚集团等出口管制体制已经给出了更为特别的符合《不扩散核武器条约》和《禁止化学武器公约》的关注项，并且扩大了管控材料和技术的数量和样式。

## （二）安全合作与伙伴活动

安全合作与伙伴活动指拒止、劝阻和防止潜在敌对方获得或扩散大规模杀伤性武器。活动包括传统的出口管制体制和不扩散条约，允许伙伴国家在阻止大规模杀伤性武器材料及部件扩散方面做出贡献。导弹及其技术控制制度和核供应国集团等不扩散倡议组织制定了与扩散有关的国际规范，揭露可能导致大规模杀伤性武器技术与材料扩散的出口管制问题。

安全合作与伙伴活动被纳入日常军事管理。指挥官必须制订应对大规模杀伤性武器计划，这些计划统筹所有国防部安全合作活动，包括多国演习、安保援助、多国训练、多国教育、多国实验、防御与军事接触、国外人道主义援助和国防部办公室管理的威胁降低措施。这些行动被用以慑止、击败和响应辖区内的大规模杀伤性武器威胁。

安全合作是美国军队为伙伴建立应对扩散能力时要用到的首要手段。安全合作允许将技术和技能传授或转让给伙伴，允许直接观察和互动以确保装备和训练正确运用。

伙伴活动作为增强伙伴能力的首要工具，也支持其他军事任务。例如，北约多国化生放核防护营和防扩散安全倡议等组织机构实施这些军事任务，旨在防止大规模杀伤性武器攻击和封锁大规模杀伤性武器。美国军队具备独特的能力，可以快速运用到边境安全方面，能够快速机动。三项值得关注的国防部计划包括“合作威胁降低计划”“防扩散安全倡议”和“国际反扩散计划”。它们共同提供资源，训练和装备外国军队与公众，确保大规模杀伤性武器设施安全，提升边境安全水准。

战区安全合作与伙伴行动统筹以及同步开展许多不同的战区安全活动，这些都由各战区在各自辖区内实施。战术指挥官为安全合作计划提供支持，以防止、劝阻和拒止扩散或拥有大规模杀伤性武器，同时具备减少、破坏或逆转拥有大规模杀伤性武器计划的能力。

### （三）威胁降低

威胁降低合作包括那些在许可环境下，经过东道国当局同意并与其合作而开展的活动，旨在提高实体安全，减少、拆除、改向和/或改进对东道国现有大规模杀伤性武器计划、储存及能力的保护。这些活动的主要目的是拒止流氓国家和恐怖分子使用武器、材料和专业知识。其他国家可能有更为独特的需求以拆除或破坏超出防御需求的大规模杀伤性武器；或者履行国际条约义务（如《禁止化学武器公约》）；或者强化出口管制、边境控制、执法和反走私能力。

威胁降低合作也寻求机会，以在合作情况下限制或清除东道国的大规模杀伤性武器计划与能力，如利比亚自动放弃其大规模杀伤性武器发展计划的决定。另一个挑战是友邦或非敌对国大规模杀伤性武器库存的安全与安保问题。一般认为，现有安保措施可能不足以防止失窃、蓄意破坏和事故泄漏。威胁降低合作在许可的环境下实施，尽管不是作战司令部指挥官的首要责任，但他们必须及时掌握这些计划，以确保战区安全合作计划和安保措施与威胁降低倡议一致。

在实施战术级别的军事行动时，战术不扩散活动不是顺序或分散实施的，但是在响应安全合作与伙伴活动和威胁降低合作时，将单独或同时实施。

## 二、大规模杀伤性武器反击

大规模杀伤性武器反击是指在敌人使用化生放核武器之前，打击敌人化生放核武器与相关生产、运输和储存设施的战术攻击行动。大规模杀伤性武器反击包括进行封锁、进攻和清除等行动。

### （一）封锁行动

大规模杀伤性武器封锁行动包括追踪、拦截、搜查、转向、扣押或阻止大规模杀伤性武器及其投送工具，以及相关材料、技术和专业知识的运输。大规模杀伤性武器封锁也被称为“反扩散封锁”。大规模杀伤性武器、材料和专业知识运输有多种情形：从国家到国家、从国家到非国家行为体、从非国家行为体到国家和从非国家行为体到非国家行为体。指挥官准备拦截和拒止或防止与大规模杀伤性武器有关的材料或专业知识运输到目的地。

在陆、海、空领域，尤其在许可和不确定环境下，在非战斗状态下进行封锁的频率可能比战斗状态下的要高。如在途中阻止恐怖分子将大规模杀伤性武器材料运送到敌对方。指挥官准备与其他机构和多国伙伴合作，实施和支持其辖区内的封锁行动。

拒止和封锁与扩散有关船只的行动，有助于瓦解和破坏扩散网络。这些行动包括追踪、拦截、搜查、转向、扣押或阻止敌人进行大规模杀伤性武器、投送系统、相关的材料、技术和专业知识交易。

在封锁中被扣押大规模杀伤性武器或相关的材料，可能要求指挥官保护和消除（中和或运走）大规模杀伤性武器及有关材料以减少威胁。如果在许可或不确定作战环境下发生了化生放核物质的意外泄漏，可能要求指挥官实施后果响应。

大规模杀伤性武器封锁和化生放核主动防御行动的关注点不同。化生放核主动防御关注向袭击目标运动的武器，而大规模杀伤性武器封锁则注重阻止大规模杀伤性武器能力的转移。

### （二）进攻行动

大规模杀伤性武器进攻行动是指在大规模杀伤性武器威胁发挥作用前，对其进行扰乱、中和和破坏，或者慑止大规模杀伤性武器的进一步使用。大规模杀伤性武器进攻行动包括奇袭、打击，以及定位和采取措施反击大规模杀伤性武器的使用。

在敌对和不确定环境下，当封锁行动无法成功阻止流氓行为时，总统或国防部部长可以直接授权指挥官实施进攻，以破坏大规模杀伤性武器网络生产、部署和使用大规模杀伤性武器的能力。指挥官可以采用大规模杀伤性武器进攻行动去打击目标（采用致命方式），或者采用非致命方式对目标实施作战。大规模杀伤性武器进攻行动由军方领导，其手段包括探测、识别、扰乱和破坏敌人的大规模杀伤性武器资源、投送工具、相关的设施和其他高价值目标。

虽然随着攻击大规模杀伤性武器目标的作战打击能力的不断发展，跨机构合作将持续增加，但是大规模杀伤性武器进攻行动主要由国防部支配。由于对大规模杀伤性武器目标的进攻行动可能导致危害泄漏，因此增加行政上和法律上的详细审查，通常必不可少。该军事任务也要求保持定位、扣押和恢复 / 破坏被盗大规模杀伤性武器的能力。

如果敌人企图使用大规模杀伤性武器，那么大规模杀伤性武器进攻行动则有助于扰乱和削弱大规模杀伤性武器袭击，进而增加应对大规模杀伤性武器其他措施的效果，例如化生放核主动防御、化生放核被动防御和应急响应。

大规模杀伤性武器进攻行动和大规模杀伤性武器清除行动的区别在于军事任务领域相关行动的终极目标不同。大规模杀伤性武器清除行动注重整个大规模杀伤性武器计划的系统清除；而大规模杀伤性武器进攻行动则只关注大规模杀伤性武器计划或能力的特定目标或节点。

大规模杀伤性武器进攻行动能够支持大规模杀伤性武器清除行动，但是大规模杀伤性武器清除行动不能支持大规模杀伤性武器进攻行动，因为终极目标不同。

### （三）清除行动

大规模杀伤性武器清除行动通常是在敌对环境或不确定环境下遂行的行动，旨在系统地定位、描述、保护、废除或破坏大规模杀伤性武器计划和相关能力。在大规模杀伤性武器清除行动期间，美国可以决定在拥有大规模杀伤性武器国家的领土内实施军事行动，或者在一国内实施行动以反对恐怖分子的计划。要求用有利的清除行动以确保部队的安全，保障战斗行动的自由活动，以及保护非战斗人员。

对失去理性的行为体而言，威慑战略可能无效。因此，彻底清除敌人获取、储存和使用大规模杀伤性武器的能力成为未来任何作战终极目标的关键环节。清除敌人大规模杀伤性武器可能是作战的首要目标。击败和摧毁敌人其他的军事能力将成为实现更大目标的必经之路。

大规模杀伤性武器清除行动必须一开始就关注当前的安保任务，保护现场，防止大规模杀伤性武器及相关材料被抢夺或占有，废除或破坏大规模杀伤性武器、材料、试剂和运载工具，这些东西对部队和民众产生即时和直接的威胁。接下来优先考虑的是，依靠项目专家利用和废除大规模杀伤性武器的生产能力，推进清除行动直到国际机构或东道国接管。

大规模杀伤性武器清除行动也寻求定位和保护计划中的关键人员。由于大规模杀伤性武器清除行动要求美国物理控制基础设施以建立溯源，因此，指挥官必须为执行这类任务的分队提供化生放核防护。

清除行动和威胁降低合作是既有内在联系又不同的两大军事任务领域。二者的最终目的可能相同，即减少或清除大规模杀伤性武器威胁。区别在于东道国的许可和合作，以及军事任务领域的作战环境。威胁降低合作发生在许可环境；清除行动发生在敌对或不确定环境，因此该行动需要强大的情报支撑以洞察大规模杀伤性武器计划。随着作战环境改变，大规模杀伤性武器清除行动最终可能过渡到威胁降低合作活动。

## 三、化生放核防御

化生放核防御是指为减少和消除化生放核事件负面影响和危害效应而采取的措施，包括主动防御和被动防御。主动防御与被动防御相结合可减少化生放核武器使用的危害性。

### （一）主动防御行动

化生放核主动防御是指为挫败化生放核武器攻击而采取的措施。在大规模杀伤性武器或其运载工具攻击目标的过程中，采取行动对大规模杀伤性武器或者其运载工具进行逆转、中止或破坏。主动防御行动的目的是利用多种方式击落全方位的运载手段，从而保护国土、远征部队和其他前沿存在的资源和利益。化生放核主动防御行动主要包括导弹防御（弹道或巡航）、防空、特种作战和安保行动。

1. 导弹防御。使用地对空导弹拦截、攻击、中止或破坏攻击目标过程中的大规模杀伤性武器。包括通过适当组合、相互支持的被动导弹防御、主动导弹防御、攻击行动、空战巡逻和支持信息系统，扰乱敌人战区导弹作战（弹道导弹，空对地导弹，空射、陆基、海基巡航导弹）。

2. 防空。通过空空或地空作战摧毁敌人装载有大规模杀伤性武器的飞机。

3. 特种作战。对机动中的载有军火物资的车辆实施空袭。使用反炮兵火力、空袭或导弹直接摧毁敌人阵地上的具有化生放核攻击能力的炮兵群。

4. 安保行动，即侦察已计划的恐怖分子行动。例如，探测自杀式炸弹并在爆炸前控制住自杀式人员。最大限度地利用情报资源发现何人、何物、何时、何地以及如何实施。

### （二）被动防御行动

化生放核被动防御是指最小化或消除化生放核攻击的负面影响和危害效应而采取的措施。该措施的目标是维持联合部队在化生放核环境下继续实施军事行动的能力，并实施空中和地面军事行动。

化生放核被动防御也称化生放核防护，分为 4 个方面：感知、塑造、屏蔽和维持，如图 2-2 所示。

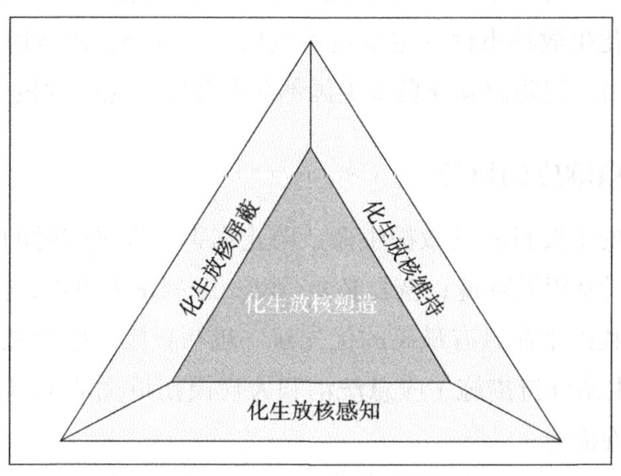


图 2-2 化生放核被动防御

1. 化生放核感知。指持续、及时提供化生放核威胁与危害的信息及情报，以支持通用作战态势图的活动。化生放核感知对于沾染规避很关键，因为化生放核感知可以通过早期探测、识别和确定危害范围，持续、及时提供关于潜在或实际化生放核危害的关键信息。

2. 化生放核塑造，即化生放核指挥控制。集成化生放核感知、屏蔽和维持等作战要素，描述化生放核危害与威胁，运用必需的措施去应对化生放核效应。

3. 化生放核屏蔽。防止化生放核威胁与危害对人员、装备和关键资源及设施产生不利影响所采取的措施，对于减轻化生放核危害效应至关重要。化生放核屏蔽分为个人防护和集体防护，还包括加固系统和设施、防止或减少个人和集体暴露及采取医学预防。

4. 化生放核维持。旨在恢复战斗力以便继续作战，实施沾染控制和医学措施以快速恢复作战能力。洗消是吸收、破坏、中和或移走沾附在人员、目标或地域的化生毒剂和放射性物质的一系列活动，是沾染控制中的关键环节，有利于遭袭后部队和作战的恢复，从而达到或接近正常能力。

## 四、化生放核响应

化生放核响应是指针对化生放核事件进行计划、准备、响应和恢复所采取的行动。化生放核响应通常在战略和战役层面（美国或东道国政府）进行，国防部按指示提供支持。在作战行动期间，国防部领导美国部队和盟国的作战响应。在总统指示或授权下，国防部部长可授权民事支援行动。在国外，根据东道国的要求，总统可以授权，国防部部长可以指示国防部支援美国政府的国外应急行动。

国防部进行化生放核响应以支持民事当局减轻意外或蓄意的化生放核事件的影响。美国国内和国外发生化生放核事件时，国防部必须做好化生放核响应准备。在国内，国土安全部是美国化生放核事件的主要负责机构。在国外，国务院是协调东道国支援请求响应的主要机构。国防部领导负责美国部队和盟国的化生放核事件响应。

### （一）化生放核响应的目标

化生放核响应的主要目标是救护生命；防止伤害；提供临时的主要生活保障；保护重要财产、基础设施以及环境；恢复必要行动；遏制重大事件；保护国家安全。

1. 救护生命。救护生命具有最高的优先权。包括直接的生命救护措施（如第一应急者所采取的）；生命维持措施（应急洗消和大规模伤员洗消）；以及长期伤员护理、治疗与安全等预防性措施。

2. 防止伤害。防止、减轻危害所造成的伤病，措施包括建立安全边界、建立危害控制区。

3. 提供临时的主要生活保障。采取与应急相关的措施，以协助地方当局向受伤人员提供医疗勤务和生活保障。

4. 保护重要财产、基础设施以及环境。措施包括洗消力量的快速运用、对事件的早期警报与报告、重要人员防护、现地隐蔽、撤离等，也支持资源保护。

5. 恢复必要行动。快速恢复电力、供水、通信节点和交通路线。

6. 遏制重大事件。控制接近事件现场，并实施适当的洗消程序，以限制沾染扩散。建立危害控制区（冷区、温区和热区），有助于向应急者、支援资源提供安全的工作地域。

7. 保护国家安全。通过保护美国本土或者其他地方的重要基础设施，保护国家安全。美国军队进行事件应急战备，是对国家安全战略目标的支持。

美国国防部在国内、国外和美军基地 3 种环境中实施化生放核响应。

### （二）国内化生放核响应

依据《国家应急纲要》的规定，国内应急包括协助美国本土、领土、属地内的联邦机构。经与事件指挥官联络，国防部在其能力范围内提供支援。

根据《美国法典》第 10 卷，联邦政府为民事当局提供防务支援，包括化生放核响应支援。根据《美国法典》第 32 卷，国民警卫队由州长指挥。州和地方政府在响应和恢复中具有牵头作用。联邦响应化生放核事件，国防部支援根据事件范围和程度进行剪裁。

根据《国家应急纲要》的规定，当进行化生放核响应时，国防部是支援国家的主要机构或附属协调机构。根据指示，国防部提供支持，国内化生放核响应可能在最低级别。各级指挥官和参谋应该熟知《国家应急纲要》，以便他们的指挥适应全部国家响应框架。

在化生放核事件中，当国防部部长批准民事机构的防务支援请求时，美国北方司令部指挥官和美国印度洋太平洋司令部指挥官是联邦响应统一指挥计划指定的指挥官，各自负责其责任区域中化生放核响应。联邦部队作战指挥链由地区作战指挥官掌握，州的国民警卫队由州长掌握。

国防部部长保持对民事当局防务支援部队、人员、单位和装备使用的批准权力，包括化生放核响应支援。

国防部部长助理（国土防御和美国安全事务）作为国内化生放核事件支援的国防部国内危机管理者，提供政策监督。

参谋长联席会议主席作为国防部部长和总统的主要军事顾问，在准备和响应化生放核事件中，应确保军事计划得到落实，以支援领导或其他化生放核后果管理机构，为作战指挥官指导行动提供战略指南。

联合参谋部作战委员会的联合军事支援主任，与国防部部长助理（国土防御和美国安全事务）、各军种、作战指挥官和国民警卫队密切配合工作，为参谋长联席会议主席制定关于国内应急的军事命令。联合军事支援主任向国防部部长提交这些命令并由其批准，然后发给合适的军事指挥官实施。

每个军种具有能力（基于其可用的资源和条令）进行或支援化生放核后果管理。当国防部部长批准，可以召集这些能力，作为国防部响应化生放核事件的一部分，提供部队、设施和资源以支援作战指挥官。

国民警卫队。除了联邦一级的国民警卫队，其他级别的国民警卫队在州长的指挥控制下运行，根据《美国法典》第32卷，州长任国家现役副官长（TAG）。国民警卫队协调中心、国民警卫队联合部队司令部、联合任务部队（州）、大规模杀伤武器民事支援队、化生放核爆增强响应部队、国土响应部队、联合大陆美国通信环境和联合跨机构训练能力，共同组成国民警卫队化生放核响应能力的基石。

海岸警卫队。美国海岸警卫队是化生放核响应唯一的海上力量。海岸警卫队可部署的专业部队拥有化生放核响应能力，包括海事安全响应小组和国家打击部队小组，这些小组能够在已知或疑似化生放核污染的环境中遂行任务，探测、识别和应对化生放核事件。

作战支援机构。在应急情况下，作战支援机构为作战指挥官提供直接支援，受参谋长联席会议主席评估。根据请求和批准，国防威胁降低局为国防部部门、其他美国政府部门和机构提供化生放核应急相关的行动和技术建议。

指挥关系。根据《美国法典》第10卷、第14卷和第32卷，军事力量通常保持在法典所建立的指挥链控制之下。国民警卫队士兵和飞行员可能由联邦控制，或由州长控制。法律允许双重身份指挥官拥有对联邦和州力量的指挥权，双重身份指挥官为军事行动提供手段。双重身份指挥官必须被合理指派，是接受州委任的现役军官，或是联邦的政府官员。

### （三）国外化生放核响应

国防部支持国务院对国外行动的请求。但是，国防部指挥官在生命受到威胁时，可以采取适当的行动，而不用等待国防部或者国务院的任务指令。

国外化生放核响应既包括美国政府援助伙伴国家，也包括化生放核沾染在内的事件；美国跨机构之间的协调响应，包括化生放核在内的事件发生后伙伴国家的请求。国防部化生放核国外响应包括保护美国以及盟友和伙伴国家的海外公民和武装力量，为了减少人员伤亡，提供临时的相关基本服务。

国务院。除非总统的另外指示，国务院协调所有美国政府支援的受影响国家。在国外响应管理请求被国防部部长批准后，国防部开始支援受影响国家，作为美国政府响应的一部分。

美国大使 / 团长。通常所有美国政府对受影响国家的支援将通过美国大使协调。

地区作战指挥官。每名作战指挥官具有固定的职责，为国务院提供支援，领导国外后果管理，除非总统有另外指示。每名地区作战指挥官为他们指定的责任区制订计划，为事件现场附近部署联络要素，联络美国大使，为支援的作战指挥官提供态势感知。

军种参谋长。当国防部部长指示时，在化生放核事件期间，提供部队（包括来自后备力量的部队）作为支援地区作战指挥官响应的一部分。

基地指挥官。如果化生放核事件发生，国外领土上的美国指挥官，当收到被影响国家的请求时，可以运用他们的紧急响应权力，但是，与在国内相比有更大的限制（限于拯救生命）。

权力与资源。如果化生放核事件影响外国领土，不同的部门存在响应。管理美国响应国外化生放核事件的两部主要法律是：①国外援助法的国际灾害援助部分（《美国法典》第 22 卷和第 10 卷）；②军事人道主义援助响应官方说明。响应国外突发事件的组织包括国外应急支援队、后果管理支援队、国防威胁降低局后果管理咨询队、美国武装力量辐射研究所、美国空军辐射评估队、美国海军陆战队化生事件响应力量和美国陆军第 20 支援司令部。

指挥关系。国防部部长指定受支援和支援的指挥关系，受支援作战指挥官为每个特定的化生放核响应建立指定部队的指挥关系。在美国政府支援国外响应行动中，国防部是牵头的联邦机构，除非总统另有指示。部队保持在受支援作战指挥官的指挥控制下。国务院保持美国政府实体之间协调的职责。

### （四）国防部牵头的化生放核响应

国防部领导美国军队与盟军系列军事行动中事件的作战应急，包含国防部设施的应急。

所有国防部化生放核应急能力被用于支援军事行动。根据指示，其他任何国防部能力和军事资源可能用于支援民事行动或联合多国部队。对人员、设施、行动自由减轻危害及减少威胁，完成支援任务。

国防部长办公室。为保障联合部队指挥官的支援和部队需求，与其他美国政府部门和机构协调；通过国务院协调，获得伙伴国家和非政府组织的支援。为了将化生放核响应行动职责过渡或转移到其他美国政府部门和机构、国际机构或其他国家，国防部长办公室进行跨机构协调。国防部长办公室与国务院和联合参谋部协调，以获得国际法律权力、协议、标准、协定和多国支援行动。

参谋长联席会议主席。通过联合参谋机构协调作战指挥官和军种，确保国防部领导的化生放核响应实施，遵守国内、国际和外国法律、政策、条约及协定。他们以跨机构实施支援行动，还为作战指挥官协调和提供情报支援，进行威胁识别和优先排序。

地区作战指挥官。在其责任区域内计划和实施国防部领导的化生放核响应行动。他们将国防部领导的化生放核响应行动融入作战计划。地区作战指挥官还为战区内机动提供专门的人员和装备，协调可疑或确定的化生放核相关材料的运输，包括武器、毒剂、投射系统和基础设施以进行短期到长期的存储、保护、拆卸、破坏或处置。

国防威胁降低局。提供行动和技术建议，支援国防部门和其他美国政府部门及机构，根据请求和批准的相关化生放核响应开展行动。

指挥关系。在指定的联合作战地域，联合部队指挥官协调响应化生放核事件。通过适当的地区作战指挥官，联合部队指挥官要求另外的支援。地区作战指挥官与国务院协调，从美国政府部门和机构及外国获得支援。对于国防部领导的化生放核后果管理，联合部队指挥官是被支援的指挥官。

## 第三节　美军化生放核防护能力需求

化生放核防护即化生放核被动防御。参谋长联席会议联合需求办公室将化生放核能力分为 4 类 18 项核心能力[①]。4 类化生放核防护能力分别为塑造、感知、屏蔽和维持。

### 一、塑造

化生放核塑造能力即化生放核指挥决策能力，主要指能够清晰理解目前和预测的化生放核态势；实时收集和分析来自传感器、情报人员、医疗部门等的信息并及时告知指挥员；提供实际和潜在的化生放核危害影响，预测关键性的感知、防护和持续的最终状态；使化生放核事件可视化。化生放核塑造能力包括化生放核决策分析、化生放核报警报知和管理。

#### （一）化生放核决策分析

指挥官和参谋在计划、准备和实施的整个过程中要进行评估，通过不间断地评估化生放核威胁与危害、作战环境、化生放核能力和友军的薄弱环节，调整军事行动。

1. 化生放核威胁评估

美军在作战中遭遇化生放核事件的可能性很大，这种事件可能来自国家或非国家

① GA0-15-257 Chemical and Biological Defense. United States Government Accountability Office, June 2015: 59.

行为体，或者来自两者，并且可能以各种形式发生，包括蓄意袭击或意外泄漏。

化生放核威胁评估的主要内容：（1）在作战区域和利益区域中化生放核部队的类型和构成；（2）部署（指挥控制岗位和威胁状态）；（3）化生放核能力（化生放核投送系统的范围和有效性、可用的化生放核武器种类以及可用的化生放核防护装备和检测设备）；（4）意图（国家政策和化生放核部署原则）。

化生放核威胁评估，除了弄清作战区域内的化生战剂类型和危害情况，还应提前了解邻近区域内潜在存储或生产设施信息，以及可用来投送化生放核战剂或材料的方式。预测毒剂或材料何时何地以及如何使用。

2. 作战环境评估

作战环境评估包括作战形势、环境以及各种影响力，这些均对兵力部署和指挥官决策有重要影响。对作战环境的全面评估要求详细分析各种化生放核威胁和危害。

指挥官评估、参谋评估和协作信息分享有助于指挥官深化对作战环境的理解。各级指挥官和参谋在评估和分析作战环境时，应考虑的主要因素有政治、军事、经济、社会、信息以及基础设施。在战术层面的任务分析中，指挥官和参谋可以更加综合地考虑作战环境的政治、军事、经济、社会、信息以及基础设施，通过考虑任务、敌情、地形和气象、兵力以及支援、时间以及民事因素，获得尽可能多的所需的相关信息。

指挥官和参谋不断分析作战环境和行动进度，并把结果与指挥官最开始的设想和意图比较。理解这些变量及相互之间的关系，以及随着时间变量之间关系的变化，可以帮助指挥官和参谋认识到化生放核威胁和危害对作战环境的一个或多个变量的影响。

3. 能力评估

能力评估即比较当前部队化生放核能力（包括单个化生放核参谋军官、指挥岗位、单元和分队的能力）与全频谱作战中支援指挥官所需的能力和资源。它涉及持续评估部队计划、组织、人力、装备、后勤、训练、领导力、基础设施、战备。能力评估的主要目的是在各种任务、功能、行动和活动中帮助识别并调控资源，确定何时何地使用何种化生放核能力，以便在化生放核作战环境中正确地部署部队和装备。

4. 漏洞评估

漏洞是指基地、部队、活动、港口、船只、住所、设施或其他场所，为承受、减轻或遏制化生放核威胁和危害而考虑需要改进的地方。如果不进行改进，必须对其进行防御和采取防护措施。漏洞评估的重点是发现事关任务成败的威胁和危害，化生放核威胁和危害利用特定漏洞的可能性，预测对作战环境的潜在影响。

化生放核漏洞评估需要将威胁和部队漏洞进行比较，以确定为满足事件要求所需的努力。漏洞评估还包括通过风险管理程序整合指挥官指南，从而决定执行漏洞减少措施的优先顺序。

### （二）化生放核报警报知

化生放核报警报知系统自动地向作战人员提供精准的、及时的、有用的和完整的化生放核防护相关信息。

化生放核报警报知系统功能包括手工和自动的生成、收集和控制，贮存和检索来自受影响部队、盟国伙伴、适当的非政府组织和本土机构的信息；效果会因探测器和警报器的不同而有所不同。化生放核报警报知系统传递化生放核相关信息，使不同的部队、机构和盟国参谋人员获得不同的信息。

化生放核报警报知系统输入数据包括：己方在作战地域内化生放核空中、海上和地面部队踪迹/位置；敌方在作战地域内空中、海上和地面部队化生放核能力；化生放核作战透明图；气象和地形透明图；化生放核相关非政府组织产品；其他需要的信息或图表显示。

### （三）管理

化生放核事件的效应影响多支部队，因此，每支受影响的部队都需要有关化生放核袭击的信息（时间、地点、效应）。实施有效的通信、情报管理、信息和情报共享是事件发生后关键的指挥控制内容。建立和保持通用作战图，以及确保整个作战地域内可获得性和互操作性是事件发生后通信、事件管理和关键活动的主要目的。通用作战图使指挥官了解当前的化生放核态势和响应需要的能力。

## 二、感知

化生放核感知能力是指及时检测、定性鉴别和定量分析空气、水、地面、装备和设施中的化生放核危害，连续不断提供化生放核态势信息的能力。分为化生放核侦察和化生放核监测。

化生放核侦察监测的目的是通过视觉观察或化生放核探测方法，为指挥官提供详细、及时和精确的化生放核情报，以获得化生放核威胁和危害的态势感知。收集、分析来自多源的信息，生成情报，为指挥官关注对手的化生放核武器使用，或化生放核物质的意外释放提供关键信息。

化生放核侦察监测是情报监视侦察的一部分，监测是被动和连续的，侦察是有限的和积极的。频繁的侦察弥补监视的被动；反之，监测可以提高侦察效益，减少人员风险。侦察和监测既相互独立，又相互联系，互为补充，两种方式共同使用，能够提升战场作战效益。

## （一）化生放核侦察

化生放核侦察是指通过视觉观察或其他探测手段获得作战地域潜在或实际化生放核危害和危害信息所进行的行动。化生放核侦察主要依靠先进设备和技术而不是人力观察。

1. 化生放核侦察原则

化生放核侦察原则主要包括：①

确保连续的侦察。在作战之前，化生放核侦察聚焦弥补对手化生放核能力、特定危害因素、地形等信息的差距。在作战之中，化生放核侦察聚焦为指挥官提供更新的化生放核信息，验证化生放核危害。这些信息包括位置、类型、浓度、范围和其他特点，支持指挥官决策。这使指挥官核实对手实际采取的行动过程，在作战区域根据实际事件判断计划是否仍然有效。作战结束之后，化生放核侦察聚焦为态势感知提供化生放核威胁与危害的范围、程度和持久度，为后续化生放核行动收集必要的信息。在稳定或民事支援行动中，化生放核侦察关注特定的民事危害要素。

全面使用化生放核侦察资源。一旦付诸行动，化生放核侦察力量使用全部资源完成任务。（这并不意味在同一时间使用所有力量）。指挥官根据他们的能力和任务、敌情、地形、气象、我情、支援可用时间和民事因素（敌方）（METT-TC）使用侦察力量，达到最大的覆盖范围，满足化生放核指挥官关键信息要求。有时，要求指挥官保留或留下部分化生放核侦察力量，将他们用在关键时间和地点。为维持化生放核侦察行动，化生放核侦察力量所要求的其他支援力量不是将其作为预备力量，而应该被当作特殊任务的指定力量。

面向化生放核侦察目标。指挥官使用侦察和监测分队实施化生放核侦察行动必须面向化生放核侦察目标。下级化生放核侦察监视分队指挥官仍然聚焦达成这个目标，在任务中不管他们的部队遇到什么。

快速、准确地报告信息。在执行化生放核侦察任务中，化生放核侦察力量必须准确、及时地获取和报告化生放核威胁、危害和观察的其他相关信息。化生放核侦察监测分队准确报告他们所见的，如果合适的时候，也报告他们没看到的。表面上重要的信息与其他信息结合起来，可能极其重要。负面报告应提交给上级司令部进行评估或进行合作，它们可能弥补全面情报监视侦察图的缺陷。

保持行动自由。化生放核侦察力量应保持战场机动以成功地完成其任务。如果对

① ATP 3-11.37 MCWP 3-37.4 NTTP 3-11.29 AFTTP 3-2.44 Multi-Service Tactics, Techniques, and Procedures for Chemical, Biological, Radiological, and Nuclear Reconnaissance and Surveilance. March 2013: 1-4.

这些力量进行决定性使用，停止化生放核侦察，那只能是在为生存而战的特殊情况下进行。化生放核侦察力量必须有清晰的交战标准，支持指挥官意图。他们必须运用合适的机动和化生放核侦察技术，使用掩护火力和标准作战程序。主动权、地形、减少和对手决定性交战的可能性，帮助维持部队行动自由。当进行化生放核侦察时，化生放核侦察监视分队应采取设计的战斗队形，限制暴露在化生放核危害中。这为侦察监视分队通过地形提供最大机会，全部侦察监视分队不会都受到污染。

获取和维持化生放核危害信息。当侦察监视分队进行化生放核侦察探测或定位化生放核危害时，实行动态采集和维持危害信息，并及时报告其上级司令部。

快速判断情况。当化生放核侦察力量遇到化生放核危害，必须迅速判断面临的威胁。对于新的化生放核危害，必须快速确定危害类型、指挥官要求的关键信息、关联优先情报需求，评估危害信息。

2. 化生放核侦察任务

化生放核侦察任务主要包括：

探测化生放核危害，判断环境中化生放核的存在态势。

定位化生放核危害，发现化生放核存在什么地方。定位化生放核危害，可使用Z形、通道形、三叶形或网格技术。

检验化生放核危害，确定环境中特定的化生放核危害存在。检验级别分为推测、野战确定、战区验证和最后确定。

量化化生放核危害，量化特定的化生放核危害在环境中存在的数量。

收集化生放核样品。获得典型数量的化生放核危害，以便用于尔后的分析。环境样品包括空气、水、土壤和蔬菜等植物。样品有液体、固体和气体，但不包括诊断/医学样品。

测量化生放核危害。采取积极行动确定化生放核危害的沾染程度。在进行化生放核测量时，可选择使用盒形、星形、弹跳和旁路或预先选择的测量方法。

标志化生放核危害。在特别地域/位置，使用可视的或其他显眼的指示标志，警告他人化生放核毒剂的存在。标志化生放核危害，使用制式或就便器材。

报告化生放核危害。提供化生放核危害相关信息和其他相关数据。指挥官的信息需求驱动化生放核侦察监视，化生放核侦察监测的信息又支持指挥官信息需求。信息必须及时、精确并尽可能完整，确保有效的和有根据的作战决策，支持医学评估。

化生放核情报监测侦察任务要素如图2-3所示。①

① ATP 3-11.37 MCWP 3-37.4 NTTP 3-11.29 AFTTP 3-2.44 Multi-Service Tactics, Techniques, and Procedures for Chemical, Biological, Radiological, and Nuclear Reconnaissance and Surveilance. March 2013: 4-2.

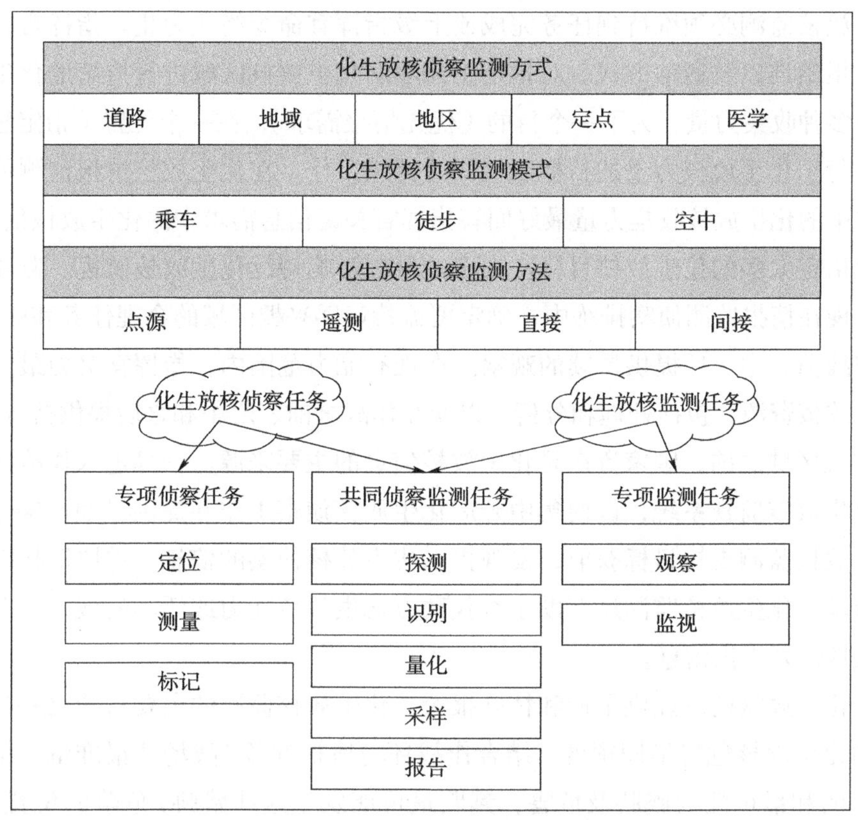


图 2-3　化生放核情报监测侦察任务要素

## （二）化生放核监测

化生放核监测是指通过视觉、听觉、电子摄影及其他方法，系统地观察空中、地面或地下的位置、地点、人员和事件，确认或否认化生放核危害的存在。当观察要素的状况发生变化时，化生放核监视使作战环境的精确、高保真、实时图形的情况更容易理解和维护。化生放核监视有助于态势理解和判断，维持作战环境发生变化的准确、高保真的实时图像。

指挥官使用可用的资源（情报、医学和化生放核监视）去探测化生放核危害。探测结果信息将有助于决策，减少化生放核危害的影响，并在合适的时候提供给部队报警报告网络。结合情报、医学和化生放核监视，可用于评估对手化生放核武器的潜在使用（如通信情报可能拦截化生放核攻击的运用命令）。人工智能也可能提供未来威胁企图和化生放核武器制造能力及位置的信息。医学监测评估疾病的发生概率，判断化生放核事件是否可能发生。

1. 化生放核监测的原则

对指定感兴趣的区域保持持续的化生放核监测。一旦对指定感兴趣的区域进行监视，化生放核监测必须维持到任务完成或上级指挥官命令终止为止。指挥官指定化生放核信息报给谁以及通信方式。对指定感兴趣的化生放核区域进行持续的化生放核监视，需要多种收集力量，为了一个目的（优先情报需求），在一个位置（指定感兴趣区域）或者每个化生放核力量的目标区域同时持续工作。在化生放核情报监测侦察同步中，被选中的化生放核收集力量最好回答指挥官关键信息需求中的化生放核信息。

避免指定太多的化生放核目标。太多的目标影响持续化生放核监视。监测力量协调员应出现在情报监测侦察排练中，确定覆盖特定感兴趣区域的合理任务和能力。

在作战前、中、后提供持续的观察。在现有能力范围内，指挥官努力最大限度地利用化生放核资源，包括处理和分析，以便在作战之前、之中和之后提供持续的观察。在进入作战区域之前，国家资产是化生放核信息的主要来源。一旦进入作战区域，尽早部署化生放核监视系统，以便集中开展化生放核侦察工作并提供早期预警。在作战中，化生放核监测支持目标获取，发现提示化生放核侦察的信息，并协助指挥官和参谋评估行动。化生放核监测还有助于查找敌方化生放核能力或活动的残余，并为随后的化生放核规划提供信息。

依据化生放核监测提供早期和精确报警。化生放核监测的主要目的之一是提供即将发生的化生放核危害早期预警。结合作战环境情报准备 / 战场情报准备，指挥官评估最危险的和最可能的威胁及危害，判断最可能发生这些威胁 / 危险的位置和方向。有关威胁报告必须尽早和精确，并及时地处理和分发。

跟踪和评估关键化生放核威胁和危害。通过对目标区域的化生放核监测，一旦发现化生放核威胁或危害，必须考虑保持对危害可视化的需要，并且对关键化生放核危害或威胁进行跟踪和评估。

在关键位置提供连续冗余的和重叠的覆盖。在计划期间，整合有限的化生放核监视设备，以提供关键位置连续的覆盖。指挥官和参谋连续评估化生放核监视结果，判断关键位置要求覆盖级别的变化。情报和作战参谋通过混合和冗余来平衡化生放核力量的使用，最有效地使用有限的资源，尽快用最小的资源收集最关键的信息。

快速准确地报告信息。指挥官基于化生放核监测获得的信息进行计划和战术决策。侦察和监测分队或其他力量必须准确及时地报告观察到的内容，随着时间的推移，情报失去了它的重要性。发布化生放核事件早期报警和报告，速度至关重要。

2. 化生放核监测任务

监视化生放核危害。为了检查环境中化生放核危害存在所使用的被动措施，当监视化生放核危害时，使用定期或连续的监视方法。

观察化生放核危害。使用可视手段观察指定位置，以判断化生放核危害的可能。

探测化生放核危害。当进行化生放核监测时，使用关键节点和区域矩阵技术，以确定环境中化生放核危害的存在。

检测化生放核危害。确定环境中特定化生放核危害的存在，有 4 种检测级别：推测、野战确定、战区验证和最后确定。

量化化生放核危害。确定环境中特定化生放核危害存在的数量。

采集化生放核样品。获取一定数量的化生放核危害样品或标本用于以后分析。环境样品包括空气、水、土壤和蔬菜等植物，形态包括液体、固体和气体，但不包括临床和医学样品。

报告化生放核危害。提供化生放核危害相关信息和其他相关数据。指挥官的信息需求驱动化生放核侦察监测，化生放核侦察监测的信息又支持指挥官信息需求。报告必须及时、精确且完整，确保有效和有据的作战决策。

3. 化生放核检测

有 4 种检测级别：推测、野战确认、战区验证和确定[①]，如图 2-4 所示。

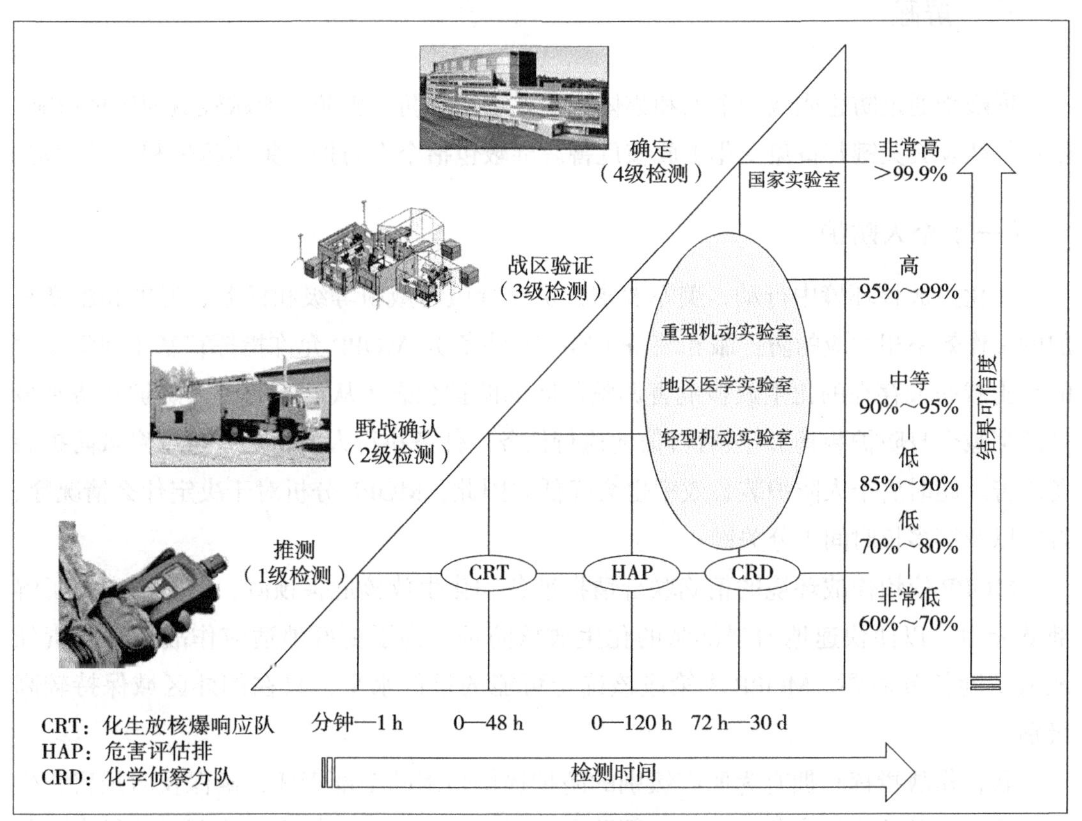


图 2-4 化生放核检测级别

① ATP 3-37.11 Chemical, Biological, Radiological, Nuclear, and Explosives Command. Headquaters, Department of the Army, August 2018: D-6.

推测检测。在野战环境中，运用普通部队可获得的设备和技术，以低级可信度和必须要求的程度，判断化生放核危害的存在，指示 / 报警可能存在的化生放核目标，支持即时的战术决策。

野战确认检测。在野战环境中，运用技术部队具有的更高设备和敏感技术，以中级可信度和必须要求的程度，识别化生放核危害，支持后续战术决策。

战区验证检测。在控制环境中的固定或机动 / 运输实验室，由科学家运用多种独立、已建立的协议和技术，以高级的可信度和必须要求的程度，检测验证化生放核危害，支持战役级决策。

确定检测。在国家认可的实验室，由科学家运用多种国家级、独立的、已建立的协议和技术，以最高的可信度和必须要求的程度，确定化生放核危害的属性程度，支持战略级决策。

## 三、屏蔽

屏蔽指通过防止或减少个人和集体暴露，运用预防措施防止或减轻负面生理影响，保护部队及其关键装备免受化生放核危害。屏蔽包括个人防护、集体防护和医学预防。

### （一）个人防护

在化生放核环境中行动，美军要求人员只穿戴与威胁等级和任务、温度和湿度施加的工作效率相适应的防护服和装备（MOPP 装备）。MOPP 允许指挥官基于即将发生的袭击威胁或存在的化生放核危害调整部队的防护状态（从最低的个人防护装备到最高的穿戴全身防护装具），然后自信地执行任务。任务执行人员将免受过度穿戴防护装备之苦。超时后个人防护装备效率也会降低。因此，MOPP 分析对于决定什么情况穿、谁穿以及穿多长时间十分关键。

MOPP 依赖作战环境的精确联合情报准备和化生放核危害预测，以及清晰地了解部队能力，以便快速地增强部队的化生放核防护。为了更好地适应作战指挥官责任地域不同任务需要，MOPP 决策应该确定可能的最低水平，只在例外区域保持较高级别。

联合作战指挥官拥有为所有级别的防护提供指南的全部责任，确保及时报警化生放核危害。基地指挥官负责向所属部队宣传联合部队指挥官指南，协调部队最大化防护，最小化行动。部队可能为特定的情况要求不同的 MOPP 配置。基地指挥官负责确定包括应用 MOPP 配置的部队计划，确保所有下属部队准备实施和执行这些配置。

普通衣服具有一定的防护能力，但它不应被当作对化生放核危害的防护装具。当直接、大强度的或长期暴露在生化放核危害中，需要额外的防护措施。这些措施包括预处理、防护面具和防护服、辐射屏蔽和斗篷、解毒剂、免疫和其他医学治疗。

### （二）集体防护

在化生放核环境中维持作战可能要求集体防护装备，为作战和实施生命支援功能提供非毒区域，如休息、放松及医学治疗时，不用穿戴个人防护装备。

除了防护联合部队（包括作战人员、合同商和美国政府文职人员），国防部政策和日内瓦公约要求保护平民、东道国人员、战犯和被羁押人员。

沾染转移到非毒区域，将危及其中所有人的健康与安全，损害他们支援任务的能力。因此，训练必须包括非毒地域进出程序，防止沾染。

使用集体防护，参谋需要评估可用集体防护系统的能力，集体防护系统应该防护大部分化生放核危害。

当集体防护不可行，必须将人员转移到远离沾染区域的可供选择的非毒区域。如果撤离不可能，利用建筑物的屏蔽作用，可以获得有限的防护，通过关闭窗户和门，关闭通风系统，进住密封的房间。如果提前报警，居住者通过密封窗户、门和开口，提高防护，但是必须意识到，没有冷却和通风，这些建筑或空间可能很快变得不可居住，只能短期屏蔽。

### （三）医学预防

1. 预防免疫。无论是敌对行动之前还是行动过程中，接种疫苗都是对生物战剂威胁提供持续保护的有效手段。疫苗对于许多潜在生物战剂都是有效的。许多疫苗用于保护实验室工作人员或在地区性疾病地域的工作人员。对于某些生物战剂而言，唯一有效的医疗措施就是使用特定的抗血清。某些情况下也可以考虑使用免疫球蛋白。

2. 化学预防。化学预防主要是通过使用恰当的药物进行保护。如果袭击即将发生（如情报表明了袭击征兆），或是袭击已经发生，指挥官应指导该地域所有人员进行化学预防。然而，对于不存在威胁的情况下，对潜在目标区的所有人员进行长期的、常规的抗菌预防不切实际，而且是一种浪费。

3. 生物预防。对于细菌战剂，人员在暴露后须尽快服用抗生素。服用抗生素的时间越早，预防疾病发生的概率也就越大。在某些情况下，对于那些先前未接种疫苗的暴露人员，除了使用抗生素外，还应接种疫苗，以免后续的疾病暴发。

4. 辐射预防。受照前，服用预防药物可以降低因放射性照射产生的效应。例如：抗恶心药能够减轻人员受照射后产生的呕吐，碘化钾能减少对放射性碘的吸收。受照后，可使用多种药物通过生物方式从体内去除放射性物质。

## 四、维持

维持是指通过洗消和医疗救治，迅速恢复战斗力，保持恢复部队的基本功能免遭化生放核危害影响，并尽快恢复到事发前的能力。主要包括人员沾染减轻、物资生物减轻、化学治疗、生物治疗和辐射治疗。

### （一）洗消

洗消是从人员、设备、物资和地面清除或中和污染的过程。洗消的最终目的是在最短的时间内完全恢复战斗力。洗消可通过化学中和、物理清除和自然降解等途径实现。洗消的基本原则：尽快洗消、必要的洗消、按照优先顺序洗消及区域限定。

1. 洗消级别

洗消等级分为即时洗消、作战洗消、全面洗消和清洁洗消[①]。当化生放核事件发生后，指挥官必须决定是否需要进行恢复战斗力的洗消，如果需要，需要达到什么级别的洗消。

（1）即时洗消。为挽救生命、最小化伤亡和限制污染传播或转移由受染人员进行的洗消。一旦在裸露的皮肤上发现有化生战剂，不需要任何命令，应立即进行洗消。使用个人皮肤消毒包对皮肤进行消毒处理。然后，使用单兵装备消毒包对面具、手套和武器进行消毒。如果需要消除装备和人员身上的放射性沾染，可使用刷子清扫，并用肥皂水清洗。皮肤洗消应在受染后 1 min 内，由个人实施；操作人员擦拭防护装具、必要的装备应在受染后 15 min 内，由个人或伙伴以及班组实施；对飞机重要部分实施现场洗消，应在受染后 15 min 内，由机组人员和飞机地勤人员实施。

（2）作战洗消。为最小化接触与转移危害和保障作战行动，由个人或 / 和部队进行的限制于作战必需的装备、物资和 / 或工作区的特定部位进行的洗消。作战洗消由连级、营级和旅级控制。作战洗消分为准备、实施和场地清理 3 个阶段。在准备阶段进行洗消评估、协调、场地选择、联络和场地修建；在实施阶段主要进行场地控制、车辆喷洒和 MOPP 防护装备更换；在场地清理阶段主要进行清洁、标记和报告。

（3）全面洗消。为降低人员、装备、物资和 / 或工作区域受染程度至自然本底或尽可能低水平，允许部分或全部脱去个人防护装备，最小限度降低作战效能，由部队实施的洗消。全面洗消可降低装备及人员的沾染，有时甚至可消除这些沾染，是最有

① FM 3-11.5/MCWP 3-37.3/NTTP 3-11.26/AFTTP (I) 3-2.60. Multiservice Tactics, Techniques, and Procedures for Chemical, Biological, Radiological, and Nuclear Decontamination. 4 April 2006: I-2.

效的消毒类型，但也是最消耗资源的消毒过程。全面洗消要在敌方直接火力系统覆盖的范围之外展开。各级指挥机构要做好全面洗消的准备；将其作为整体计划的一部分。化生放核洗消人员要根据洗消的类型、地形、任务状况、威胁情况、公路联络和水源使用等情况，在整个作战区域内选择可能的联络点。指挥官必须建立洗消支援的优先顺序，并列出洗消分队的排列顺序；在遭受袭击阶段，对执行主要任务的分队给予洗消优先支援并不是最好的选择，因为受染部队不会停止作战，等到袭击结束再进行洗消；水补给计划可以像选择一系列联络点简单。

（4）清洁洗消。为装备、人员进行无限制运输、维修、使用和处置进行的最终洗消。清洁洗消可使洗消后的部队或个人准备返回到各自的驻地，无论是在美国本土还是在美国领土或附属地。清洁洗消是最高的洗消等级，是资源最密集的洗消行动。

2. 洗消对象

（1）固定基地、港口和机场。包括指挥、控制、通信和情报设施；港口和机场；物资储备和大部队集中的临时关键工程；物资供应站和仓库；分队的配套物资储备场地、机场、水运码头和铁路终点站；医疗机构；弹药补给点和汽油、石油与油料；维修站。

（2）飞机和机组人员。

（3）舰艇。

（4）伤员。

（5）货物。

（6）特殊装备和物资。主要包括易损 / 敏感装备洗消、化生放核弹药洗消、贫铀弹洗消及特定放射性同位素的消除。

### （二）医学救治

医学救治分为化学治疗、生物治疗和辐射治疗。

# 第三章 美军化生放核防护教育训练战略与标准

化生放核防护教育训练是一项全局性和基础性工作，美军从顶层设计的角度，以军队训练战略和训练转型为依据，制订了化生放核防护教育训练战略计划，并规范了专业化生放核人员和非专业化生放核人员应达到的熟练程度。

## 第一节 美军化生放核防护训练战略计划

2006 年 5 月 8 日，美军颁布了《国防部训练转型战略规划》，2007 年，美国国防部制订了《化生放核防护条令、训练、领导和教育训练（DTL&E）战略规划》，其目的是聚焦和指导化生放核防护条令、训练、领导和教育。

### 一、战略目标

战略目标：继续建立和集成适用的和创新的联合化生放核防护能力，增强国防部通过跨机构、多国伙伴作战准备，支持国家军事战略（该战略计划强调传统和非传统战争，同时协同其他国家和部门教育和训练机制支持国家军事战略，支持利用跨部门、非政府和同盟国的设施进行训练的宽部门战略。该战略计划的战略目标对实现战略构想和任务十分必要）。建立一支训练有素的、综合的、适应的和创新的力量，以应对敌人使用化生放核武器，并且确保在慑止敌使用大规模杀伤性武器失败的情况下，能够有效地在化生放核环境中执行任务。最终目标是通过联合能力集成开发系统，优化所有联合条令、机构、训练、装备、领导和训练、人员以及设施（DOTMLPF），尽可能减小存在的差距与不足。

当前目标：提高、集成和统一化生放核防护工作。

个人 / 组织目标：维持适用的创新的环境。

机构目标：平衡化生放核防护训练基础设施。

管理目标：建立基于功能的管理程序。

## 二、战略途径

### （一）提高、集成、统一化生放核防护工作

提高化生放核防护准备。美国必须拥有在世界上任何地方快速、有效地消除针对部队进行化生放核攻击危害的能力，因此，要根据人员、训练和装备加强军事力量准备。实施真实训练确保化生放核部队准备覆盖作战领域，训练必须包括联合、多国和跨机构计划，展示在化生放核环境中有能力取胜。为了最大化可能和确保标准，联合训练计划应该受到正式认可，设施和系统应该合格。

跨军事部门和防护机构的化生放核防护一致努力。部门必须经过训练，准备作战，能够在传统的非军事领域进行决策，如灾害响应、后果管理。部门必须通过进一步整合拓展，通过在化生放核环境中作战的教育、训练和实验机制，实现部门与防护机构共享训练、计划和其他合适资源增强相互操作能力。

提高个人和组织的化生放核防护核心能力。一体化条令、训练、领导和教育训练的基本目的是通过训练和教育计划，训练具有创新、适用性的战士和领导。这些计划必须快速地纳入从作战环境中学到的经验。化生放核防护训练准备计划必须包括切实可行的单兵和集体技能训练，最大化使用应急技术，包括计算机仿真和虚拟现实。训练、演习、职业军事教育和领导培养计划应该融入化生放核环境作战中，包括化生放核武器影响下持续作战的现实因素。利用职业军事教育课程、相关的战争游戏和专题会增加化生放核防护训练机会，目的是强化化生放核威胁和美国响应能力。所有国防部人员必须了解化生放核威胁，熟悉美国的能力，了解他们在处理化生放核防护中的角色和职责。

### （二）维持适用的创新的环境

化生放核训练转型是改变现行条令和作战概念的过程，建立职业教育和训练以适应发展和新的挑战，弥补差距与不足，发布新的条令和作战概念。为增强威慑和击败敌人，国防部必须维持这样一个环境，即培育适应的思想和创新的方法以及增强跨机构、非政府和多国的有效性。

鼓励个人和组织在化生放核环境中适应和创新的观念和文化。对手将通过新手段向美军展露化生放核威胁，进一步适应击败美国的反制措施；敌人会在常规战争、非规则战争和通过恐怖行动使用化生放核威胁；为了有效地应对这些挑战，美军必须准备好适应和创新。国防部必须建立不间断的评估程序，常态化评估化生放核防护条令和作战概念，塑造职业教育和训练，鼓励通过适应发展的化生放核危害环境进行适应

思维。未来的化生放核防护条令、训练、领导和教育训练能力必须促进联合部队更加响应和适应任何化生放核环境。

增强跨机构、非政府组织和多国伙伴的效率。为了确保与非国防部完全整合，国防部必须建立和实施条令、训练、领导和教育训练产品和训练战略，进一步增强化生放核环境中有效的联合、合同和联盟作战。这些努力引起国防部力量与跨部门、非政府组织和多国伙伴无缝隙工作。一旦任务区分和权力得到批准，国防部将与跨部门、非政府组织和多国伙伴建立和共享条令、训练、领导和教育训练资源，以增强团队合作。

### （三）平衡化生放核防护训练基础设施

需要一个综合的和稳定的训练基础设施来支持当前和未来的化生放核防护训练，提高化生放核防护支持系统和支柱，提高个人和集体化生放核防护教育和训练。国防部必须维持当前的军事部门条令、训练、领导和教育训练基础设施，利用军事部门化生放核学校的潜能开发多军种和联合防护条令、训练、领导和教育训练能力。基础设施包括提供、帮助和支持部队的教室、装备、软件包和教令。

持续的化生放核防护条令、训练、领导和教育训练能力投资。技术进步和正面临的化生放核威胁要求国防部在新的化生放核防护能力和基础设施上进行合理和持续投资，与新作战能力同步。开展设施和训练场地的现代化和建设，以确保有能力进行训练，应对美军、跨机构、非政府组织和多国伙伴面临的化生放核威胁。

提高多军种和联合化生放核防护教育和训练基础设施。为使所有部队完成这些任务，要求建立多军种和联合化生放核防护训练设施，国防部的政策确保化生放核防护能力全覆盖，其包括积极努力联合与国土防御相关的教育、演习、训练和实验机制。

化生放核防护作战的成功依赖条令、机构、训练、装备、领导和教育训练、人员以及设施资源的有效整合，国防部必须为整个部队持续地建立、协调和集成个人、参谋和集体训练对象。军事部门的主要化生放核防护 TL&E 任务是建立和指导训练计划，以适应军事部门需求，国防部有责任在整个部队中集成条令、训练、领导和教育训练，以确保支持系统和支柱去适应协同。在逼真训练中投资的目的是提高在化生放核环境中的联合作战能力。

### （四）建立基于绩效的管理程序

通过链接化生放核防护教育训练到预算和资源行动，建立一个基于绩效的管理程序，建立响应型组织和商业实践，为政策制定过程提供反馈。

美国国防部应该最大限度并及时地提供有效的单兵、集体、参谋和分队训练。这包括必要的确定标准的高级训练和教育。为了完成这个商业实践，必须建立对目标和对象的集中支持。国防部必须寻求条令、训练、领导和教育训练中的过程、组织结构和商业转型机会。这些交叉能力包括战略合作与拓展、保留智力资本、通过合作减少风险、持续处理提高、条令、训练、领导和教育训练过程流水化和集成化；加强跨机构间合作、先进的训练技术、军事部门之间、其他政府机构和国际伙伴的合作。

完成美国国防部化生放核防护条令、训练、领导和教育目标的政策。平衡权力、政策和实践为在任何化生放核环境中提供最合格的全面部队。训练、演习、职业军事教育和领导发展计划的目标是与化生放核防护的原则一致，考虑化生放核对现实持续作战的影响。为了使创新领导和行动在战场上成为可能，政策必须鼓励并使解决在化生放核防御作战中对不可见问题的方案成为可能。国防部在国土防御中的任务和在国土安全中的支援角色，要求具有更大的权力分配条令、训练、领导和教育训练资源而不是目前的状况。政策实现需要为合作伙伴授权分工实施，将使跨部门、合作国家、跨机构和非政府组织完成共同的化生放核防护任务统一行动。

链接美国国防部化生放核防护条令、训练、领导和教育战略预算和资源行动。国防部必须继续通过满足 CCDR 作战需要的训练和教育能力以及资源提高部队准备，国防部必须通过规划、计划、预算和实施程序将这些需要与预算和资源行动链接起来。

国防力量化生放核防护的评估效果。参谋长联席会议主席指出：“通过从一支互操作部队向一支互助部队超越当前的联合水平，加强联合作战能力，参谋长联席会议主席指示是评估化生放核防护条令、训练、领导和教育训练需求的主要方法。”

### 三、战略措施

方法：国防部对资源和权力的集成和应用提供有效的监督。

资源：国防部提供充足的条令、训练、领导和教育训练资源来确保综合化生放核防护准备工作。

权力：确保具有合适的化生放核防护条令、训练、领导和教育训练权力，使国防部具有应对化生放核威胁的能力。

## 第二节　美军化生放核防护基本标准

战术级军种指挥员及参谋人员必须具备化生放核袭击后的生存能力和危害环境下的持续作战能力。

## 一、单兵基本专业标准

为了在化生放核袭击中生存以及在化生放核环境中为部队的生存力和战斗力作贡献，单兵应在化生放核防护理念下进行训练。单兵基本专业标准分为基本生存标准和基本作战标准。

新兵在入伍后需接受初级化生放核防护训练，此后每间隔一段时间需进行复习训练。国防部保障人员需接受基本的生存训练以及在化生放核环境下支持指挥员和维持所需的训练。

### （一）基本生存标准

生存标准，指单兵为了在化生放核袭击中生存必须达到和精通的标准，包括以下内容：

识别可能的化生放核袭击或无意泄漏的征兆，采取适当的防护行动。

识别和发送核生化警报和信号。识别化学、生物及放射性危害信息，按照相关的标准作业程序采取适当的防护行动。

当确认有化学或生物武器袭击，或相应警报响后，应在 9 s 之内正确穿戴、安装、清理和检查呼吸器或防毒面具，在 6 s 之内完成头罩（如果可用）的调节和 / 或联接（总时间不超过 15 s）。

正确穿戴防毒服，正确执行分配的任务。对核爆炸的热辐射（可见光、闪光和热能）、冲击波和核辐射效应采取有效的防护措施。完成即时单兵洗消训练，依程序解除受污染的化生放核个人防护装备。

识别受污染的伤亡人员，实施急救（自救或互救）。保持良好的健康和个人卫生，是防止疾病传染的有效防护措施。

### （二）基本作战标准

作战标准，是指单兵为了在化生放核条件下为部队的持续作战能力作贡献必须达到或精通的标准。包括以下内容：

随时保持化生放核个人防护装备处于高水平的可靠性。

为了降低化生放核武器的危害效应，在遭受化生放核袭击之前、之中和之后，善于采取维持作战效能所必需的特殊措施。

识别或探测化学毒剂污染，对自身、衣物、人员装备、单兵武器与阵地、车辆和乘员用装备实施即时洗消。

识别指示化学、生物和放射性污染区域的标准标记符。通过或绕行已标记的化生放核污染区，将人员危险降低到最小。

展示穿戴个人防护装备延时的情况下履行主要军事职责的专业能力，包括使用乘员用/单兵武器。熟悉各军兵种具体的洗消程序。熟悉集体防护原则，包括通过污染控制区。

展示现有装备的熟练操作程度，如剂量仪和化生探测与监测装备。

## 二、特定人员附加专业标准

为执行保存生命以外的作战任务，特定人员需要在高于单兵专业标准但低于专家专业标准的要求下进行训练。附加训练支持领导层的活动和化生放核监测、测量、侦察以及沾染控制等任务。需要进行附加训练的人员主要包括以下几种：

空勤人员、救生人员和地面人员，这些人员需掌握标准化协议“2515”与“3497”中所列的化生放核防护装备的正确使用、空乘人员的化生放核防护以及防护装备的穿戴与脱卸。

所有的军事人员，除了之前明确的单兵需求，他们还需具备与其军衔或作战角色相匹配的知识。

所有的国防部文职参谋和保障人员，为了支持战术指挥，他们需具备与其岗位和职责相匹配的必要知识、技能和能力。

特定人员的附加标准分为以下两类。

### （一）化生放核监测、测量和侦察人员的附加标准

在所担负的基本职责范围内，对军需品、装备和污染区进行作战洗消。

操作和保养编配的洗消装备。

在合适的场所建立和操作人员洗消站。

在袭击前采取措施以避免受污染，在袭击后采取措施以避免污染扩散。

操作和保养可用于执行任务的化生放核专业装备。

识别化生放核袭击和无意泄漏，充分了解实施报警和提供防护的组织程序。

探测和确认化生放核污染，组织和实施核生化监测与测量行动。

监测人员、食物、饮用水及装备的化生放核污染情况，评估洗消措施的有效性。

采集可疑生物污染物样品，按照指示要求对其实施转移。

采集液体或固体化学毒剂样品。

按照标准化协议 2002（不适用于海军舰艇）中的标准标记符，标记化生放核污染

区、受染装备和军需品。

按照标准化协议 2103 提供用于编辑化生放核报告的数据。

运用探测和测量设备识别和探测无意泄漏所产生的危害后果。

展示履行化生放核哨兵和侦察员职责的应有能力。

### （二）军官与军士的附加标准

部署化生放核哨兵或侦察员和探测装置。

了解化生放核监测、测量及侦察程序。

掌握遭受化生放核袭击或友军核打击之前、之中和之后的救生程序。

具备化生放核下风方向危害知识。

具备辐射剂量控制、照射标准和档案保存知识。

熟悉抗辐射物质的综合防护价值，包括建筑物的选择和掩体的结构。

具备污染控制知识。

在化生放核袭击或无意泄漏之后，以及援助此类事件的后果管理时，了解军队在支援其他机构时的角色。

## 三、化生放核防护专家附加专业标准

化生放核防护专家包括担任全职化生放核防护的司令部化生放核防护军官、士兵和国防部地方支援人员（包括签约人员）。他们通常在连、中队或同等军种部队级别以上的建制单位任职。执行额外职责的部队化生放核防护军官、士兵和国防部文职人员（包括签约人员）。这些人员应接受与其职责相适应的正规化训练。

### （一）以化生放核为主要职责的军官、士兵和文职参谋的附加标准

在所有关于发展化生放核能力的事务中，协助指挥官向下级提供政策与指南。

在指挥范围内计划、实施和监督化生放核训练。

评估下级遭受化生放核袭击后的生存能力和在化生放核环境下持续作战的能力。

适应新的化生放核防护战术、技术和程序。

就所有关于下级部（分）队化生放核防护的事务向指挥官提供建议。当职责增加时，对化生放核报警与报告系统负责。

如果可用，推荐使用特殊的化生放核部（分）队。

如果条件允许，操作和使用自动化系统用以计算和数据处理。如果没有自动化系统，化生放核中心的人员必须能够手工执行相同的任务。

就所有关于与别国单位或机构进行化生放核合作的事务向指挥官提供建议。

### （二）部队化生放核防护军官及士兵的附加标准

在化生放核训练与作战方面向指挥官和参谋人员提供技术支持。

提供化生放核训练以实现用于单兵或部队的基本作战专业标准。

计划和监督作战训练演习和机动方面的化生放核训练。

监督部队化生放核标准作业程序的准备，按要求使其适应其他部队的现有计划。

通过剂量仪测量或计算，确定总剂量和滞留或通过放射性沾染区域的时间，以避免超过作战照射指南的控制值。

准备放射性落下灰预测模型，执行化生放核报警与报告任务（可能安排给气象、作战和/或航空军官）。

制订化生放核侦察计划，通过或绕行化生放核污染区域的最佳路线向指挥官提供建议。

在部队范围内计划和协调洗消，向指挥官提供建议。

保持部队辐射照射的记录。

估算化学和生物袭击以及无意泄漏时下风方向的危害。

向上一级司令部报告化生放核数据，执行化生放核报告与报警任务。

操作和使用数据处理装置，如条件允许，具备用于化生放核报警与报告中有关程序结构的基本知识。

识别与低水平辐射、无意泄漏及有毒工业物质风险有关的危害。

制订部（分）队面临化生放核和有毒工业物质危害（包括低水平辐射和无意泄漏）时的应急计划。

就所有关于化生放核和有毒工业物质危害（包括低水平辐射和无意泄漏）的事务向指挥官提供建议。

## 四、医务人员附加专业标准

医务人员可保护他们自身、患者和医学设备避免遭受化生放核毒剂的危害，并按照最新的科学和技术，对已经暴露于化生放核环境的人员采取必要的救治措施，使他们保持和恢复健康（化生放核医学防护）。医务人员附加专业标准如下。

### （一）医务人员附加标准

在化生放核预案中，在急救、分诊、苏醒与紧急治疗、控制、撤离和医院治疗期间有效保护伤亡人员。

提供医学物资、车辆和设备，对化生放核危害实施最佳防护。

如果条件允许，熟练掌握设备与车辆的野战集防系统的使用与维护。

熟练掌握化生放核损伤的急性症状，以及具体的治疗措施和潜在副作用。

熟练掌握化生放核受染患者的洗消程序与操作。

### （二）训练有素的医学军官和军士的附加标准

在化生放核受染患者和相关装备（放射性监测、化学毒剂监测）的洗消控制程序方面具备专业知识（特定医务人员）。

具备面向任务的化生放核损伤诊断与治疗和化学、生物毒剂及放射性探测与识别方面的专业知识（在行动期间被指派执行特殊化生放核医学防护任务的医务人员包括麻醉师、外科医生、内科医生、微生物学家、食品化学家等）。

能够将科学的专业技术报告转换为清晰明了的建议提供给指挥官（参谋部和指挥部军医）。

具备展开地域内化生放核危害急性与长期健康效应方面的知识，以及相应的连续医学保障需求方面的知识（具有科学背景的人员）。

具备个人防护装备穿戴利弊权衡和预防医学化生放核对策方面的知识（具有科学背景的人员）。

### （三）战斗前、战斗中及战斗后的行动标准

建立展开地域内化生放核危害和地方性传染疾病的详细清单，提供涉及对策的相应医学保障需求。

记录和登记人员可能暴露的位置以及暴露时的防护等级。

合作调查已按要求确认的涉及化生放核危害和地方性疾病情况下的异常疾病与死亡。

在生物危害防护预案中对高传染性疾病突发事件实施应急管理。

对疾病和后续暴露或可能暴露的部队实施冲突后监督。

## 五、指挥员附加专业标准

指挥员应具备超出单兵专业标准的知识和能力，但不必达到化生放核防护专家所要求的程度。在化生放核防护专家的帮助下，指挥员应能意识到化生放核袭击和/或无意泄漏所造成的危害，以便在这种危害影响下计划和实施作战。所有的指挥员还应考虑到有毒工业物质和低水平辐射所带来的风险。指挥员附加专业标准如下：

熟悉化生放核防护原则。

掌握防护组织和可用的化生放核装备。

评估部队化生放核分队的能力。

评估部（分）队尤其是作战条件下的化生放核军需效能。

根据形势和任务发布命令和采取措施。

在制订作战计划时考虑化生放核威胁和化生放核环境下的部（分）队作战准备和能力。

评估延时穿戴化生放核个人防护装备的效应，了解在战斗条件下为更好地发挥作战功能而减轻这些效应所能采取的措施。

熟悉可用的医学预防对策。

熟悉演习中的化生放核训练一体化。

熟悉有毒工业放射性材料，尤其是低水平放射性效应的风险。

熟悉有毒工业化学品的风险。

熟悉有毒工业生物制剂的风险。

## 六、建制单位专业标准

每个建制单位都应具备在化生放核或无意泄漏环境中完成其任务的能力。生存能力的计划和训练将包括化生放核标准作业程序的准备和频繁演练，以确保熟练运用标准作业程序。建制单位的基本专业标准如下：

针对紧急化生放核袭击、化生毒剂或放射性沉降报警，及时采取果断和正确的行动。

在部队区域内快速确定化生放核危害物质的存在和性质，采取有效措施最大限度地减轻化生放核袭击的危害效应。

正确使用部队化生放核防护装备和补给品，保持高水平的可靠性和战备状态。

加强高级别的健康、个人卫生和公共卫生，使疾病传播最小化。

在继续执行部队重要任务的同时，对威胁采取适当程度的防护措施。

对补给品、装备和区域实施必要的洗消。

以最小的效能损失通过、绕行受染区域或在受染区域内作业，对需要的地方进行洗消。

人员在全身防护状态（包括佩戴防毒面具）下进行超长时间（由指挥官根据天气条件、装备规格等因素确定）的高效作业。

报告核爆炸、化生袭击、无意泄漏和有关危害及危害区域。

# 第四章 美军化生放核防护教育训练管理

美军建立了化生放核防护全过程的领导发展模型，闭环的训练管理模型，形成了一套完整的训练管理体系，为规范化生放核教育训练提供了强有力的组织保障和科学的理论支撑。

## 第一节 训练管理组织机构

美军建立了上至国防部，下至各军种连队的化生放核机构，为实现全员化生放核训练奠定了坚实的组织架构基础。

### 一、国防部

美国国防部是美军化生放核防护管理与建设的最高统帅机构，国防部副部长（人员和准备）（USD P&R）和国防部副部长（采购、技术和后勤）（USD AT&L）负责监督和训练，助理国防部长（卫生事务）和助理国防部长（核化生计划）为主管人员。根据《美国法典》第十章第136款，国防部副部长（人员和准备）有权指导和控制与训练相关的领域。根据“美国法典”第十章第152款，国防部分配一个单独的办公室负责“整体协调和统一的化学生物战防御计划和化学生物医疗防护计划”，包括审查国会关注的化学和生物领域的防护训练。

相关机构包括：（1）化生放核非军事项目国防部长特别助理办公室，下设有国防部化生放核防护教育训练集成委员会；（2）助理国防部长办公室（卫生事务），下设化生放核医学防护；（3）化生防护联合项目执行办公室，设4类联合项目管理员：防卫、生物探测、核生化沾染规避、基地防护项目。

### 二、参谋长联席会议

参谋长联席会议，负责制定联合军种和诸兵种化生放核防护条令、战术、技术和程序，负责联合训练和教育，协调和综合国防部化生放核防御计划的能力需求。主要机构有：（1）联合参谋 J-7；（2）化生放核防护联合需求办公室（J-8），下设应对大规模杀伤性武器功能能力委员会，联合训练功能能力委员会。

### （一）化生放核防护联合需求办公室（J-8）职责

化生放核防护联合需求办公室是国防部主管规划、协调和管理化生放核联合防护作战需求的专门机构，作为参谋长联席会议主席解决问题的唯一专家，主要内容包括被动防御、后果管理、部队防护和国土安全。化生放核防护联合需求办公室直接支持化生放核防护计划，尤其是化生放核能力需求的制定，以及联合部队和军种级化生放核的条令、教育、训练的修改和完善，其主要职责如下：

制订、修订化生放核防护顶层作战理论和化生放核防护计划。

代表各军种和作战指挥官制定需求，支持其协调、整合化生放核防护能力；开展基于能力的评价（功能范围、功能需求和功能解决方案分析）和概念试验；制定、修订化生放核能力文件（初始能力文件、能力发展文件、能力生成文件和条令、机构、训练、装备、领导和训练、人员以及设施变化建议）。

在采办人员协助下制订美国国防部化生防护计划规划目标备忘录。

推动联合条令和训练的发展和集成，负责多军种医疗与非医疗化生放核防护条令的制订。

将基于能力的评估解决方案充实到联合的、多国和多军种条令以及联合教育与训练中。

主持应对大规模杀伤性武器工作组，对联合能力集成与发展系统相关意见作出判断，并适时将问题提交给部队防护功能委员会。

化生放核防护联合需求办公室由任务综合组，能力综合组，概念、研究和分析组 3 个部门组成。

### （二）推进化生放核防护教育

协调主题专家对军种 / 联合中级学院、高级学院和资深士兵专科院校的授课支持。重点支持化生放核 / 大规模杀伤性武器 / 后果处理方面的教育。

促进各个军种 / 联合军种中级、高级学院和高级士兵专科院校的课程评估，将化生放核 / 大规模杀伤性武器专题纳入当前教育计划。

通过推动“化生放核教师课程开发”，调整、优化各军种 / 联合军种的中级学院、高级学院和士兵专科学院的教师队伍。这些课程学时 4～8 h，专为那些具备化生放核 / 大规模杀伤性武器初级知识的教师设置，以帮助他们胜任各自承担的课程。

协调、管理各军种 / 联合军种中级和高级院校的军事演习 / 训练。

协调联合需求办公室在美国陆军化生放核学校主办的联合高级军官课程的实施。学员均是从事化生放核 / 大规模杀伤性武器作战和战略层面的中校及中校以上人员，或者相应级别的文职人员和一级军士长。

与联合计划执行办公室共同主管联合训练工作组，联合训练工作组是联合计划执行办公室主管的联合后勤咨询委员会的下属单位，其成员来自联合计划执行办公室、联合需求办公室、联合计划管理者、军种代表及其他相关单位。联合训练工作组主要致力于与新装备研发、试验和给养相关的训练问题。

### （三）支持化生放核联合训练

联合需求办公室规划、协调及为作战司令部和联合特遣队一级的参谋机构提供化生放核培训与训练支持，增强参谋机构执行化生放核防护任务的能力，同时提供了一种查找能力差距和弥补不足的重要机制。

预先训练包括“概念与方案制定”训练、“采集管理计划”编写训练等。这些成果大多建立在作战司令部 / 联合特遣队联合任务和训练目标的基础上。训练期间的支持包括：为联合训练管理小组和“白细胞”（WhiteCell）输送联合需求办公室观察员 / 训练者、分析员、高级顾问和主题专家。训练支持包括撰写经验总结报告，提供化生放核防护相关分析，并将其编入司令部的后训练“热洗”（Hot-wash）简报中。

联合需求办公室设有化生放核防护训练计划者，训练计划者与联合部队司令部的联合部队训练者（J7）共同工作，来提高当前与未来联合部队在化生放核环境下的作战能力。联合需求办公室在联合训练系统的各个阶段（需求、规划、实施和评价）与联合部队司令部共同工作，在将化生放核防护计划纳入联合部队司令部训练、协助地区与职能作战司令官实施化生放核工作 / 任务方面发挥着重要作用。

联合需求办公室训练支持也包括策划、举办机动训练组“联合化生放核精通课程”和联机课程，以及作战司令部与联合特遣队桌面训练和高级领导者研讨班。“联合化生放核精通课程”主要讲授与化生放核环境下联合作战相关的定义、术语和信息，以及阻止和应对大规模杀伤性武器使用、扩散的相关策略及政策。授课对象主要是作战司令部的少校、中校军官和联合参谋。训练之前，要为桌面训练和高级领导者研讨班制定训练目标、训练方案、课程表等。训练期间，联合需求办公室提供激励机制和高级顾问支持。训练后帮助受援司令部编写训练总结报告。

## 三、军种及部队

军种负责部队的组织、训练、装备，同时配备好各自应对大规模杀伤性武器的部队；为联合部队及军种负责的化生放核防护需求制定文件、验证作战概念和军种文件；协调与各级化生放核防护计划管理机构的关系，规划和实施化生放核防护计划，通过化生放核防护联合需求办公室协调军种负责的化生放核防护能力需求文件；为化生放核防护装备与器材的作战和持续任务制定预算。

### （一）陆军

陆军部主管陆军建设，平时主要负责陆军部队行政管理、军事训练、编制作战和动员计划，战时负责向各联合司令部提供作战部队。陆军部是陆军最高行政领导机关，由部长办公厅、陆军参谋部和陆军司令部等组成。陆军司令部分为 3 个部门：美国陆军部队司令部、美国陆军训练与条令司令部和美国陆军装备司令部。美国陆军部队司令部具有双重性质，它同时肩负陆军军种司令部使命，战时美国联合部队司令部是其对口上级部门。美国陆军部队司令部有 9 个，与各联合作战司令部对口。陆军训练与条令司令部，负责陆军化生放核防护训练。

美军在集团军、军、师、旅（团）、营设置有司令部，司令部编有化生放核爆参谋队，一方面为指挥官提供化生放核决策建议，另一方面负责部队的化生放核防护训练，司令部一般配有专职的军官或军士化生放核参谋。多数陆军连级分队编 1 名化生放核军士（中士）或化生放核士兵（专业下士），负责化生放核作战和训练。

### （二）海军

海军部是海军最高行政领导机关，由部长办公厅、海军作战部、陆战队司令部和海军司令部组成。海军作战部是美国海军最高军事职能部门，虽然名为海军作战部，但它并不直接指挥部队作战。海军作战部平时主要负责海军部队的行政管理、军事训练、制订装备发展计划等，战时则负责向各联合司令部提供海军作战部队。海军司令部有 10 个，其中海军教育与训练司令部，负责整个海军人员的教育与训练工作，是美国海军最大的岸上司令部之一，由 2.1 万名军人、文职和雇员组成，分布在全国的 190 个基地。教育与训练司令部担负着国内外舰船人员所有级别的专业培训。教育与训练司令部还设有以下机构：人员效率中心、海军教育训练专业技术发展中心、海军训练司令部、海军人事发展司令部和海军高级航空训练中心。教育与训练司令部还管理遍布全国大专院校的 57 个高级预备役军官训练团，以及在美国 43 个州、哥伦比亚特区、关岛、意大利和日本高中里的 570 个初级预备役军官训练队。

舰上化生放核防护行动和训练主要由舰上损管机构实施。作战部门主要负责威胁分析、危害预测和文电报告。损管助理为指挥官提供化生放核防护咨询。损管机构包括损管维修站人员、远距离探测器操作员、喷淋系统操作员、通风控制人员、在站监测手、侦察组、洗消组、与损管中心协调的人员、洗消站操作员。医务人员也纳入舰上化生放核防护组织。

海军航空部队的化生放核防护训练由各中队组织。

岸基部队的化生放核防护训练由应急管理部队组织。海军海岸大队下属分队与筑城营及其他被支援部队统筹其化生放核防护计划。固定设施化生放核防护计划，由固定设施防灾军官负责，计划包括准备、灾害，以及从自然或人为灾害（含化生放核事件）中恢复。防灾军官指导人员进行辐射侦察、标绘染毒区，确保人员在受染环境中使用各种侦检装备与防护装具，指导应急反应队，协调洗消行动，协助指挥控制作战中心，并协助建立相应的集体防护掩蔽部。

医疗部门代表负责分检并治疗伤员，组织医疗补给，进行化生核放危害训练、自救与急救。向可能接触化生放核战剂的指挥官提供医疗信息，就化生放核战剂洗消程序向损管助理提出建议。医疗代表负责食物（水）检查，报告异常疾病（传染病）并与损管助理协调后，负责发放解毒药物。

### （三）海军陆战队

海军陆战队设有化生放核防护 / 化生放核爆司令部和海军陆战队教育与训练司令部等，教育与训练司令部组织实施化生放核训练，下设化生放核防护训练与教育卓越中心。

地面战斗部队的师、团、营司令部化生放核参谋部门负责组织化生放核训练，连级单位有兼职参谋负责训练。师、团、营设置核生化中心，师核生化中心的参谋来自化生放核分队；步兵团与炮兵团编配化生放核军官，是协助指挥官和化生放核行动的参谋，化生放核专业人员协助化生放核军官，其他军士可能承担化生放核军士的兼职职责。营编配 1 名化生放核军士，有时也编 1 名化生放核军官，营化生放核军官向指挥官提出建议并协调行动，但无指挥权。

航空战斗部队中航空联队、航空大队和航空中队均设有专职人员负责化生放核防护训练。航空联队司令部作战与计划部门编配化生放核人员，组成空中战斗分队核生化中心。该中心通常配置于战术空中指挥中心，实施整个防护的计划制订、编组和部队战备。航空大队司令部有 1 名化生放核军官与数名化生放核专业人员。航空中队除支援中队编配化生放核防护专业人员，其他中队没有编配，支援中队化生放核部门编配洗消站督导员，负责各种彻底洗消；支援中队向各海军飞行大队提供后勤支援，包括有限的化生放核防护支援。中队能实施人员与装备的紧急洗消与作战洗消，若进行彻底洗消时，需要得到海军支援中队的加强。

勤务支援部队负责本部队的化生放核防护训练。勤务支援大队的作战与计划部门编配 1 个化生放核防护排。该排可编组数个战斗勤务支援分队化生放核中心，加强部队勤务支援大队责任区内的化生放核防护。部队勤务支援运输营的作战与计划部门负责编配支援化生放核防护分队的运输力量。

### （四）空军

空军部是空军最高行政领导机构，负责空军的行政管理、部队组建、教育训练、兵役动员、武器装备开发与采办等。下设空军部长办公厅、空军参谋部以及 10 个司令部等。10 个司令部分别为空战司令部、太平洋空军司令部、欧洲美国空军司令部、特种作战司令部、教育与训练司令部、机动司令部、全球打击司令部、装备司令部、预备役司令部和空间司令部。其中，教育与训练司令部，部署在得克萨斯州伦道夫空军基地，负责招募、教育和训练空军人员，同时负责空军化生放核防护训练。

空军联队作战中心是空军部队化生放核中心防护的最高机构，由高级空军指挥官领导。作战中心的参谋部门由基地指挥官和作战、后勤、支援、医疗以其他参谋部门等代表组成。作战参谋机构评估化生放核形势，确定任务所需的行动并划定优先权。

空军基地化生放核防护训练由基地应急管理部门负责。基地生存中心专门指导基地运行、生存与恢复行动。中心的通信电子战备人员，控制化生放核队，向指挥官与作战参谋机构提出化生放核防护事务建议（包括清洁区与受染区的确定、任务所需防护状态建议、预测危害时间）；医疗代表提供医疗、化生放核卫生影响（包括降低任务所需防护状态）等。

飞行人员的化生放核防护训练由机组人员生命保障部门负责。

通信电子飞行小队编配的化生放核专业人员，是该队化生放核防护的基础，他们维护与运行专用化生放核防护装备，开设化生放核防护培训班，为中高化生化放核威胁地域的人员提供防护训练。

## 第二节　领导发展模型

美军认为，领导者的发展是经过深思熟虑的、持续的和渐进的，贯穿领导者的整个职业生涯。领导的发展包括机构、作战和自身 3 个领域，每个领域都包括训练、教育和经验。

## 一、军官教育训练模型

军官的职业发展包括院校教育、作战任职和自我发展。美陆军军官[①]培养的3个环节是院校培训、作战任职和自我发展。这3个环节连在一起，构成一个循环往复的完整过程，如图4-1所示。

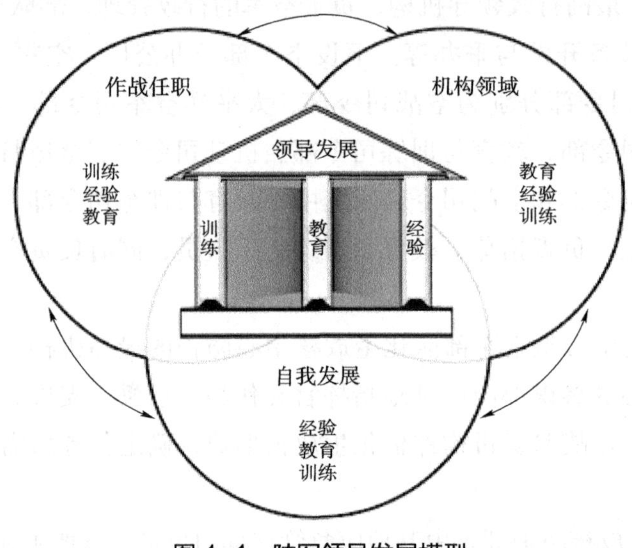


图4-1 陆军领导发展模型

### （一）院校教育

院校（学校和训练中心）是终身学习的基础。在院校培训期间，军官不仅学习如何执行重要任务，而且学习造就高超领导艺术所必需的知识、技能和品质。掌握知识、技能和品质等领导必备的要素，通过作战任职和实施有效的自我发展，得到检验、加强和提高，军官就可以真正获得和保持从事兵种工作的能力。院校培训为军官未来的发展打下坚实的基础。为培养兵种或职能领域的技战术能力以及构成领导艺术的核心能力，院校学习支持所必需的循序渐进式的教育和训练。院校针对尉官、校官和准尉进行的基础性训练，以小组教学的方式进行。在小组教学时，更多强调的是每名军官学员对学习的付出和参与。

### （二）作战任职

作战任职构成了军官培养的第二个环节。在理想情况下，军官完成院校培训后分

① 本章中，“军官”涵盖准尉、尉官和校官。

配到作战部队任职。在作战部队任职，军官有机会运用、磨炼和加强在院校教育中所学到的本领。在多个富有挑战性的岗位任职以及担负其他职责时得到的在职训练，增长见识，让军官做好在军营里以及最终在战场上领导和训练士兵的准备。部队指挥官或领导者在领导和训练士兵方面发挥着重要而积极的作用。指挥官和其他高级领导者一个尤为重要的责任就是指导下级，这对培养基层军官十分重要。为了培养军官，他们阐明部队和个人的工作标准，定期进行评估，不断提供反馈意见。除了完成每天的任务外，培养下级军官也是他们的职责，因为要保证军队未来领导者的质量，必须培养下级军官。

### （三）自我发展

仅凭院校教育和作战部队任职，不能确保军官获得和保持完成多种任务所需的能力。从事兵种工作，军官必须要广泛学习，参加训练。军官必须在职业发展和个人成才方面不断进取，从而在本职专业上始终领先。他们必须时刻了解不断变化的作战需求、新技术、通用的武器平台和不断修订的条令。每名军官都要对自我发展负责。自我评估和采取适当的补救或强化措施，对一名军官的成功至关重要。自我发展的内容之一，是让个人超越作战任职和院校培训的要求。自我发展包括个人学习、研究、专业著作的阅读、实践和自我评估，可以采用多种方法（学习、观察和体验）进行，而且应符合一名军官自我发展的规划和专业目标。自我发展是成为一名军官的重要条件，它可以加强对陆军领导者的培养。

## 二、军士教育训练模型

美陆军通过 3 个环节对军士进行专业性的培养：院校教育、作战任职和自我发展。3 个环节的目标是一致的：培养职业的、有能力且自信的领导人。

### （一）院校教育

军士必须接受初期和持续的训练，长期培养需要采用一种提早培训的方法。院校教育是军士在其整个军事生涯中接受的正规军事教育和训练，为未来军士的发展奠定了基础。院校教育的目标是培养价值观、品质、关键作战技能和行动，这些内容对培养合格的军士领导能力至关重要。当这些价值观、品质、技能和行动通过后续的作战任职和有意义的自我发展计划得到检验、巩固乃至加强时，军士们则获得并保有了其兵种专业方面的能力和自信。军士教育系统和其他一些技能培训课程，构成军士领导者培养中院校培训的支柱。设计军士教育系统的目的，是为了使军士做好准备，领导和训练那些在他们直接领导下任职和战斗的士兵，并协助他们的领导者执行分队任务。军士教育系统通过4个层次采用渐进而连续的小班教学训练方式完成这种准备过程，这4个教育阶段是入伍阶段、初级阶段、高级阶段及顶级阶段。技能课程以培养那些在特殊任职或行动中所需的特定技能为基础。陆军采用住校和远程教学来实施院校培训。

### （二）作战任职

作战任职为士兵领导提供了运用并进一步发展在院校所获得技能的机会。在一系列具有挑战性的作战部队任职所获得的经验，为军士在战斗中领导士兵做好了准备。

作战任职是依据军士的军职专业和其他技能而确定的。因为，军士经常承担一些其基础军职专业之外的责任，如担任训练军士、征兵人员、参与联合任务和/或随员。特种任务指派为军士领导人发展带来了独特的挑战和机遇。指挥官和领导运用部队领导发展计划和军士职业发展计划，通过作战任职提高军士的领导能力。

### （三）自我发展

自我发展是由军士们执行的有计划、渐进和持续的发展过程。这个过程由个人学习、教育、研究和专业阅读组成。自我发展还包括实践、自我评估，在理想状态下要与院校教育和作战任职同时进行。自我发展计划应该对军士在院校培训和作战任职中获得的进步和成绩进行补充和扩展，并且需要一生来完成。自我发展属个人责任，关键在于尽可能最大化军士的实力，最小化其劣势，达到单个领导人的培养目标。自我发展需要军士个人和上级领导共同努力才能产生效果。

在初始阶段，自我发展的关注点比较窄，不过随着军士对他们自身的优势及劣势更趋了解，明确了自身的特定需求，就可以变得更加独立，自我发展的优势将不断扩展。随着军士日渐成熟，积累更多的经验，经历更多的院校教育和作战任职，军士的知识和观点也会逐渐增长。

## 三、准尉化生放核训练

准尉是了解自我、适应能力强的技术专家、战斗指挥员、训练者和顾问。准尉能够创造性地将新技术、充满活力的教官和自信的战士融为一体，能够培养出专业的士兵团队。成为准尉要具备一定水平的技术能力。准尉通过循序渐进地逐级任职和教育，加强自身的专业技术知识，培养自身的领导艺术和管理技能。化生放核准尉出现的原因是，化学兵的作战任务从实施常规化生放核防护发展为全维作业，包括后果管理、销毁大规模杀伤性武器，减轻有毒有害核生化物质，士兵侧重装备操作使用，军官向通用性发展，技术需求的不断增长要求有精通新技术的专家，以支持不断扩展的任务。美军制订了《化生放核准尉计划》，提议13%化生放核军官转为化生放核准尉。

## 第三节　部队训练管理模型

部队训练和领导培养是部队战备的基础，使部队和领导人能够完成任务，并从容应对在任何条件下都将面临的挑战。部队训练管理模型来源于作战过程。首先，部队为训练确定少数关键的全频谱作战基本使命任务，其次进行计划、准备、实施和评估训练。

### 一、计划

计划是参谋将指挥官对全频谱作战的理解转化为训练活动的过程。指挥官确定所需的全频谱作战水平，并分配必要的资源。连及连以上制订正式训练计划，排和班制订非正式计划，确保他们能实施长期训练计划。训练计划将训练的集体任务和熟练度评估联系起来，以达到指挥官构想的最后状态所需的训练科目。

#### （一）部队全维作战基本使命任务清单

陆军部使确定的全维作战METLs标准化，标准化确保相似部队具有相同能力。全维作战基本使命任务清单也告知指挥官具备能力将模块化部队带进训练和作战。全频谱作战METLs还向指挥官提供有关模块部队为训练或作战带来的能力的信息。

每个标准化的全维作战METL，都由全维作战METL，和任务包组成。全维作战METL来源于部队组织和装备表，或分配和津贴任务表，反映部队必须具备的能力。任务包是一组完成全频谱作战任务的特定部分所必需的任务集合。为了准备报告目的，全维作战基本使命任务和任务包不会改变，与部队使命无关。鉴于预期的作战环境和部队当前的准备情况，指挥官们通过选择和训练支持选定任务包的少数集体任务，为其任务做好准备。

1. 确定训练任务

部队任务、预期的作战环境和可用时间决定指挥官选择训练的任务包和集体训练任务。由于领导必须能够预料变化，适应作战环境和任务的变化，确定正确的训练任务对任务成功十分关键。

指挥官任务分析始于部队任务。不管任务是否支持指定的作战、应急行动或特定的能力，指挥官都要进行任务分析，以确定部队必须完成该任务具备的能力。任务分析将指挥官导向部队将训练的任务包和集体任务。指挥官不试图训练所有任务包和支撑的集体任务，以支持部队标准化的全维作战 METL 或在部队组织和装备表中的所有能力。

基于任务和指南的分析，指挥官与下级领导一起决定训练任务和训练中重要的作战环境。部队聚焦直接支持使命的集体任务训练。当选择集体训练任务进行训练时，指挥官寻求高回报的集体任务，这些任务不仅支持使命，而且使部队多样化，具备迅速向意想不到的任务转变的能力。

具有标准化全维作战 METL 部队直属的部队，使用上级的任务和指南，上级部队的任务包和集体任务，对指挥官的任务进行分析，制定他们的作战 METL。下级指挥官确保全维作战 METL 支持上级部队全维作战 METL，以确保上级能完成其使命。

没有标准化全维作战 METL 的部队和不隶属该部队的部队，制定他们的全维作战 METL，主要依据其组织和装备表或分配和津贴任务表，上级司令部指定的使命和指南，他们通常支援的部队全维作战 METL。部队指挥官能够使用条令批准的任务包和集体任务，建立他们的全维作战 METL。但是，如果条令不适合任务，指挥官就建立任务、条件和标准，使部队能够训练，以实现任务说明中的能力。这些任务成为部队全维作战 METL。在指挥官对话期间，上级部队指挥官批准部队建立的任务和全维作战 METL。

为了达成训练目标，指挥官不仅要了解部队使命，而且要知道部队将面临的预期作战环境条件。基于作战环境，指挥官调整将要训练的任务包和集体任务。然后，如果部署或指派了应急任务，或基于复杂威胁的假想环境（如果该单位正在训练以构建能力），则确定复制实际作战环境所需的条件。

时间是选择确定训练任务的最后因素。在陆军兵力生成机制中，由于部署驻扎时间增加，指挥官拥有更多训练时间。指挥官选择在更多的任务上训练或花更多时间选择任务。当驻扎时间达到合理的比率，部队将有机会训练 ARFOGENG 周期中不要求的能力。如果部队为短期部署警戒，训练可能更多集中在上级司令部。训练任务和训练环境可能会改变，以满足使命的需要。在任务分析过程中，指挥官判断不训练、很少训练特定任务包或集体任务的风险。上级指挥官与下级指挥官合作，确定风险和减轻措施，与不训练特定任务相关，在对话期间担保这些风险。

时间和资源是有限的，因此，不是所有任务都能训练到熟练。指挥官把训练的重点放在集体任务上，以上是完成使命的最基本任务，也有利于行动的适应性。

2. 全维作战基本使命任务清单批准

上级指挥官批准本部队的集体任务，以达到任务包的熟练程度。在指挥官对话期间，上级指挥官批准营、连全维作战 METL。

### （二）协同

协同支持成功的部队训练。指挥官、参谋和下级领导协作，以促进并行计划、需求理解、消除资源冲突并共同创建训练环境。指挥官与下级指挥直接对话，以确保上级指挥官对部队训练和领导发展的意图得到理解，下级指挥官有必要的资源来执行标准的训练。

协同时机。正式对话的时机贯穿整个训练，特别是在指挥官对话和训练简报中。非正式对话和协作时机出现在训练会议和事后评估中。这些讨论不仅通过训练管理指导指挥官，也是高级指挥官与下级指挥官分享知识和经验的绝佳机会。

指挥官对话。在陆军兵力生成机制中，部队指挥官与负责训练监督的指挥官进行正式对话，对训练的预期达成一致。指挥官对话，简述部队指挥官任务分析的结果，这种对话在连及连以上进行。如果指挥官是部署远征部队，对于旅而言，对话包括将成为部署部队包中的任何部队。

对话的目的是评价完成使命的决定性集体任务和训练条件，以及在部队指挥官对受训练集体任务熟练程度的评估。对话涵盖部队包中的所有部队，无论其位置和组成部分如何，都包括在训练计划中。指挥官讨论获得指挥官（gaining commander）如何参与训练，对话允许指挥官同意：

指挥官对当前全维作战 METL 熟练级别的评估，计划的最终状态熟练程度；

支持部队全维作战 METL 训练的集体任务；

支持部队全维作战 METL 的其他集体任务，不进行训练带来的风险；

部队训练和领导发展计划如何支持作战适应性；

部队将如何复制作战环境条件；

复制作战环境条件所需的任何非标或不可用资源；

准备工作面临的重大挑战。

### （三）长期计划

一旦训练的集体任务被确定，并通过指挥官对话，部队就要制订长期训练计划。长期计划认为所有集体任务中部队的当前熟练度对完成使命是必要的，并为达到这些集体任务的熟练度制定了方针。目标是将完成使命的关键任务训练到一个训练有素的水平。长期计划是达到熟练度的路线图。

根据上级指挥官的意图和构想，指挥官反向计划需要达成任务熟练度的科目和资源。长期训练计划勾画所需要的活动和时机，维持任务中熟练程度，并培训领导者。

指挥官的意图为部队训练和领导发展提供了一个最终状态的构想。指挥官也给予下级适当的时间计划他们自己的事件，并在上级指挥官的意图内工作。协作与对话允许下级部队进行并行计划。这是培训领导者适应计划和实施作战的一个很好的方法。

为决定长期计划活动的起点，指挥官需要参考各种资源，如训练模板、科目清单、特殊部队和功能的合成部队训练战略。

长期计划还处理作战变量，以便在训练中复制作战条件。指挥官不能复制作战环境，但他们可以复制真实的训练条件，将可能遇到的环境的感觉提供给部队。

长期计划从功能角度确定部队对学校的需求，它也确定个人的职业军事训练需求。

长期计划的制订涉及指挥官与参谋、下级部队、上级部队指挥官和参谋及基地参议之间的协作。指挥官负责部队的训练和准备工作，但是需要其他资源的支持，以制订一个可执行的计划，帮助部队完成他们的训练目标。

部队不可能有常驻专家训练所有的下级部队，作为长期计划的一部分，指挥官确定、协调和锁定某些领域专家，他们为发展领导和训练部队提供帮助。例如，BCT 指挥官可能请求火力旅指挥援助训练火力营。

**训练的保障需求**

必需的训练支持是上级司令部和基地之间的共同职责。上级司令部建立训练优先权，并提供资源，如评估员、装备和士兵。基地通过驻地参谋保障所有驻地的部队，为他们提供设施、后勤和其他训练保障服务。

完整的长期计划包括：学校需求，训练科目，每个科目中被训的主要集体任务，以及每个科目的训练重点。

指挥官在适当的情况下运用现实—虚拟相结合的训练环境，有助于在预期的作战环境中复制条件，优化训练时间，缓解资源短缺。指挥官将长期计划简报报给上级指挥官，以获得上级对计划的批准，并就上级指挥官提供的资源达成协议。

**训练简报**

在指挥官对话之后，且在训练计划制订后，指挥官向上级指挥官提供训练简报，指挥官之间的相互交流，使训练计划和完成计划所需的资源正式化。

训练简报主要介绍部队训练和领导发展计划，不涉及其他行政事务。

训练简报是指挥官之间的合同。部队指挥官同意按照计划进行训练，上级指挥官批准计划，并同意提供实施计划的资源。如果下级部队部署在另一个司令部，配属的指挥官或代表参加简报。基地参谋也参加简报，因为他们管理基地的训练保障资源。

训练简报包括：评估全维作战 METL 熟练度；在支持全维作战 METL 熟练度中受训练的集体任务；进行的训练科目，及它们如何融入集体任务；复制作战环境和保障训练科目实施需要的资源；实施部队训练和领导发展计划的挑战。

训练简报之后，部队指挥官向下级发布《训练与领导发展指南》，指导制订长期计划。

### （四）短期计划

在支持全维作战 METL 的集体任务中达到熟练的路线图，长期计划描述了部队描述的主要训练活动。短期计划提供了长期计划中实施训练科目的细节。短期计划能涵盖现役部队几个月的训练，后备役部队一年的训练，但是指挥官根据部队需求确定时间表。

短期计划始于指挥官的意图和每个训练科目的可行目标。参谋和下级指挥官制定命令，提供作战概念和训练任务。下级领导确定如何实现指挥官意图。领导确保科目所需的资源是确定的、精确的及基地储存的，并包含在命令中。

训练模型。在短期计划中，指挥官和领导制定和使用训练模型，确保部队在总体的长期训练计划中实现正确的训练重点。训练模型可以帮助领导者管理训练活动，最大限度地协调活动，确保训练任务符合标准。

训练会议。在训练会议上，指挥官、参谋和下级指挥官或领导管理短期计划。这些会议使指挥官更好地了解部队的熟练程度，以及训练计划的适用性、可行性和可接受性。训练会议促进必要的合作，以确保指挥官的意图得到满足。训练会议为指挥官提供自下而上的反馈，包括训练需求、任务熟练度和质量。指挥官运用这些会议重新分配资源，确保下级拥有实现训练目标所需要的资源。

训练会议有利于将训练计划转化为行动。这是管理旅、营和连训练最重要的会议。该会议有利于协同，作为一个平台，为领导的发展提供机会。除了帮助指挥官了解部队的熟练度，训练会议提供自下向上的信息流，提供关于部队、参谋和单兵具体训练需求的信息，指导下级部队工作，确保下级部队有足够的资源进行训练。训练会议是以短期训练需求为重点，指导长期训练计划实施的机制。训练会议聚焦部队的全维作战 METL 熟练度，帮助同步训练目标、训练科目和资源。

一般情况下，排、连和营每周开会。连和排级训练会议的重点是训练准备、实施前检查和实施的细节。连必须精通个人技能和小分队集体任务，以支持营和旅对集体任务的掌握。营级及以上训练会议主要涉及训练管理，特别是资源分配问题。

训练会议只强调训练和训练保障，不包括外围的行政问题。下级代表和保障部队的适当代表参加。

为了作战，指挥官向下级部队配属一名指挥官，最终对该部队训练负责。这一职责包括全维作战 METL 和训练计划批准、训练资源的补给和训练科目的评估。配属指挥官推荐为指定的使命分配所需要的训练任务，并帮助评估部队训练熟练度。配属指挥官共享关于可能影响训练的作战信息，提供部队标准作战程序，并在整个训练计划执行期间，特别在最后的训练活动期间视察训练活动。

## 二、准备

准备是从计划到实施的转换。它包括各部队为提高其执行长期训练计划的能力而进行的活动。有效的训练实施，无论实施的是具体的集体、领导和个人任务，都需要充分的准备、有效的演示和排练，以及全面的评估。各部队在计划期间开始准备工作，直至训练活动结束。

各部队利用训练会议同步着手训练准备。在训练会议期间，指挥官确保训练员在内的所有资源都为实施训练计划做好充分准备。在整个训练准备阶段，领导继续识别和消除潜在的训练干扰因素，以最大限度提高训练出勤率和效果。准备工作包括确保领导和士兵了解任务标准，训练训练员，实施前的检查和排练。

### （一）训练训练员

训练员包括领导、评估员、观察—控制员或观察—训练员、对抗部队人员和角色参与者。指挥官对他们进行鉴定，确保在训练开始前按照标准进行训练和排练。训练训练员为指挥官提供了初级领导的机会。指挥官确保训练员和评估员不仅在战术上和技术上能够胜任训练任务，而且了解训练如何支持训练目标，以及训练目标如何支持完成全维作战 METL 熟练度。

### （二）实施前检查

实施前检查类似战斗前的检查。例如，确保装备就绪和可用、训练员准备就位且训练资源可用（如部队装备、场地、靶场和训练设施），初步的风险管理检查。

### （三）排练

排练通常也称概念练习预演，它帮助参与训练活动的领导和下级理解活动的进行及其职责。排练帮助各部队将时间、地点和资源与训练同步。简单的演练或沙盘演习帮助领导设想应何地、何时进行协调行动。如果训练必须调整，领导设想训练应如何展开，考虑分支和后续。

指挥官和其他领导也运用排练来了解情况和解决问题：鉴别训练计划中的缺点和不足；为下级建议有效的训练技术；识别潜在的安全问题；确保领导和训练员了解训练目标；了解训练员如何评估个人或部队的表现，他们是否清楚如何进行有效的事后评估；评估训练员进行训练的能力；将信心贯穿训练计划之中。

### （四）部队训练和领导发展计划

给每个科目制定的指示为训练科目提供细节，包括准备、实施和评估的足够指南，以鼓励主动性。一旦命令发布，各部队就可以制定训练和领导发展日程。日程通常涵盖一周期的训练，指挥官决定提前多久发布并锁定训练和领导发展日程表（需要部队指挥官批准变更）。训练和领导发展日程表中的信息包括，但不限于训练对象，训练时间和地点，负责训练的个人、服装和装备。

### （五）准备与领导发展

准备为领导的发展提供机会。当下级为训练做准备时，领导会给下级足够的成功空间，他们与下级进行事后评估，帮助他们更好地准备未来的训练。他们为下级领导树立榜样，让他们在此级别如何准备训练。充分的准备有助于确保以后的表现。根据需要，领导提供建议和指导，并在实施过程中持续进行。

## 三、实施

实施为评估全维作战 METL 熟练度提供基础，评估部队、领导和士兵执行任务的能力，使其到达标准，并随时适应新任务。实施发生在所有级别，从统一的行动训练到一线领导进行个人训练。领导采用循序渐进的训练方法，根据单兵、分队或部队当前的熟练程度和所需的训练程度，通过短期计划对训练进行调整。通过建立在经验丰富的士兵和领导的训练度之上，从而节省时间。因为这些士兵和领导受过培训及教育，并经过多次部署积累了丰富的经验。

### （一）从实践中学习

在领导发展的 3 个方面中，经验是最直接和最有力的。下级从实践中学习，从错误中吸取的教训可能是提高领导能力的最佳途径。指挥官给予下级成功的自由，并使其从错误中学习。作战环境不仅具有挑战性，而且不可预测。随着下级对任务的精通，指挥官会在训练期间改变条件，迫使下级领导者适应不同的、更复杂的挑战。解决无法预见的问题促使领导者运用批判和创造的思维来寻找解决方案。

### （二）满足训练目标

训练目标说明要训练的任务、进行训练的条件和标准。各部队将训练实施的重点放在实现训练目标上。这意味着训练主要不是基于时间，而是按标准执行。领导者在执行过程中有足够的时间在训练目标中、规定的条件下或在不同的条件下对任务进行再训练。如果目标已经实现，不需要再训练，那么领导可以考虑提前结束训练，进行良好的恢复。

### （三）从训练中恢复

恢复是训练的延续。训练活动直到恢复完成才结束。当部队再次准备进行集体训练和行动时，恢复工作就结束了。恢复包括：检查和保养装备与人员；统计装备、训练保障物品和弹药；获得如何做好下次演习的更好见解。

## 四、评估

美军认为，化生放核训练总结非常重要，这有助于调整化生放核训练内容以适应作战需求，因此，要求对部队化生放核训练演习情况进行评估。评估的价值在于：避免犯重复的错误、固化成功经验、发现改进机会、提升人的能力。

指挥官评估和评价训练管理的所有方面，包括计划、准备和实施，以及进行事后评估。在训练背景下，评估是指领导者对组织执行其全维作战任务的能力的判断，包括基本任务，以及最终完成任务的能力。评价是指用来衡量个人和单位完成特定训练目标的演示能力的过程。领导们持续监控该部队的全维作战 METL 的熟练程度和长远计划的进展。指挥官评估训练的有效性。

评估因素。在评估训练时，指挥官会考虑自己以及下级领导和其他个人的意见，事后评估活动的反馈，部队评价结果。

事后回顾（AAR）。部队实施 AARs 以确定成功和挑战，并将观察、见解和经验应用到未来的训练和作战中。如果有必要，部队在中间行动完成后进行 AARs，而不仅仅是在事件结束时。各单位通过网络、视频会议、部署前现场调查和其他协作机会，与其他单位分享经验教训。训练有助于纠正作战中发现的缺陷。

AARs 为单位加强领导批判性思维的训练提供了极好的机会。作为部队训练的一个组成部分，AARs 帮助建立一个学习环境，在这个环境中，领导者、参与者和观察者可以自由地讨论成功和错误。AARs 为单位和个人提供了一个媒介，让他们了解什么是对的、什么是错的，以及在未来的训练和作战中怎样扬长避短做得更好。分享 AAR 期间的观察和经验教训，并回顾计划期间制定的培训目标，有助于各部队确定任务熟练程度和任务成功与否。AAR 的讨论必须促进未来部队效果的提高，因为他们在未来的训练和作战中会再次执行相同或类似的任务。

确定有效性。指挥官通过一个聚焦于指挥官意图内的实施、训练目标的实现，以及向全维作战 METL 熟练程度的进展的镜头来评估每一个训练事件。训练会议是将下级和指挥官对任务的评估汇总到全维作战 METL 评估中的最佳论坛。指挥官在数字训练管理系统（DTMS）中评估任务中的关键任务，如 T 训练、P 实践或 U 未经训练。根据这些评估，指挥官根据需要调整他们未来的训练计划。指挥官根据观察到的任务熟练程度，以及训练是否达到目标并支持全维作战 METL 熟练程度进行主观评估。训练评估还涉及训练保障、部队集成、后勤和人员供应等领域。

训练及评估大纲。训练和评估大纲是一份摘要文件，提供关于集体培训目标、相关的个人培训目标、资源需求和适用于某类组织的评估程序的信息。培训师通过 ATN 访问训练和评估大纲。训练和评估大纲帮助领导者提供了评估任务执行情况的方法，并主观地评估单位执行任务的能力。

## 第四节　风险管理

综合风险管理是指对所有可能伤害或伤亡人员、损坏或破坏装备或以其他方式影响使命效果等危害予以减轻的一个决策过程。[①] 过去，军队将风险分为两类：战术风险和事故风险。虽然两个领域关注不同，但无论损失发生在哪里或如何发生，其结果都是战斗力或任务效率下降。而综合风险管理的主要前提是不管在哪里发生，损失怎样发生，结果是一样的，降低战斗力或使命有效性。

### 一、综合风险管理的指导原则

综合风险管理的指导原则是：

（1）将综合风险管理贯穿于任务和作战的始终。有效的综合风险管理要求将过程集成到任务或作战计划、准备、实施和恢复的所有阶段。

（2）在适当的级别作出风险决策。综合风险管理作为一种决策工具，只有在将信息传递到合适的司令部进行决策时才有效。指挥官必须建立和公布决策的批准权限。这可能是一个单独的政策，具体在监管指导中，或在指挥官的训练指示中。风险决策的批准权限通常基于上级司令部的指示。

（3）不要承担不必要的风险。除非潜在的收益或收益大于潜在的损失，否则不要

① FM 5-19 Composite Risk Management. Headquaters Department of the Army, July 2006: 1-1.

接受任何级别的风险。综合风险管理是一种决策工具，用于帮助指挥官、领导者或个人识别、评估和控制风险，以便作出明智的决策，平衡风险成本（损失）和任务效益（潜在收益）。

（4）循环不断地应用该过程。综合风险管理是一个持续的过程，应用于训练和作战、单兵和集体的日常活动和事件，以及基地的作战职能。它是一个循环的过程，用于持续地识别和评估危害，开发和实施控制，以及评估结果。

（5）不要规避风险。识别和控制危害，并完成任务。

## 二、风险管理过程

综合风险管理过程分为 5 个步骤：识别危险；评估危害以确定风险；建立控制和风险决策；实施控制；监督和评估。五步综合风险管理过程是一种表达和描述直观的且基于经验的思维过程的方法，如图 4-2 所示。

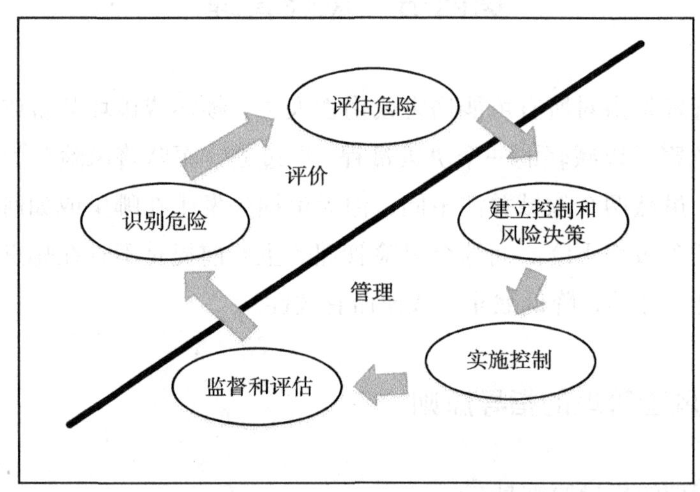


图 4-2　风险管理识别过程

### （一）识别危险

危险是指导致人员受伤、生病或死亡；装备、财产损坏或者丢失；任务降级，还可能导致能力退化或任务失败的情况或事件。危险存在于所有环境中，包括作战行动、稳定行动、基地保障行动、训练、驻军活动和下班活动。

协助查明危险的资源和工具有：经验和其他专家；法规、手册、标准作战程序，政策；事故数据；军事演习假定场景；风险评估矩阵；战备评估；因果图；变更分析；能量轨迹和势垒分析；逻辑图；映射技术；训练评估；事后回顾。

1. 危险和风险源

任何地区都可能发生危险。危险可能与敌人的活动、潜在的事故、天气或环境条件、健康、卫生、行为和 / 或材料或设备有关。综合风险管理不区分危险的来源。因任何危险而造成的人员、设备或材料的损失，对准备就绪或任务能力具有同样的破坏性影响。一个人对因行为、潜在的事故、设备或材料而引起的危险的改变，可能比因敌人行动而引起的危险更有影响力。

2. METT-TC 在危险识别中的作用

任务、敌人、地形和天气、可用的部队和支援、可用的时间和民事考虑（METT-TC）等因素是确定危险、值班或下班情况的标准格式。METT-TC 因素为战术和非战术行动，以及非任务活动的威胁和基于风险的处理提供了标准化的方法。对于驻军和非执勤活动，METT-TC 因素包括活动、干扰因素、地形和气象、人员、时间和法律因素。

（1）任务。任务的性质可能意味着具体的危险。有些任务天生就比其他任务更危险。领导者寻找与上级计划和命令的复杂性相关的风险，如特别复杂的机动计划。使用不完整的命令（FRAGO）代替详细的作战命令或作战计划，也可能由于误解的可能性而增加风险。

（2）活动。这适用于驻军的值班和下班活动。经典的例子是对周末长假进行风险评估，周末可以用于娱乐或体育活动，或与休假、通行或临时任务（TDY）相关的旅行。在评估士兵个体的行为特征时，下级领导发挥着特别重要的作用。有酒精存在或可能滥用药物的事件需要特别关注。

（3）敌人。指挥官寻找对作战或任务构成危险的敌人的存在或能力。战场情报准备（IPB）是一个动态的过程，对识别敌方威胁至关重要。战场情报准备通过识别战场环境为敌军和友军提供的机会和任何约束条件，支持基于威胁的风险评估。它还描述了敌人的能力和弱点。

（4）破坏者。在驻防内外的环境中，敌人因素以可能影响计划中的事件或活动的外部影响形式出现。

（5）地形和气象。观察和火力区、接近路径、关键和决定性地形、障碍、掩蔽和隐蔽等因素，用来确定和评估影响任务类型行动的危险。常见的地形危险包括海拔、高度、路面、弯道、坡度和交通密度。常见的天气灾害有寒冷、冰、雪、雨、雾、热、湿度、风、灰尘、能见度和光照。无论是计划战术任务还是离开城镇，都要考虑地形因素，以及天气可能造成的非常特殊的危害。

（6）部队（人员）和装备。对于与任务有关的危险评估，部队的危险主要考虑与训练水平、人员配备、设备维修和条件有关的危险。还包括士气、物资供应和包括士兵身心健康在内的服务。对于非任务活动，人员包括士兵、家属、文职工作人员和其他与活动是否有关的人。一些非任务活动危害的例子可能包括性侵犯、家庭暴力、药物滥用、性传播疾病以及其他行为或医疗条件。

（7）时间。由于任务准备时间不足，部队指挥官往往在计划、准备和实施与任务计划有关的命令和计划方面，面临更大的风险。为了避免或减轻与计划准备时间不足相关的风险，领导者应该允许下属将可用计划时间的 2/3 作为控制。对于非任务活动而言，时间不足更多的是一种匆忙而不是可用的问题。这在假日期间尤其重要，因为年轻士兵回家的热情可能导致他们离开工作地点而得不到充分休息。

（8）民事或法律因素。这一职能扩大了对危险的考虑，包括战术任务可能对行动地区平民和非战斗人员造成的危险。其目的是减少对平民和非战斗人员的附带损害。大量平民的存在以及他们在执行任务期间进行日常生活的努力也造成了危险。高密度民用交通可能对车队和机动计划造成危险。叛乱分子、暴乱和犯罪活动等多种因素也必须加以评估。对于任务活动，法律指用于处理那些可能影响预期活动或限制领导者或个人作战方案（COA）的法律、监管或政策考虑。

## （二）评估危险

评估危险是使用图表、代码和数字提出概率和严重性的过程，以获得标准化的风险水平。对风险进行评估，并根据事件 / 发生的不利影响的概率和严重性确定风险。此步骤考虑事件对任务、能力、人员、装备或财产产生不利影响的风险或可能性。出问题的概率有多大？如果发生事故，后果有多严重？

在军事决策程序（MDMP）的任务分析、作战方案制定、分析、演练和实施步骤中评估危险和相关风险，必须同时考虑可能产生影响的任务与非任务相关方面。估计事件发生的可能性，估计一个事件或发生预期结果或严重程度，使用标准风险评估矩阵[①]，对给定的可能性和严重程度判定风险等级，风险评估矩阵见表 4-1。

表 4-1　风险评估矩阵

| 严重性 \ 可能性 | | 频繁<br>A | 可能<br>B | 偶尔<br>C | 很少<br>D | 不可能<br>E |
|---|---|---|---|---|---|---|
| 灾难 | Ⅰ | 极高 | 极高 | 高 | 高 | 中 |
| 危急 | Ⅱ | 极高 | 高 | 高 | 中 | 低 |
| 临界 | Ⅲ | 高 | 中 | 中 | 低 | 低 |
| 忽略 | Ⅳ | 中 | 低 | 低 | 低 | 低 |

① FM 5-19, Composit Risk Management. Headquaters, Department of the Army, July 2006: 4-20.

该步骤有 3 个子步骤：评估事件或发生的危险概率；估计事件的预期结果或严重程度；使用标准风险评估矩阵，对给定的概率和严重性判断风险的特定级别。

1. 评估事件或发生危险的概率

概率是事件发生的可能性。对每种危险的概率水平估计是基于任务、作战方案或类似事件的频率。概率有以下几种。

频繁。经常发生，定期发生。

可能。发生多次，很常见。

偶尔。偶尔发生，但并不罕见。

很少。很有可能在某个时候发生。通常情况下，一定有几件事出了问题才会发生。

不太可能。可以假定不会发生，但并非不可能。

放射性危害的可能性[①]，见表 4-2。

**表 4-2　放射性危害的可能性**

| 可能性 | 对任务的影响 |
| --- | --- |
| 频繁 | • 在特定任务中发生多次，或连续发生 |
| 可能 | • 在特定任务中发生，或高频但间歇发生 |
| 偶尔 | • 不会在特定任务中可能发生<br>• 极少发生，如孤立事件 |
| 很少 | • 对执行任务影响较小或没有影响 |
| 不可能 | • 不可能发生，但在一次任务中能假设不发生<br>• 极不可能发生 |

2. 估计事件的预期结果或严重程度

严重程度是指事件对战斗力、任务能力或战备状态的影响程度。对每种危害的严重程度的估计是基于对过去类似事件的结果的了解，并在风险评估工作表中使用的以下 4 个级别进行处理。

（1）灾难。完成任务失败或失去完成任务的能力；死亡或永久完全残疾；重大或关键任务系统或设备的丢失；重大财产或设施损坏；严重的环境破坏；关键任务安全丧失；不可接受的附带损害。

（2）危急。严重降低任务能力或部队战备；部分永久伤残或全部暂时伤残超过 3 个月；设备或系统的严重损坏；安全故障；重大的间接伤害。

① Joint Publication 3-11, Operation in Chemcial, Biological, Radiological, and Nuclear Enviroments. 04 October 2013: D-17.

（3）临界。任务能力或部队准备程度下降；轻微损坏设备或系统、财产或环境；因受伤或生病而损失的日数不超过 3 个月；对财产或环境小的破坏；对财产或环境的轻微损害。

（4）可以忽略。对任务能力的不利影响很少或没有；轻微的设备或系统损坏，但功能齐全或可使用；很少或没有财产或环境损害。

放射性威胁的严重性[1]，见表 4-3。

**表 4-3　放射性威胁的严重性**

| 严重程度 | 对任务的影响 | 可能剂量和剂量率 |
|---|---|---|
| 灾难 | • 预期丧失完成任务的能力 | • 累积剂量＞450 cGy<br>• 剂量率＞200 cGy/h |
| 严重（危急） | • 执行任务的能力严重下降（与任务标准相比）<br>• 无法完成部分任务<br>• 无法按标准完成任务（如果在执行任务过程中出现危害） | • 累积剂量＞200 cGy<br>• 剂量率＞10 cGy/h |
| 一般（临界） | • 执行任务的能力下降（与任务标准相比）<br>• 执行任务的能力减少（如果在执行任务过程中出现危害） | • 累积剂量＞75 cGy<br>• 剂量率＞0.5 Gy/h |
| 忽略 | • 对执行任务影响较小或没有影响 | • 累积剂量＞25 cGy<br>• 剂量率＞0.01 Gy/h |

3. 确定风险级别

使用表 4-1 所示的标准风险评估矩阵，将每个确定的风险的概率和严重程度转换为指定的风险级别。此矩阵提供了以标准风险水平表示的概率和严重程度的评估。该评估只是一种估计，而不是绝对的。它可能表示也可能不表示给定行动、活动或事件的相对危险。风险级别列在矩阵的左下角。所有可接受的剩余风险必须在适当的司令部级别得到批准。

极高风险。如果在执行任务时发生危险，则丧失完成任务的能力。存在发生灾难性损失的频繁或可能概率（ⅠA 或 ⅠB），或发生危险损失的频繁概率（ⅡA）。这意味着与该任务、活动或事件相关的风险可能会产生严重后果，超出与该特定行动或事件相关的后果。

高风险。根据所需的任务标准，任务能力显著下降，无法完成所有任务，或如果在任务期间发生危险，不能按标准完成任务。存在偶然或极少的灾难性损失概率（ⅠC 或 ⅠD）。发生较严重损失（ⅡB 或 ⅡC）的偶然可能性。存在频繁的不严重损失概

(1)　Joint Publication 3-11，Operation in Chemcial，Biological，Radiological，and Nuclear Enviroments. 04 October 2013: D-16.

率（ⅢA）。如果发生危险事件，将会发生严重的后果。

中等风险。根据所需的任务标准，预期的任务能力下降，如果在任务期间发生危险，将导致任务能力下降。发生灾难性损失的可能性不大。较严重损失的概率很少（ⅡD）。发生不严重损失的可能性或偶然性（ⅢB 或ⅢC）。存在一种可以忽略不计（ⅣA）损失的频繁可能性。

低风险。预期损失对完成任务几乎没有影响。较严重损失的概率不大（ⅡE），而不严重损失的概率很少（ⅢD）或不大（ⅢE）。可忽略不计损失的可能性有可能或更小。预期损失对完成任务几乎没有影响。不会有伤害、损害或疾病，或可能是轻微的，没有长期影响或效果。

### （三）建立控制和风险决策

重新评估危险以判定剩余风险。风险决策总是基于剩余风险。对风险进行控制，重新评估风险循环下去，直到达到可接受的风险水平，或者直到所有风险都降低到效益大于潜在成本的水平。该过程在作战方案制定、行动过程分析、行动过程比较和军事决策程序（MDMP）的行动过程中批准。

1. 建立控制

在评估每个危害之后，领导者（个人）开发一个或多个控制，要么消除危害，要么降低发生危险事件的风险（概率和 / 或严重程度）。在建立控制时，领导者必须考虑风险产生的原因，而不仅仅是风险本身。

控制可以有多种形式，通常分为 3 种基本类型：一是教育（意识）控制。这些控制基于部队、组织或个人的知识和技能。包括他们对危险的感知和控制。有效的教育控制是通过单兵和集体训练实现的，确保绩效达到标准。二是物理控制。采取障碍物、警卫或标志的形式警告个人、单位或组织存在危险。特别管制员或监督人员也属于这一类。三是避免或消除控制。采取积极行动，防止与已确定的危害接触或彻底消除危害。

为了实现有效控制，建立的每个控制必须满足以下标准：一是适用性。必须消除危害或将剩余风险降低到可接受的水平。二是可行性。该部队必须具有实现控制的能力。三是可接受性。实施控制所获得的好处必须与资源和时间上的成本相称。可接受性的评估在很大程度上是主观的。

2. 查找控制措施

根据美国陆军战斗准备中心提供的个人经验、AAR、来自自动化风险管理系统的事故数据、标准作战程序、法规、战术技术和程序，以及从过去类似行动中吸取的经验教训，可以为特定事件、行动或任务提供或确定可能的控制措施。来自以前执行任务的综合风险管理工作表为选择控制提供了另一个来源。有效控制措施的关键是减少或消除已确定的危害的影响。

3. 重新评估风险

在实施控制后，必须重新评估风险，以便确定与每一项危险有关的剩余风险和任务的总剩余风险。建立和应用控制以及重新评估风险的过程将持续下去，直到达到可接受的风险水平，或者直到所有风险都降低到效益大于潜在成本的水平。

剩余风险是为特定的危险选择了控制措施后剩余的风险。只有在实现了已确定的控制时，剩余风险才有效。在确定和选择危险控制之后，将按照步骤（二）重新评估危险，然后修订风险级别。应用现有的控制措施可能不足以保证降低某一特定危险的风险水平。

总体剩余风险必须通过考虑所有确定的危险的剩余风险来确定。每种危险的剩余风险可能不同，这取决于评估的危险事件的概率和严重程度。总体剩余风险是根据所有确定的危险中最大的剩余风险确定的。任务的总剩余风险将等于或高于已确定的最高剩余风险。还必须考虑目前存在的危险的数量和类型。在某些情况下，指挥官可能确定总体剩余风险高于任何一个风险。这是基于一些较低的风险，如果结合起来，将呈现更大的风险。根据所需控制的复杂性和所有危险的潜在协同作用，指挥官可以确定任务的剩余风险很高。

4. 风险决策

综合风险管理过程的目的是为作出合理的个人和领导风险决策提供基础。风险决策的一个关键要素是确定什么构成可接受的风险水平。风险或潜在损失必须与预期或预期效益相平衡。风险决策必须始终在适当的司令部或领导级别上，根据所涉及的风险级别作出。

不同级别的司令部批准不同风险等级的训练。极高风险由陆军司令部批准；高风险由军、师、基地司令部批准；中和低风险由相关级别司令部批准。

### （四）实施控制

领导和参谋确保将控制集成到标准作战程序、书面和口头命令、任务简报和参谋评估中。此步骤的关键检查是确保将控制转换为清晰而简单的执行命令。

实施控制包括与下列人员的协调和沟通：合适的上级、友邻和下级部队、组织和个人；后勤民事增强计划组织和民事机构；媒体及非政府组织。

领导必须解释控制如何实施，例如：重叠图和地图；车辆和飞机轮廓识别练习；预演和战斗练习；为所有反装甲和防空武器人员进行密集威胁和友军车辆识别的反复训练；换岗人员入职培训；关键民事组织沟通连接的建立与维持；在外执行安全任务时按规定携带武器、穿戴防弹衣和头盔；事故感知、安全简报和报警。

### （五）监督和评估

与其他步骤一样，任何操作或活动的所有阶段都必须进行监督和评估。这个过程提供了识别和寻找弱点的能力，并根据效果、不断变化的情况、条件或事件，对控制进行更改或调整。

1. 监督

监督是一种控制措施，是不可或缺的一部分。监督确保下级了解控制的实施方式、时间和地点。同时还确保适当地实施、监视和保持控制。在识别危险时，态势感知是综合风险管理流程的一个关键部分。态势感知在监督中同样重要。它确保自满、偏离标准或违反政策和风险控制不会威胁到成功。必须监测疲劳、装备的性能/可用性、天气和环境等因素，以减轻它们所带来的危害。监督为指挥官和领导提供必要的态势感知能力，以预测、识别和评估任何新的危险，并在必要时建立或修改控制措施。

当工作人员执行重复的任务时，需要非常严格的纪律，以避免因无聊和过度自信而自满。长期建立和实施的控制，尤其有可能因过度自信或自满而被忽视。例如，在稳定行动期间，在行动开始时，可以很容易地查明地雷所造成的危险，并建立和实施控制。然而，随着时间的推移和成功（没有意外或事件）自满可能会出现。当这种情况发生时，已建立的控制就失去了效力。恐怖主义威胁和个人安全就是例子。当人员居住或作战的区域不被认为是高威胁区域，或当人员在高威胁区域工作了很长一段时间而没有发生事件时，存在失去态势感知和未能保持警惕的风险。其他长期危害的例子包括极端气候、核生化和有害废物污染，或某一特定作战地区或土著居民所特有的疾病。

2. 评价

评价过程发生在行动的所有阶段，并作为行动或活动完成后事后回顾和评估的一部分。评价过程用于完成以下任务：

确定在最初评估中没有确定的任何危害，或确定在行动或活动期间发生的新危害。例如，任何时候当人员、装备、环境或任务改变了最初的风险管理分析，控制措施就应该重新评估。

支持作战目的和目标的评估有效性。这些控制对训练或任务完成与否有正面或负面的影响吗？控制是否支持现有的条令、技术、战术和程序。

评估控制的实现、实施和沟通。

评估剩余风险的准确性，以及在消除危害和控制风险方面的控制有效性。

确保符合综合风险管理的指导原则。这一过程是否贯穿作战的所有阶段？风险决策准确吗？他们是否在合适的级别作出？是否存在任何不必要的风险？从资金、训练效益和时间的角度来看，效益是否超过了成本？整个作战过程是循环和连续的吗？

3. 工具和技术

指挥官、领导和个人有责任监督和评价行动和活动。技术可能包括抽查、检查、情况报告、简要说明、伙伴检查和密切监督。

事后回顾提供了一个评估整个任务或行动的平台。综合风险管理过程的有效性和对标准的评估应作为任何事后回顾的一部分。

在评价和评估综合风险管理的运行和有效性的基础上，总结经验教训，并将其传播给其他人，以便纳入未来的计划、行动和活动。

## 三、训练管理应用

训练管理系统方法（SAT）是一种系统的训练和教育决策方法。SAT 程序用于整个陆军学校系统训练营，包括负责管理或执行训练或相关职能的下属组织。

所有指挥官关心的主要问题是，确保他们的士兵和部队被训练成好好生存和规范执行任务的标准军队。为了确保以任务为中心的训练，士兵、参谋和部队必须在现实和紧张的条件下进行。综合风险管理平衡了潜在损失，为指挥官和领导提供了完成现实训练的工具，同时保留了稀缺的人员、时间和装备等资源。如果使用得当，综合风险管理是训练的推动者。

### （一）训练管理系统方法过程应用

SAT 是一种系统的、螺旋式的方法，用于为军队作出集体、单兵和自我发展的训练决策。它决定：是否需要训练；训练什么；谁需要训练；如何训练；在哪里进行训练；生产、分发、实施和评估这些产品所需的训练的支持和资源。

这个过程包括 5 个相关的训练阶段：分析、设计、制定、实施和评估。图 4-3 显示了系统训练管理方法、军事决策程序和综合风险管理之间的关系。

在整个系统管理方法过程中，评估是持续的，并反馈纠正措施。它渗透到所有阶段。它是一种黏合剂，在生产受训部队和士兵中，确保训练和训练产品有效。对产品进行正式评估（产品验证）或非正式评估，以确定价格、效率和有效性。整个过程必须在给定的一组资源中运行。综合风险管理过程同时并持续运行，以确保训练保持在每个事件允许的特定风险级别内。

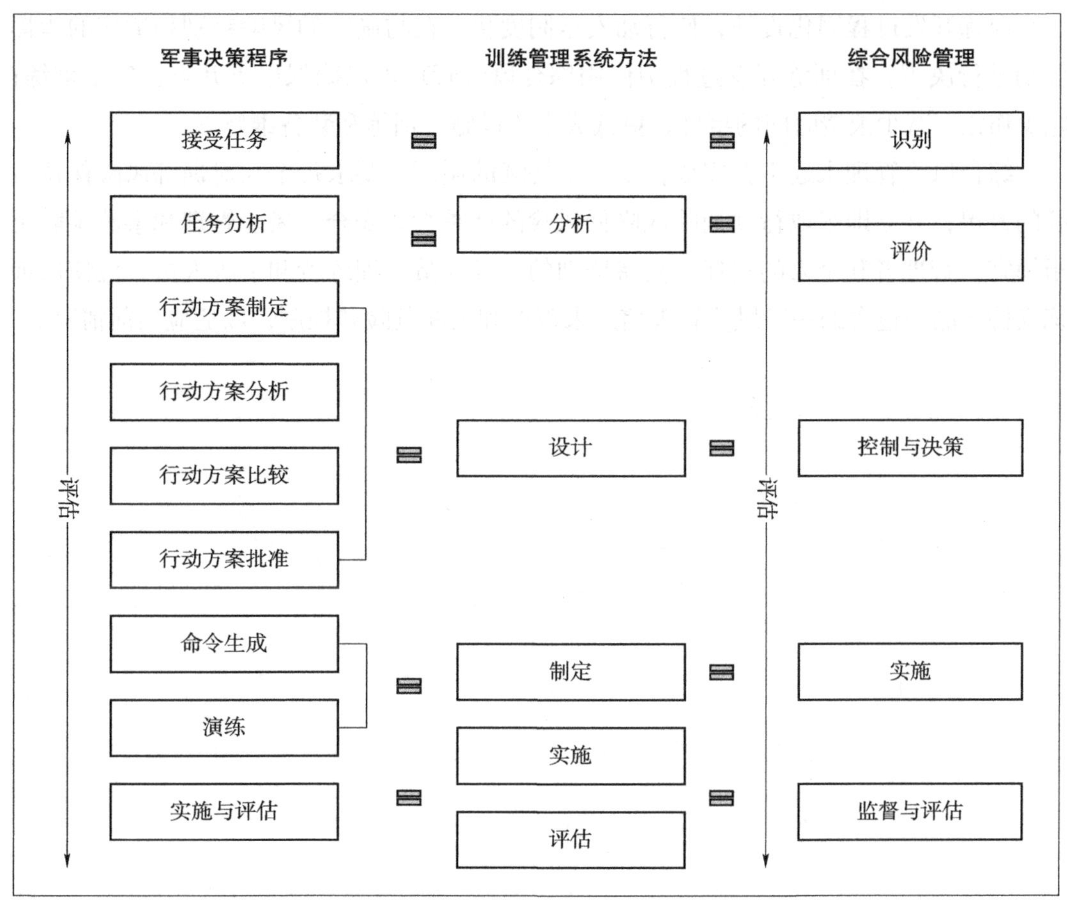


图 4-3 流程、MDMP 和综合风险管理流程之间的比较

## （二）融入现实训练

指挥官和领导需要作出明智的风险决策，才能确保以切实可行的方式进行训练，并保护正在接受训练的士兵的健康；使士兵、领导人和部队都能生存下来，并赢得全方位的军事行动。

训练开发人员和培训员提供安全训练，通过设计、开发和实施切实可行的训练来实现保护部队。具体有：不危及生命；不损坏装备；消除或最小化与训练相关的风险；包括消除和减少风险或危害的控制；保护和保存资源；遵守联邦、州和地方法律、规定和限制；将安全、风险管理、部队保护因素集成到合适的训练和训练材料中。

部队训练制定者将确保以下训练产品：包括合适的安全、风险、防护声明、警告、注意和报警；识别训练风险，为每个提出的课程指定风险级别；由综合风险管理集成安全管理部门的验证；包括必须的控制，以尽量减少或消除训练中的危险；当实际应用到训练时，强调综合风险管理和综合风险管理过程。

训练开发过程固化责任，使行动安全制度化，在与确定的风险级别相适应的指挥级别进行决策。在训练开发过程中使用综合风险管理可以确保以下几点：安全训练；减少伤亡；减少浪费时间的事件；更低成本（设施、训练和装备维修）。

综合风险管理永远不会完成，是一个持续的循环，要求每个人对训练风险保持持续的警惕，并立即采取行动消除或降低风险的严重性。安全、风险管理和事故预防是指挥官、管理者和个人的责任。支持培训的开发人员、训练者和下级人员，应使用训练支持产品中包含的一般风险管理信息来审查和更新危险和控制，以适应当前情况。

# 第五章 美军化生放核防护教育训练对象

根据美军条令，美国陆军、海军、空军和海军陆战队的现役军人、国民警卫队、后备队和文职人员都要参加化生放核防护教育训练。

## 第一节 美军作战力量

美军现役部队人数约 150 万人，其中陆军 50 万人，海军和空军各 35 万人，海军陆战队 18 万人，另有文职人员约 70 万人。

### 一、陆军

"冷战"结束后，为应对全球各地可能发生的中低强度冲突，美国力求通过模块化改造，将陆军打造成具有战略反应灵活性和多种作战能力的新型军队。突出特点是对旅进行建制实编，师则不直辖营，而是作为按任务临时抽组部队的指挥机构。陆军模块化部队层级从上至下依次为战区陆军（含战区陆军下属司令部）本部、军部、师部、模块化旅、团、营、连、排、分排、班。平时，由陆军部负责组织各级部队实施训练，提高战备水平；战时，由战区联合作战司令部和陆军各级指挥机构负责组织实施作战行动，完成陆军受领的作战任务。

模块化改造后，旅成为美陆军最大建制作战单位。旅区分为 3 类：作战旅、模块化支援旅和职能旅。

#### （一）作战旅

作战旅是美国陆军用于实施战术级交战和作战行动的基本战术单位。旅战斗队（BCT）有 3 种类型：重型旅（HBCT）、斯特瑞克旅（SBCT）和步兵旅（IBCT），主要包括营级机动、火力、侦察和维持单元。截至 2017 年，美国陆军现役共有了 30 个作战旅，国民警卫队26个作战旅[①]。

1. 重型旅战斗队。是装甲步兵和机械化步兵构成的诸兵种合成部队，能够快速地实施作战行动。该种旅编制员额近3 800人、6类直属单位，分别为旅部和旅部连（185人）、1个侦察中队（424人）、2个兵种合成营（每个营辖2个装甲连、2个机步连，628人）、1个火力营（322人）、1个支援营（约1 094人）、1个特务营（辖工兵连、通信连和军事情报连，502人）。主要编配履带式坦克、自行火炮、步战车、无人机、指挥车、反坦克导弹、核生化侦察、抢修车等装备。

2. 斯特瑞克旅战斗队。为中型旅，是介于重型旅与轻型旅之间的诸兵种合成轮式装甲战斗部队，比重型旅更便于部署，比步兵旅有更强的战术机动力、防护力和火力，主要用于先期部署并实施各种作战。该种旅战斗队编制员额为4 253人，辖旅部和旅部连（约224人）、3个步兵营（每个营辖3个连，约694人）、1个侦察中队（416人）、1个火力营（约400人）和1个支援营（763人）以及通信连（56人）、军事情报连（89人）、反装甲连（53人）、工兵连（约143人）和战术无人机排（27人）。主要装备：各种类型的"斯特赖克"系列装甲车300余辆，主要包括输送车、火炮、反坦克导弹、侦察、火力支援、工程、指挥、医疗护送、核生化侦察、抢修等车辆。

3. 步兵旅战斗队。步兵是轻型旅战斗队的核心，主要在人口密集的地区遂行作战任务。轻型步兵旅主要由轻型步兵、空降兵、空中突击步兵等兵种组成。这种旅战斗队编制员额约3 430人，编有旅部和旅部连（178人）、1个特务营（辖工兵连、通信连和军事情报连，393人）、1个侦察中队（402人）、2个步兵营（每个营辖3个连、696人）、1个火力营（296人）和1个支援营（约850人）。主要装备牵引榴弹炮、反坦克导弹、迫击炮等武器装备。

### （二）模块化支援旅

模块化支援旅为机动作战旅提供航空兵、炮兵、后勤、侦察、警戒和防护支援。多数支援旅的编制较为灵活、除战斗航空旅外，其他支援旅均可根据任务变化，在旅建制分队基础上加强其所需的专业分队。旅司令部编制有必要的专业参谋，可以对专业分队实施相应控制。另外，支援旅旅部均辖有通信和保障分队，具有较强的自我保障能力。模块化支援旅有5种类型，战场监视旅、火力旅、战斗航空旅、机动增强旅和保障旅。截至2011年9月，陆军共有各类支援旅97个，其中战斗航空旅19个、战场监视旅10个、火力旅13个、机动增强旅23个、保障旅32个。

1. 战斗航空旅。是陆军执行空中攻击、空中突击、空中运输、人员营救以及侦察、

① 美国国会预算办公室 . 美军力量结构读本 . 夏之冰，海狼，译 . 知远战略与防务研究所，2016：25.

警戒和指挥与控制支援的主要力量，区分为重型、中型和轻型 3 类。各型旅均编指挥航空连、攻击侦察营或（和）攻击侦察中队、通用支援营、航空支援营和无人机连。各型旅主要区别是，重型战斗航空旅编 2 个攻击侦察营、中型战斗航空旅编 1 个攻击侦察营和 1 个攻击侦察中队，轻型战斗航空旅编 2 个攻击侦察中队。美陆军现编 19 个战斗航空旅中，现役 11 个（10 个现役师中除第 101 空中突击师编 2 个外，其余每师各 1 个），陆军国民警卫队 8 个，总兵力约 6 万人。

2. 战场监视旅。拥有军事情报、侦察和监测以及必要的保障和通信能力，可为陆军部队、联合部队和多国部队提供情报、监视和侦察支援。该旅编有 3 个连和 2 个营，即旅部与旅部连、旅支援连、通信连和军事情报营、侦察与监视营。战场监视旅通常可得到地面侦察、有人和无人陆军航空兵资源、军事情报资源，以及诸兵种合成部队的加强。

3. 火力旅。火力旅是由美陆军对原隶属军、师的炮兵力量进行整合而产生的。其主要任务有：实施火力打击行动、支援旅战斗队和其他旅的作战行动，遂行所在师之外的联合火力打击任务，为师和旅实施火力支援。火力旅平时编制 1 200～1 300 人，其建制单位包括 1 个旅部与旅部连、1 个目标侦察连、1 个通信连、1 个战术无人机连、1 个旅保障营以及 1 个火箭 / 导弹营。此外，该种旅还可以根据任务需要进行特遣编组，增加 1 个多管火箭炮营、1 个榴弹炮营、1 个电子战连。

4. 机动增强旅。旅所指挥和控制的分队主要用于为部队提供防护和其他支援，其编成依据每次作战行动所需要的能力确定。该旅主要任务包括实施地域警戒、构筑并保持和维护交通线、提供机动能力和反机动能力、修筑跑道和道路、在行动地域内实施化生放核防护行动、实施有限的攻防任务以及实施某些稳定行动等任务。该种旅固定编有旅部与旅部连、1 个补给连、1 个通信连和 1 个支援营，根据需要还可编 1 个工程兵营、1 个军事情报营、1 个核生化营、1 个防空炮兵营、1 个爆炸物处理营、1 个战斗营和 1 个民事营。

5. 保障旅。保障旅是战区保障司令部下属单位，由以往的军与师支援司令部和地区支援大队所属力量进行整合而产生的，并对全部的后勤行动提供指挥与控制。该种旅的编组较为灵活，可依据所执行任务进行特遣编组以满足不同的需求。通常编有 1 个旅部与旅部营、1 个战斗保障支援营，根据需要还可以增编 2 个战斗保障支援营。

### （三）职能旅

职能旅的编成差异较大，即便是同类型的旅，下属部队的构成也不尽相同。职能旅在战区司令部的控制之下执行任务，依赖战区级通信和其他支援。职能旅包括工程、军警、化生放核、防空与导弹防御、通信、爆炸物处理、医学和情报等类型。截至2011年，陆军共有各类职能旅47个，其中军事情报旅10个、防空旅6个、工兵旅16个、军警旅12个及核生化旅3个。

此外，美陆军目前编有3个独立旅：第170步兵旅、第172步兵旅和第173空降旅。

### （四）团

美陆军现役部队中有4个番号为团的独立建制单位：第2、3、11骑兵团和第75别动团，分别为军直辖独立合成部队，是美陆军特种部队独立团和美陆军国家训练中心所属的专业假想敌部队。

## 二、海军

海军由海军部机关、海军作战部队和岸上机构与设施组成。主要职能是维持、训练和装备海军与陆战队部队，使其能够赢得战争、威慑侵略和维持航行自由，保护和捍卫美国及其盟友在海洋上自由航行和保护国家免遭敌人入侵的自由。[①] 现役兵力有6支编号舰队、10个舰载机联队。现役作战舰艇约298艘（其中航母11艘）、飞机4 026架、潜射战略导弹280余枚。

### （一）类型（兵种）部队

海军可分为舰艇部队、舰队航空兵、海上勤务部队和岸基部队4个兵种，一般按照行政管理和作战指挥两个系统进行编组和行动。

1. 舰艇部队

海军舰艇部队包括水面舰艇部队和潜艇部队，均编入大西洋和太平洋两大战略集团。平时属海军作战部领导，战时归各自所在战区的总部统一指挥。两大集团均采用行政和任务两种编组形式。

（1）水面舰艇部队

水面舰艇大队。水面舰艇司令部下辖若干个大队，包括水面舰只大队、巡洋舰驱逐舰大队、两栖舰大队、特种作战大队、扫雷舰大队和供应舰大队等；一个大队又下辖若干个中队，如1个巡洋舰驱逐舰大队由2～4艘巡洋舰和2～4艘驱逐舰中队编成。用于作战时，水面舰艇大队通常为临时编成，所属舰艇完成任务后归建；用于行政管理时，其编成相对固定，所属舰队只有在海军调整部署，舰艇母港变更时才会重组。

驱逐舰中队。驱逐舰中队是由导弹巡洋舰、驱逐舰和护卫舰组成的部队，可独立

① 美国国会预算办公室．美军力量结构读本．夏之冰，海狼，译．知远战略与防务研究所，2016：63.

或编入作战大队或特混舰队作战。驱逐舰中队可编 2～13 艘作战舰艇，通常为 5～6 艘，人员约 200 人。

航母通常编成航母战斗群，隶属舰队航空兵司令部。美国有现役航母 11 艘。理论上讲，在维持 11 艘航空母舰的情况下，在危机或冲突发生 30 天内，美国海军通常能够出动 5 艘航空母舰。而在危机或冲突发生 90 天内，美国海军通常可以出动 7 艘航空母舰。①

（2）潜艇部队

潜艇部队主要编为大队和中队。

潜艇大队是潜艇中队的上级单位，负责对潜艇中队的指挥与监管。潜艇大队通常编 1 个以上潜艇中队。第 7 潜艇大队辖第 15 潜艇中队，第 9 潜艇大队辖第 17、第 19 潜艇中队。潜艇中队主要负责提供潜艇维修支援。常规潜艇中队编配 4～6 艘潜艇，而核潜艇中队可能编配 7～10 艘潜艇。

2. 海军航空兵部队

美海军航空兵区分为舰载航空兵和岸基航空兵。舰队航空兵采用行政与任务两种编组形式。舰队航空兵主要区分为联队、中队和分遣队（小队）三级。

飞行联队是最高的行政与战术单位，通常下辖若干中队和分遣队（小队）。飞行联队区分机种联队和舰载机联队。

机种联队是以海空航空站为基地的航空兵部队，又称岸基航空兵。舰队航空兵联队包括巡逻机联队（由 6～7 个中队组成，每个中队装有 9 架 P-3C 岸基反潜巡逻机）、战斗机联队（由 10 多个中队组成，每个中队装有 12 架 F-18C 战斗机）、战斗攻击机联队（由 10 多个中队组成）。截至 2013 年，美军共编有 10 个现役舰载机联队和 1 个预备役舰载机联队。

飞行中队是由同机型飞机编成的基本行政和战术单位，编飞机 2～24 架。分遣队则是由中队派出的战术单位，编飞机 2～3 架。

3. 勤务部队

海上勤务部队包括海上支援部队和海上运输部队，其主要任务是为作战舰艇、两栖舰艇和其他海军作战部队提供海上支援和各种勤务保障。现有军人 1 000 人，文职雇员 6 000 人及合同商业人员 2 500 人；拥有由 110 多艘两栖、后勤和运输舰船组成的核心舰船，按大队、小队和支队编组。

4. 岸基部队

岸基部队主要指海军基地（包括各种舰艇基地和各海军航空站）及其所属的部队

---

① 美国国会预算办公室．美军力量结构读本．夏之冰，海狼，译．知远战略与防务研究所，2016：25：75.

和机构。海军基地负责管理所在地区的海军站、造船厂、通信站、燃料库、军火库、消磁站，以及海军航空站、舰队训练中心及学校等机构。其主要任务是为作战舰艇、飞机提供支援、维修和保养，美国本土的海军基地归海军部、海军作战部及其他有关机构领导；海外的海军基地分别由两洋舰队所设的驻外基地司令部领导。

### （二）任务编组

所谓任务编组，即特混编组，是为执行作战、演习、战术训练和某项特定任务而编成的混合舰队。它只负责对所属部队实施战役、战术指挥，不负责其行政事务；所需兵力从各个行政编组抽调，一旦任务完成即归还原行政建制。任务编组按兵力规模分为作战舰队、特混舰队、特混大队、特混小队和特混支队 5 个级别。

作战舰队是海军的战略军团，可独立实施各种大型战役。美国海军共编有 5 个作战舰队。太平洋舰队编有第 3（负责太平洋战区，司令部在加州圣迭戈海军基地）、第 7（负责西太平洋战区，司令部设在日本横须贺）和第 5（负责印度洋、波斯湾和红海战区，司令部在巴林的麦纳麦）3 个作战舰队，大西洋舰队编有第 4（负责加勒比和拉丁美洲战区，司令部在佛罗里达州梅波特海军基地）和第 6（负责地中海战区，司令部设在意大利那不勒斯）2 个作战舰队。各舰队编制实力大同小异。例如：第 6 舰队编有巡洋舰 2 艘、驱逐舰 3 艘、护卫舰 2 艘、攻击潜艇 2 艘、海岸巡逻艇 2 艘，另配有两栖舰艇 3 艘和辅助舰 3 艘，共计 18 艘舰艇。第 7 舰队共有 19 艘舰艇，第 5 舰队共有 18 艘舰艇。此外，各舰队还有一部分军事海运局的后勤辅助舰船随同作战舰艇活动。

## 三、海军陆战队

海军陆战队隶属海军部，但陆战队司令与其他军种参谋长并列为参谋长联席会议成员。海军陆战队司令部是负责陆战队事务的最高执行部门和军事参谋机构，也是陆战队最高决策机构和行政管理部门。平时主要负责陆战队部队的行政管理、军事训练、制订装备发展计划和各种条令条例；战时负责向各联合作战司令部提供作战部队。

海军陆战队现役作战部队编为 3 个陆战师、3 个陆战飞机联队和 3 个部队勤务支援大队，以及部分陆战队保安连和舰上分遣队。陆战队预备役部队建制部队主要包括第 4 陆战师、第 4 陆战队飞机联队、第 4 陆战队勤务支援大队等。所属部队主要部署在美国海内外的 161 个训练中心。

### （一）陆战队兵种部队

陆战队目前采取的是兵种固定编制与合成作战编组相结合的编制样式，分为地面战斗部队、航空战斗部队和后勤（战斗勤务支援）部队。地面战斗部队编陆战师、团、营、连、排、班、组等；航空战斗部队编联队、大队、中队、小队、飞行小组等；战斗勤务支援部队编战斗勤务支援团、战斗勤务支援营等。

1. 地面战斗部队

陆战师是陆战队地面战斗部队最大的建制单位，美国海军陆战队目前有 3 个现役陆战师和 1 个预备役陆战师。每个陆战师的编制虽不同，但总体上都包括师部、3 个步兵团、1 个炮兵团、1 个坦克营、1 个两栖突击营、1 个轻型武装侦察中队和 1 个战斗工兵营。全师编员人数为 18 500 人。

第一陆战师隶属美国海军太平洋舰队的海军陆战队第一远征部队，当前驻扎于加利福尼亚州的彭德尔顿兵营；是美国海军陆战队的主力陆战师和美军太平洋舰队的战略机动部队。

第二陆战师隶属美国海军大西洋舰队的海军陆战队第二远征部队，当前驻扎于弗吉尼亚州的诺福克兵营；是美军战略预备队的主力陆战师，也是美国海军大西洋舰队的海军陆战队机动突击部队。

第三陆战师隶属美国海军太平洋舰队的海军陆战队第三远征部队，当前驻扎在日本管辖下的冲绳群岛；是隶属美国海军太平洋舰队的机动作战部队。

预备役师驻扎在墨西哥湾的新奥尔良。

2. 航空战斗部队

航空兵的任务是帮助地面部队实施机动，支援地面部队进行登陆和海岸作战。主要执行进攻性空中支援、防空作战、突击支援、空中侦察、电子战、指挥与控制 6 项任务。

每一个航空联队人数有 1.4 万人。下辖 1 个司令部、2～3 个攻击机和战斗机航空大队、1～2 个直升机航空大队以及其他作战和勤务支援分队。陆战队目前辖 3 个现役陆战飞机联队和 1 个预备役陆战飞机联队。现役番号分别是第 1、2、3 陆战队飞机联队。

3. 后勤（战斗勤务支援）部队

美国海军陆战队后勤部队的编成是战斗勤务支援大队（配属给陆战师使用）；其主要任务是为前线各战斗部队提供各种物质上的后备支援、装备维修以及医疗援助，以保证各战斗部队均具有高度的独立作战能力。通常情况下，战斗勤务支援部队编 3 个战斗勤务支援团、1 个司令部直属营、1 个工程保障营和 1 个牙医营。目前，海军陆战队共有 3 支现役勤务支援大队和 1 支预备役勤务支援大队。

### （二）任务编组

陆战队部队通常按陆战队空地特遣部队的形式进行作战编组，主要包括空中、地面和战斗勤务支援等部分。根据规模不同，陆战队空地特遣部队主要有陆战队远征部队、陆战队远征旅、陆战队远征中队和陆战队特别任务空地特遣部队。目前，陆战队作战部队共编为3个陆战队远征部队、6个陆战队远征旅和7个陆战队远征中队。

陆战队远征部队。陆战队远征部队是陆战队最高层级作战编成，主要用于较大规模作战，通常由1个陆战师、1个陆战队飞机联队、1个陆战队勤务支援大队、1～3个陆战队远征旅、1～3个陆战队远征中队、1个情报营、1个通信营、1个无线电营等，兵力可达4.6万人。

陆战队远征旅。没有固定编成，通常地面战斗部队由1个陆战队步兵团和加强师属单位组成；航空战斗部队以1个多机种混编的陆战队飞机大队为基础组成；战斗勤务支援部队通常为营级部队。陆战队远征旅编制员额根据需要从4 000～16 000人不等。6支陆战队远征旅分别为第1、2、3、5、7、9陆战队远征旅。

陆战队远征中队。陆战队远征中队通常由本部、地面战斗部队、航空战斗部队和后勤战斗部队组成，编制约2 200人。陆战队当前的7支陆战队远征中队，番号为第11、13、15、22、24、26、31陆战队远征中队。

## 四、空军

空军由现役部队、后备部队、国民警卫队以及文职人员组成。截至2017年的空军规模近50万人，其中现役31.7万人，后备部队17.4万人。空军现役部队由航空兵部队、航天部队、特种作战部队和保障与支援部队等部分组成。通常按航空队、联队/大队和中队3级编成。

### （一）战区空军

美国各战区司令部均编制有空军部队，联合作战时向作战司令部提供空军军种部队或军种组成部队。太平洋司令部、中央司令部、欧洲司令部、北方司令部、南方司令部、运输司令部分别对应第13、9、3、1、12、18航空队，战略司令部对应第8和第14航空队。2008年，美空军成立第17航空队，2009年，美空军成立第24航空队，担负空军网络攻防作战等任务。

### （二）航空队

航空队是空军部队最大的作战单位，担负指定作战区域的空中作战任务，也可支援陆军集团军以上部队作战。航空队没有固定编成，一般可辖数个空军联队及相应的勤务支援部队。当前，美国空军共有20支航空队，其中16支为现役航空队，4支为预备役航空队。

### （三）联队

联队是美国空军基本战术单位，由主要任务大队和必要的保障机构组成，担负作战、训练、运输或勤务等任务。根据装备和任务的性质，美空军联队可分为作战联队、空军基地联队或战斗支援联队和特种任务联队。各型联队均由作战、后勤、支援和医疗四个大队或中队组成，各大队按任务区分编有若干中队。

### （四）大队

大队主要执行作战、训练、支援和行政等任务。其设立与编成根据任务需要可调整，通常由 2 个以上中队组成。美空军现有大队主要分为 5 类：作战大队、后勤大队、任务支援大队、医疗大队和应急反应大队。

### （五）中队

中队是空军部队基本建制单位，通常由 2～3 个作战小队编成。飞行中队编配的飞机数量有很大差别。轰炸机中队通常编 2～16 架，战斗机中队可能编 2～24 架，通常为 12～18 架，运输机中队通常编 6～20 架。非飞行中队担负专项职能任务，如发射中队、控制中队、土木工程中队、保安中队、运输中队等。

## 第二节　美军化生放核防护专业力量

美军化生放核防护专业力量主要由陆军化学兵、海军陆战队化学兵和各军种的化生放核相关的医学力量组成。海军和空军没有专门的力量。

### 一、陆军化学兵

陆军化学兵包括 3 种：化生放核部队、化生放核参谋以及特种分队和任务部队，如图 5-1[①] 所示。陆军化学兵部 / 分队提供剪裁的化生放核能力，保护部队在进行全维作战和联合作战中免受化生放核威胁和危害。美国陆军化学兵为陆军模块化部队提供

① ATTP 3-11.36 MCRP 3-37B NTTP 3-11.34 AFTTP (I) 3-20 Muti-service Tactics, Technioues, and Procedures for Chemical, Biological, Radiological, and Nuclear Aspects of Command and Control Appendix I. July 2010: I-2.

相应的化学参谋，在连、营、旅、师、军和陆军司令部各级配备相应的化生放核军官、化生放核军士。此外，化生放核协同单位为陆军军种司令部提供增强参谋。陆军化学兵代码 74，74A 代表化生放核军官，74B 代表化学作战和训练，74C 代表化学弹药和物资管理，74D 代表化生放核军士。

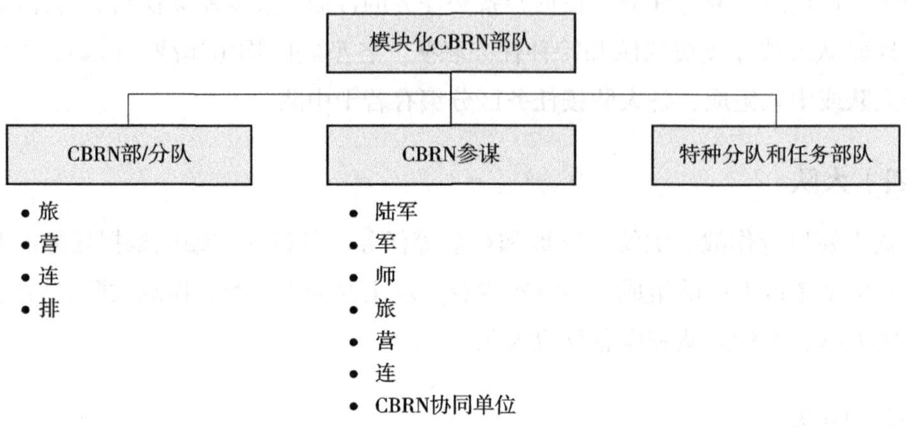


图 5-1　陆军化学兵模块化部队构成

## （一）化生放核部 / 分队

陆军化生放核部 / 分队分为化学排、化学连和指挥控制单元 3 类，如图 5-2 所示。

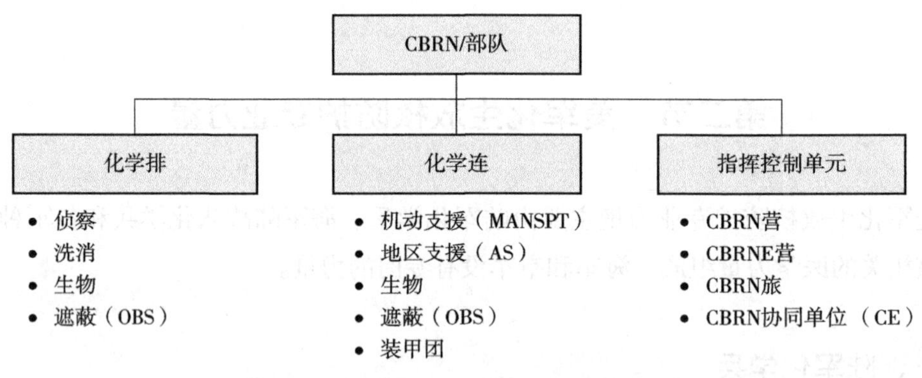


图 5-2　陆军化学兵化生放核作战单元[①]

化生放核指挥控制单元，包括营和旅 2 级，为师或师以上提供化生放核 C2 能力。

1. 化学旅

化学旅是美陆军模块化功能旅的一种。它拥有一个独立司令部，其使命是提供

① ATTP 3-11.36 MCRP 3-37B NTTP 3-11.34 AFTTP (I) 3-20 Muti-Service Tactics, Technioues, and Procedures for Chemical, Biological, Radiological, and Nuclear Aspects of Command and Control Appendix I. July 2010: I-3.

2～7 个化生放核营。通常，旅支援在战区或联合任务部队级军或军以上部队，化生放核旅为关键战区维持提供指挥控制，或部署战术大规模杀伤性武器消除能力。

化学旅能为配属和加强的部队在全频谱作战中提供参谋计划和协调；能提供建制保养支援，但需要 1 个保障旅为其提供供应、保养、抢修、野战炊事等各类支援；能建立和运行内部和外部的移动设备、无线和有线通信网，但需要外部支援来增强通信。化学旅对化学营或独立化学连进行整合，在战场上的决定性时机或地点提供支援，通常支援军或战区陆军或联合特遣部队中的军以上部队；作为化生放核爆作战司令部的独立化学旅，对其进行支援；支援 1 个战区保障司令部来保护联合后勤节点，为关键性的战区保障作战或运用战术大规模杀伤性武器消除能力提供指挥控制。

化学旅只是一级司令部机构，平时采取预编形式，战时根据情况进行混合编成，可为 2～6 个化学营提供指挥控制。化学旅设有固定的指挥机构，编制旅司令部和直属连，共 65 人，其中 17 名军官、1 名准尉和 47 名士兵。参谋机构包括副官（S-1）、情报参谋（S-2）、作战参谋（S-3）、后勤参谋（S-4）、民事参谋（S-5）和通信参谋（S-6）。

截至 2014 年，美陆军共编有 3 个化学旅，现役部队、国民警卫队和后备队各 1 个，隶属美国陆军部司令部。分别是第 48（现役）、第 31（国民警卫队）、第 415 化学旅（后备队）。

第 48 化学旅，于 2007 年 9 月在得克萨斯州胡德堡组建，约 2 800 人，隶属第 20 保障司令部，下设 5 个化学营，分别是第 2、22、23、83 和 110 化学营。第 2、23 和 83 化学营为传统营，该营编有侦察连、发烟连、洗消连和生物集成侦检系统（BIDS）。第 22 和 110 化学营为技术护卫营，它的设置是为了快速减轻或消除国内外发生的化生放核爆危害，也能够处理未爆弹药，并在必要情况下销毁化生放核爆危害物或生产设施。

第 31 化学旅，属陆军国民警卫队，位于阿拉巴马州，下辖第 145、151 化学营。

第 415 化学旅，属后备队第 81 地区准备司令部，下辖第 92、457、485、490 化学营。

2. 化学营

化学营是一个独立的司令部，可指挥控制 2～7 个连或相当化生放核单位，通常用于支援师或师以上部队。其指挥控制关系包括配属、作战控制或支援。它也可能组成一个化生放核旅、机动增强旅，或作为一个独立的化生放核营和化生放核爆作战司令部。

化学营能为配属和加强的部队在全频谱作战中提供参谋计划和协调；能提供建制保养支援，但需要保障旅为其提供供应、保养、抢修、野战炊事等各类支援；能建立和运行内部和外部的移动设备、无线和有线通信网，但需要外部支援来增强通信。化学营对化学连、化学排或其他化学分队进行整合，在战场上的决定性时机或地点提供给被支援的司令部，通常用来支援师或师以上部队或指挥机构；也可作为特遣部队配属给1个化学旅或1个机动增强旅，或作为化生放核爆作战司令部的独立化学营，对其进行支援。化学营与被支援部队之间的指挥和支援关系包括配属、作战控制或直接支援。

化学营下辖指挥组、参谋机构、部队管理组、医疗、分队司令部。其中，参谋机构包括副官（S-1）、情报参谋（S-2）、作战参谋（S-3）、后勤参谋（S-4）和通信参谋（S-6）。

截至2014年，美陆军共编11个化学营。现役5个（第2、22、23、83、110营）、国民警卫队2个（第145、151营）、后备队4个化学营（第92、457、485、490）。

3. 化学连

化学连主要包括机动支援化学连、地区支援化学连、生物检测连、发烟连和装甲骑兵团化学连。截至2014年，美陆军共编78个化学连，包括20个现役化学连和58个预备役防化连。美陆军转型后，师改编为司令部，撤销了原师属化学连。

（1）化生放核机动支援连

机动支援化学连指挥控制2～5个侦察排和洗消排，进行化学侦察行动、洗消行动、减轻有害物质行动和支援化学作战。机动支援化学连能独立实施3种乘车化学侦察和监测任务；能同时开设9个作战洗消站，不需加强就可开设1个全面洗消站；能收集和管理核生化样本；能提供建制内的保障，包括供应、保养、抢修、有限的野战炊事和人事支援；能以1个整建制连或连级混编小队来支援1个旅战斗队或其他指定的部队。

机动支援化学连包括1个侦察排、3个洗消排。侦察排下设3个班，编6台“斯特赖克”核生化侦察车。洗消排为轻型洗消排，装备6台轻型洗消车在全频谱作战中提供装备洗消、伤员和遗体洗消、病员洗消、残留污染物洗消、人员洗消等支援，还可对陆军飞机或敏感设备等进行洗消，且具备洗消人员的有限能力。

（2）化生放核地区支援连

地区支援化学连指挥控制其建制内的侦察排、洗消排和生物排以及其他配属或加强的分队，遂行化学侦察行动、洗消行动、减轻有害物质行动和支援化学作战。地区支援化学连能独立实施3种模式的化学侦察和监测任务；能同时开设9个作战洗消站，不需加强就可开设1个彻底洗消站；能收集和管理核生化样本；能提供建制内的保障，包括供应、保养、抢修、有限的野战炊事和人事支援；能为接收、分配、向前运动、整合等行动以及卸载海港和卸载空港提供关键节点防护；能为大部队集结提供区域防护；能实施地域洗消。

地区支援化学连包括 1 个侦察排、1 个生物排、3 个洗消排。侦察排下设 3 个班（24 人），编 6 台 M1151A1 核生化侦察车。生物排下设 7 个生物组，编 7 套生物综合检测系统。洗消排为重型洗消排，装备 3 台重型洗消车。重型洗消排能对受到污染的地形、道路和固定设施外部等进行地域洗消，每天洗消 12 000 $m^2$，能对装备进行彻底洗消。

（3）生物连

生物连指挥控制下辖的生物排，遂行生物监测行动。生物连能收集和管理生物样品；能提供供应、保养、抢修、野战炊事、人事支援等建制内的保障能力；能同时在多个地域或多个关键节点独立实施生物监测，也可整合多个排，以覆盖更大的区域。

生物连下辖连部、4 个生物排，装备 28 套生物综合检测系统。

（4）发烟连

发烟连为全频谱作战中的战术级或战役级部队提供大面积战场遮蔽，既能实施暂时性遮蔽行动，又能实施持续性遮蔽行动。发烟连能提供供应、保养、抢修、野战炊事、人事支援等建制内的保障能力；可直接支援师或师以上级别部队作战，或对其所属的排进行任务编组来支援旅战斗队作战。发烟连可以整建制连支援 1 个化学营或机动增强旅，或以单个排支援旅战斗队。发烟连分为重型发烟连和轻型发烟连两种类型。

轻型发烟连下设 4 个发烟排，配置 28 辆 M56“土狗”式发烟车（轮式）。在战术和战役级提供大规模遮蔽，支援轻型机动部队，或支援在作战环境不需要机械化能力的其他军种；轻型发烟排编配 7 台 M56“土狗”式发烟车，能在 5 $km^2$ 的地域提供可见光遮蔽，或在 3 $km^2$ 的地域提供红外线遮蔽。

重型发烟连下设 4 个发烟排，配置 28 台 M58“狼”式发烟车（履带式）。主要任务是实施大规模战术级遮蔽，保护战术级作战部队，具有很强的生存能力和复杂地形机动能力。

（5）装甲骑兵团化生放核连

装甲骑兵团化学连用于支援装甲骑兵团作战，为其提供化学侦察、大面积发烟、洗消（发烟和洗消不能同时进行）及化学参谋支援。装甲骑兵团化学连能对化学侦察、大面积发烟或洗消作战实施指挥控制和保障；能提供供应、保养、抢修、野战炊事、人事支援等建制内的保障能力。

装甲骑兵团化学连下辖连部、1 个侦察排和 1 个发烟 / 洗消排。该连最大限度地体现出了编制的多样性，直接反映了装甲骑兵团的多样性需求。侦察排下辖 3 个班，编配 6 台“斯特赖克”核生化侦察车。发烟 / 洗消排下辖 3 个班，其中 2 个班装备 6 台

“狼”式发烟车（履带式），第3个班为支援班，具备洗消和支援发烟的双重功能，装备1台重型洗消装备。

4. 化学排

化学排编于步兵旅战斗队、装甲旅战斗队和“斯特赖克”旅战斗队，主要为旅战斗队在全频谱作战中提供化学侦察和监视，为现场化学侦察、减轻化学危害、后果管理等提供支援。具备检测和识别化学物质、为被支援部队提供对污染物的早期预警、报告和标记污染区附近的绕行路、收集和转送化学样品、危害评估等能力。步兵战斗旅编3台M115A1化生放核侦察车，“斯特赖克”旅和装甲旅编3台M1135“斯特赖克”化生放核侦察车，化学排共12人。

## （二）化生放核参谋

化生放核参谋编配在陆军军种、军、师、旅、装甲骑兵团、营级各级司令部，作为指挥员特种参谋的一部分，连级通常编兼职化生放核人员。

1. 职责

除共同的参谋职能外，化生放核参谋在评估、计划、准备和实施中有专门的职责。

（1）评估。化生放核参谋的职能共4项：作为战场情报准备过程的组成部分，实施化生放核威胁评估；对地形、气象和民事等因素进行作战环境评估；作为指挥官风险管理过程的组成部分，实施化生放核脆弱性评估；对友邻部队的化生放核能力进行评估。

（2）计划。化生放核参谋的职能共11项：为化生放核情报、监视与侦察作战，化生放核遮蔽作战，化生放核洗消作战以及为制定任务所需防护状态水平、部队安全标准、作战暴露指导和脆弱性消除措施提供技术咨询和计划建议；为设置和使用火障提供计划和建议；计划和管理化生放核侦察和监测行动；估计部队在执行任务中可能受到的辐射剂量；评估天气和地形因素是否有利于敌使用大规模杀伤性武器；为确认和报告敌首先使用化生放核战剂的程序提供实施计划（与军医协调）；预测友军使用核武器的后果和传输核打击警报信息；对行动过程提出建议，以尽量减少友军和民事机构化生放核脆弱性；估计化生放核装备和补给品的消耗率；作为专家，参加与化生放核议题相关的会议；对上一过程的参谋估计进行持续评估和调整。

（3）准备。化生放核参谋的职能共9项：协调所有参谋评估敌化生放核攻击危害对当前和未来作战的影响；在侦察和监视计划中协调运用化生放核侦察；监督和协调化生放核洗消行动（病人洗消除外）；在支援战术计划中协调遮蔽行动，并关注遮蔽目标的发展；与军医协调化生放核作战卫勤支援计划需求；掌握并上报辐射暴露情况和总剂量状态（与军医协调）；评估化生放核伤亡的可能和影响；与助理参谋长或供应参谋就涉及化学防护装备和补给品、化学装备保养、化学物质运输等后勤事宜进行协调；对上一过程的参谋计划进行持续评估和调整。

（4）实施。化生放核参谋的职能共 9 项：管理化生放核报警和报告系统；准备化生放核形势报告；监督核生化事故和事件应急救援计划；监督化生放核掩蔽所的建设；核对、评估和分发化生放核攻击和污染数据；为指挥官提供关于低级别危害，包括有毒工业物质可能影响的建议（与军医协调）；为指挥官提供控暴剂使用的建议；为指挥官提供关于大规模杀伤性武器消除作战和摧毁敌大规模杀伤性武器设施可能影响的建议；对上一过程的参谋准备进行持续评估和调整。

2. 编制

师和更高层级的部队或指挥机构编有一个更强大的化生放核参谋机构，与排爆人员组成化生放核爆参谋分队。

（1）陆军军种部队司令部化生放核爆参谋分队

陆军军种部队司令部化生放核爆参谋分队支援联合或战斗司令部，与军司令部化生放核爆参谋分队类似，是编配于陆军军种部队司令部基本指挥所战役防护单元的一部分。一旦需要，该分队将提供化生放核爆人员支援其他指挥所。此外，它也为陆军军种部队司令部指挥所的计划单元提供支援，并将作为核心成员参加与大规模杀伤性武器敏感场所有关的行动。陆军军种部队司令部化生放核爆参谋分队履行战役级作战所需的大部分化生放核爆参谋核心职能，必要时支援陆军部队司令部一级作战或作为指定的联合特遣部队的一部分。陆军军种部队司令部通常将编入的化生放核爆协调分队得到加强，以支援持续作战，同时管理作战区域内大规模杀伤性武器和其他化生放核爆危害的相关信息。化生放核爆参谋协调分队由 5 名化生放核参谋组成，包括 1 名化生放核军官（通常为上尉）和 4 名化生放核军士。

（2）军司令部化生放核爆参谋分队

军司令部化生放核爆参谋分队与师化生放核爆参谋分队类似，是编配于军基本指挥所战役防护单元的一部分。一旦需要，该分队将提供化生放核爆人员支援其指挥所。此外，军司令部化生放核爆参谋分队也为军基本指挥所的计划单元提供支援，并将作为核心成员参加所有与大规模杀伤性武器敏感场所有关的行动。军司令部化生放核爆参谋分队履行战术级作战所需的大部分化生放核爆参谋核心职能，必要时支援军一级作战或作为指定的联合特遣部队的一部分。

军司令部基本指挥所防护单元编化生放核爆处，包括处长（上校）、副处长（中校）、爆炸物处理官（少校）、化生放核军官（上尉）、首席化生放核军士（二级军士长）、爆炸物处理作战军士（二级军士长）、2 名化生放核军士（三级军士长）。军战术指挥所防护单元编化生放核组，编制 2 人，包括化生放核军官（少校）和化生放核军士（三级军士长）。除去爆炸物处理军官和军士外，军司令部共编 8 名化生放核参谋，包括 4 名化生放核军官及 4 名化生放核军士。

（3）师司令部化生放核爆参谋分队

师司令部化生放核爆参谋分队是编配于师基本指挥所防护单元的一部分。一旦需要，该分队将提供化生放核爆人员支援战术指挥所或基本指挥所的计划单元。师司令部化生放核爆参谋分队履行大部分化生放核爆参谋核心职能，必要时支援师一级作战或作为指定的联合特遣部队的一部分。

（4）旅司令部化生放核参谋

旅司令部化生放核参谋通常编 1 名化生放核军官（上尉或少校）和 1 名化生放核军士（三级军士长），有的可能只编 1 名化生放核军士（三级军士长）。美军的旅战斗队——步兵旅、“斯特赖克”旅、装甲旅战斗队，其司令部均编 2 名化生放核参谋（上尉和三级军士长）。

战斗支援旅司令部的化生放核参谋数量要远多于旅战斗队司令部，功能也更为强大和复杂，这是因为作战时战斗支援旅将配属化学营（连），由其对化学营（连）实施具体指挥。战斗支援旅司令部编化生放核爆组，编制 11 人，爆炸物处理官参谋 2 人，化生放核参谋 9 名（3 名军官、4 名军士、2 士兵）。

旅司令部化生放核参谋重点关注 6 项具体任务：向指挥官提供化生放核危害的建议，包括从大规模杀伤性武器到有毒工业物质的所有化生放核危害；计划化生放核部队的使用；准备和处理化生放核报警和报告信息；准备污染预测；计划彻底级洗消作战；计划与化生放核有关活动的敏感设施作战。

（5）营司令部化生放核参谋

营司令部化生放核参谋通常包括 1 名化生放核军官（中尉）和 1 名化生放核军士（上士），也可能只包括 1 名化生放核军士（上士或三级军士长）。许多营司令部同时编 1 个化生放核士兵（洗消专业），为使用建制内的洗消提供帮助。例如：在旅战斗队中，7 个营司令部均编化生放核参谋，但不同类型的营司令部所编化生放核参谋的数量各异。其中，工程营司令部只编 1 名化生放核参谋，步兵营（装甲旅战斗队称合成兵种营）和火力营司令部各编 4 名化生放核参谋，支援营司令部编 3 名化生放核参谋。骑兵中队司令部编配的化生放核参谋视旅战斗队的类型而异，步兵旅战斗队和装甲旅战斗队的骑兵中队司令部编 3 名化生放核参谋，而“斯特赖克”旅的骑兵中队司令部只编 1 名化生放核参谋。

营司令部化生放核参谋重点关注 6 项具体任务：向指挥官提供化生放核危害的建议，包括从大规模杀伤性武器到有毒工业物质的所有化生放核危害；执行化生放核防护措施；提供化生放核报警和报告；准备化生放核计划和命令；计划战时洗消任务；训练和指导连级化生放核参谋。

（6）连司令部化生放核参谋

美国陆军大多数连级分队司令部编 1 名化生放核军士或化生放核士兵，或指定 1 名非化生放核专业人员履行化生放核防护职能。例如，在旅战斗队的各连司令部中，只有骑兵连和医务连司令部编化生放核参谋，其他连司令部未编专职化生放核参谋。每个骑兵连司令部编 1 个化生放核军士（中士），医务连司令部编配的化生放核参谋视旅战斗队的类型而异，步兵旅战斗队的医务连司令部编 1 个化生放核士兵（专业下士[①]），而"斯特赖克"旅战斗队和装甲旅战斗队的医务连司令部各编 3 个化生放核士兵（专业下士）。

连司令部化生放核参谋关注 9 项具体任务：在化生放核环境中实施全频谱作战时，向指挥官提供建议；在部队化生放核准备和进行相关评估时向指挥官提供建议；将化生放核威胁和危害融入部队训练，进行相关评估时向指挥官提供建议；维护部队的化生放核室；管理和更新与化生放核作战相关的出版物；对连队的化生放核防护设备进行建制内保养，并监督进行作战级保养；协调部队与化生放核防护装备相关的供应活动；与部队领导者一道，开发适当的部队级管理、使用和战术现行作战程序；管理部队与化生放核作战相关的报告。

## 二、海军陆战队化学兵

美国海军陆战队化学兵编配于连级以上部队，编制 1 142 人，其中，现役部队 910 人（军官 110 人、士兵 800 人），后备队 232 人（军官 32 人、士兵 200 人）。海军陆战队空地特遣部队化生放核力量包括化生放核部 / 分队和化生放核参谋两类[②]，如图 5-3 所示。化生放核部 / 分队分为化生事件响应部队和化生放核排 2 种类型。

海军陆战队化生放核专业力量代码为 MOS 5700，5700 代表中士—士兵，5702 代表化生放核军官，5711 代表化生放核军士。

---

① 美国陆军专业下士（Specialist-SPC）较为特殊，不属于军士。新征召进入美国陆军的士兵如果具有大学学士学位，以及具有必要的民间工作技能，可以授予专业下士衔级。通常，新征召的军官候选人在接受征召，以及进入候补军官学校前的基础作战训练阶段都授予专业下士军衔。美军其他军种没有这个衔级。（参见《美国陆军部手册 600—25》，2008 年 7 月 28 日，第 1 页。）

② ATTP 3-11.36 MCRP 3-37B NTTP 3-11.34 AFTTP (I) 3-20 Muti-Service Tactics, Technioues, and Procedures for Chemical, Biological, Radiological, and Nuclear Aspects of Command and Control Appendix K. July 2010: k-2.

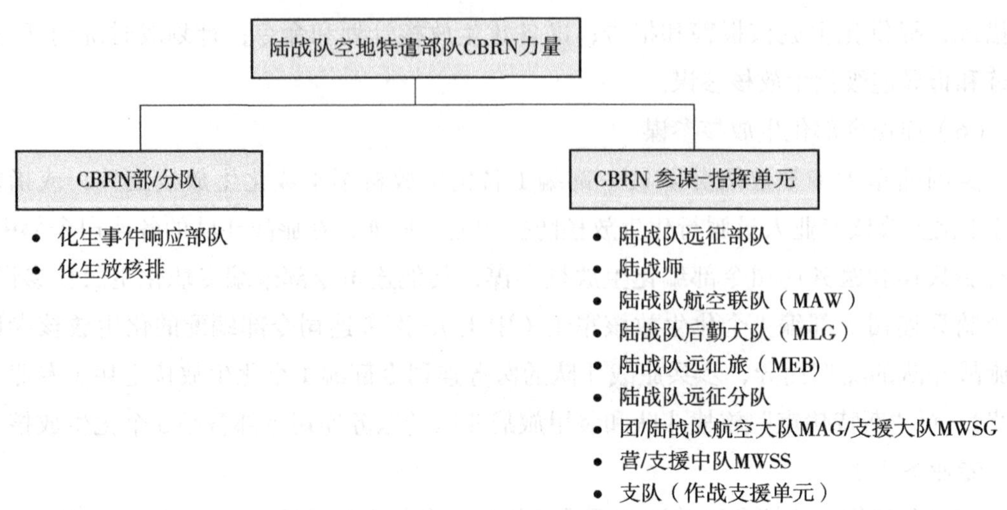


图 5-3 海军陆战空地特遣部队化生放核力量

## （一）化生放核部 / 分队

化生放核作战部 / 分队包括化生事件响应部队（CBIRF）、化生放核排。化生放核排是基本的通用部署单元，配属在陆战队师、陆战队航空联队和陆战队后勤大队。

1. 化生事件响应部队

化生事件响应部队于 1996 年 4 月 4 日在美国北卡罗来纳州成立，是美国海军陆战队成立的一支应对化生恐怖分子的快速反应部队，也是美军唯一一支完全自成一体、自给自足、任务型部队，能够在短时间内部署到全球的任务区。该部队主要负责海军基地和美国大使馆及人员的化生事件救援，帮助当地居民和军事机构在事故现场提供最初的事故后果管理。自“9・11”事件后，化生事件响应部队增加了国土安全防御任务。此外，该部队还是海军陆战队的“测试平台”，用来检验化生防护相关的装备、技术、程序和作战条令。

（1）使命与任务

化生事件响应部队为美国海军陆战队和民事机构应对化生事件提供支援，包括鉴别生化战剂 / 物质、评估当前和未来的后果、建议应对措施、援助民事当局的支援请求。主要任务如下：

一是鉴别评估化生放核爆危害。提供对化生放核战剂或物质的侦检和鉴别。

二是实施大规模伤亡人员洗消。化生事件快速响应部队能对伤员进行定位，并将其运离污染环境；在污染环境中进行医疗分诊和治疗，并实施大规模病患 / 伤亡人员洗消。

三是支援民事当局后果管理行动。由于编配了由国家职业安全与健康研究所认证的响应装备，化生事件快速响应部队协助民事当局的能力得到了增强，可在实施后果管理行动中协助地方、州或联邦机构以及指定作战指挥官。此外，化生事件快速响应部队通过接受有关有害物质作战和个人防护装备的专门培训，以及在危害环境中履行职责的额外技术培训，支援联合部队指挥官、驻外使馆或其他美国或非美国机构。

四是援助民事应急响应人员。化生事件响应部队与国民警卫队大规模杀伤性武器民事支援队和化生放核爆增强响应力量互为补充，利用国家事件管理体系，与民事应急响应人员共同行动。同时，化生事件快速响应部队能侦检和鉴别化生放核战剂 / 物质，评估大规模杀伤性武器事件的潜在影响，建议地方当局管理袭击影响，以及对额外支援的合理请求提供援助。

（2）编制

该部队编有 350 名海军陆战队员和水兵，还有 200 名编外海军陆战队员。化生事件响应部队包括 6 个分队，即侦检、洗消、医疗、警戒、后勤保障、指挥与控制分队。

侦检分队，由 25 名海军陆战队员、10 名海军卫生兵和 1 名卫生军官组成。侦检分队具有侦检、分类和鉴别化学和生物战剂的能力，对于未知毒剂，采样后送至专门机构进行鉴别。此外，该分队还为紧急受害者撤离提供支援。所有成员皆受过 9 周课程训练，取得美军化生放核防护专业资格。医疗军官和海军医护兵在美国陆军医学研究所进行培训，获得化学灾害医疗管理资格。该分队是进入现场的第一支分队，主要任务是确定化学毒剂种类和防护等级，每名队员最多可携带 32 kg 物品，同时要穿全身防护服并佩戴防毒面具。为了满足这种高强度的体力要求，需要在各种不利条件和全身防护状态下进行训练。主要装备包括萨拉托加化学防护服和 M40 面具、M93 狐式侦察车、化学毒剂监测仪、M256 侦检包、M8 侦毒纸、M21 远距离化学毒剂自动报警器和 M258 消毒包。

洗消分队，由 27 名在编海军陆战队员和水兵组成。有半数以上成员受过 9 周课程训练，取得美军化生放核防护专业资格。洗消分队一般紧邻医疗分队的筛选分类站，建立自己的沾染控制区，按照标准的化生放核洗消程序对人员进行洗消。

警戒分队，由约 120 名海军陆战队员组成，其中大多数为步兵，为连级规模。该分队主要任务是为侦察分队提供安全巡逻，制止居民骚乱，拘留敌对人员，协助受害者撤离，警戒沾染区，为化生事件响应部队提供安保。培训包括：常规的安保巡逻、城市反恐军事行动、控暴、车辆和人员搜索培训，化生放核环境下的专业培训，包括鉴别和防护等。主要编配有 M870 滑膛枪、M16-A2 步枪、M-203 榴弹发射器、M-249 班用自动武器和 M-204G 中型机枪。必要时，还可装备 81 mm 迫击炮和肩扛发射器、多用途突击武器。

医疗分队，由 6 名卫生军官和 17 名海军卫生兵组成。6 名军官中，医师 3 名、环境卫生官 1 名、医师助理 1 名和护士 1 名。该分队的主要任务是治疗化学生物受害者，还能治疗烧伤和常规伤害。他们深入污染区进行初步治疗，并提供现场急救建议，稳定伤员并将伤员转移至指定的洗消点，除污后再将伤患转至当地医疗机构进行后续治疗。所有军官和士兵均受过美国陆军医学研究所的化学战伤处理训练。此外，军官还需接受海军陆战队大西洋化生放核学校的染毒伤员洗消课程培训，并获得 CBNR 资格证书。该分队拥有 2 辆 997 高机动多用途轮式救护车（含高压系统）。

后勤支援分队，由 70 名在编海军陆战队员和 5 名军官组成，全部来自第 2 海军航空分队及第 2 军队后勤支援大队，划分为 5 个小队，分别是指挥部、汽车运输、工程、装卸和补给小队。指挥部负责指挥并协调整个分队；汽车运输小队承担全部地面运输任务；工程小队负责提供水、各种用具和重型装备，支持事故现场的救援行动，主要装备包括反渗透膜水净化装备、发电机和铲车等；装卸小队负责向现场分队提供装载和卸装服务，拥有安排空运、铁路运输和陆地运输的能力；供给小队负责为化生事件响应部队提供物质、住所、弹药，并协助财政和合同商在受影响地区做好物资供应，在部署状态下，可提供 10～14 d 的后勤保障。

指挥与控制分队，协调整个化生事件响应部队的行动，有 4 个作业组：行动、情报、管理和通信。

2. 化生放核排

化生放核排，根据专业类型分为侦察排和洗消排两种。

（1）侦察排

侦察排主要为军事力量或民事当局提供化生放核侦察、监视和有限后果管理支援，任务包括实施化生放核侦察和监视、实施化生放核现场评估以及进行调查取样和标志。侦察排可通过监测和受控的调查来检测化生放核危害，为被支援部队提供早期污染预警，鉴别已知战剂和物质，定位、识别、标识、报告以及确定污染地域附近的绕行路，防止人员伤亡和限制污染扩散，协调化生放核样品护送。当处于非化生放核环境时，侦察排可提供有限的环境监测 / 调查。当执行侦察任务超过 12 h 后，侦察排需要主要下级司令部提供额外的供应、维修、保养、通信、管理、医疗和排爆等支援。在执行徒步侦察时，需要合同后勤保障分队提供直接支援级的配件和工具。若在执行侦察任务时受到污染，则需要洗消支援。

侦察排编制 24 人，下辖 3 个侦察班（共 6 个车组），根据编配装备的不同，侦察排分为重型侦察排和轻型侦察排 2 种。其中，重型侦察排装备 6 台“斯特赖克”核生化侦察车，基本采取车载模式执行化学侦察，依托侦察车提供集体防护，且能实施辐射和生物侦察。轻型侦察排装备 6 台 M1151A1 核生化侦察车，基本采取徒步模式执行化学侦察，不能提供集体防护，不能实施辐射和生物侦察。

（2）洗消排

洗消排编制 20 人，下辖排部、3 个洗消班，其中排部 2 人，洗消班每班 6 人。洗消排属于轻型洗消排，装备 6 台轻型洗消车，主要为军事力量或民事当局提供化生放核洗消和有限的后果管理。任务包括执行军事装备和人员的即时、作战和全面洗消，执行飞机洗消，执行病患和伤亡人员洗消，提供有限的应急支援。通过独立运用小组或排，支援多达 3 个独立的作战级洗消点，每小时洗消 8 台车辆。洗消排需要主要下属司令部提供额外的供应、保养、野战炊事、医疗、安全防卫、防空、人员勤务等支援。如果未配置在靠近连续水源补给的位置，则需要水补给。

### （二）化生放核参谋

化生放核参谋职能与陆军化生放核参谋大致相同，由化生放核军官、化生放核军士担任。化生放核控制中心承担参谋机构的作用，编配在远征部队、后勤部队和航空部队。

1. 海军陆战队化生放核控制中心

海军陆战队化生放核控制中心是海军陆战队化生放核作战的整体协调部门，具有持续作战能力；与情报部门保持密切协调，互换化生放核侦察、监视和监测情报。该中心编在 G-3 和作战部门，编制 6 人，包括负责军官（一级准尉）、助理负责军官（二级准尉）、2 名联合报警报知网络操作员（三级准尉、枪炮军士）、2 名作战协调员（枪炮军士长、上士）。

负责军官。主管化生放核控制中心，监督化生放核控制中心的全面行动。主要有以下 5 项职能：与医疗、后勤、情报、人事等部门沟通，协调涉及或影响这些部门的化生放核相关问题；审查化生放核行动并监督作战协调员；监督联合报警报知网络操作员；批准核生化报告；代表化生放核控制中心参加参谋简报。

联合报警报知网络操作员。接收核生化报告和态势图并接入 C4I 网络。主要有以下 3 项职能：处理作战地域内有效的化学下风方向信息；收集、整理、分析从上级、友邻和下级化生放核控制中心接收的化生放核信息；准备和利用 C4I 网络传输核生化报告、态势图以及化生放核信息。

作战协调员。协调海军陆战队的化生放核行动。主要有以下 7 项职能：准备全面的化生放核脆弱性分析；为指挥分队 MOPP 提供建议；制定、实施、支援和监督海军陆战队的侦察、监视和监测计划；制订、实施、支援和监督海军陆战队的洗消计划；收集和分析侦察、监视和监测数据，并准备适当的核生化报告；监测下级司令部的辐射照射状态，并编制海军陆战队整体辐射照射状态；在必要时向联合报警报知网络操作员发送核生化报告。

2. 主要的直属司令部化生放核控制中心

地面战斗分队、航空战斗分队和后勤战斗分队化生放核控制中心在各自司令部协调化生放核作战，编在 G-3 和作战部门，编制 6 人，包括负责军官（二级准尉）、助理负责军官（三级准尉）、2名联合报警报知网络操作员（上士、中士）和2名作战协调员（枪炮军士长、枪炮军士），其职责与海军陆战队化生放核控制中心职能大致类似。

3. 下级司令部化生放核控制中心

营、团、大队和其他指定部队的化生放核控制中心编配1名以上化生放核人员，他们在各自司令部协调化生放核行动。化生放核控制中心与作战和训练参谋编在一起，人员数量根据部队类型而不同。配属2个以上人员的化生放核部门能持续作战。下级司令部必须能与上级司令部化生放核控制中心进行通信，并负责协调和实施支援司令部化生放核行动。化生放核控制中心主要包括以下13项职能：协调涉及或影响其他参谋部门和所属分队的相关化生放核问题；参加参谋简报；协调化生放核行动；通过上级司令部化生放核控制中心，协调超出本级司令部能力的化生放核作战支援；准备部队化生放核脆弱性分析；建议部队任务所需防护状态水平；制订、实施、支援和监督部队的侦察、监视和监测计划；确保部队参谋和下级司令部清楚上级司令部化生放核控制中心正在该地区实施的化生放核侦察任务；收集侦察、监视和监测数据，并向上级司令部化生放核控制中心准备和发送适当的核生化报告；从上级司令部化生放核控制中心接收和分析核生化报告，并提出行动建议；编制部队辐射暴露状态，发送至上级司令部化生放核控制中心；审查洗消计划，确保为部队提供足够支援；操作联合报警与报知网络。

## 三、海军化生放核相关力量

海军没有专门的化生放核力量，主要依托舰载损害控制专家和岸基危害应急响应的人才和专业知识，维持化生放核防护准备。美国海军化生放核防护专业职责主要由舰载、航空和岸基部队人员兼职承担。海军化生放核防护资源主要由海军海上系统司令部、海军航空系统司令部和海军设施工程司令部提供，并通过联合司令部进行协调。海军化生放核相关力量主要由3部分组成①。

### （一）舰艇部队化生放核兼职人员

在舰艇上，损害控制助理在工程军官的领导下，负责舰艇生存系统，包括损害控制、稳定控制、灭火、损害恢复、化生防护。化生放核防护管理训练由舰上损害控制助理、损害控制士兵兼任。损害控制助理和士兵，经过化生放核专业训练后，获

① ATTP 3-11.36 MCRP 3-37B NTTP 3-11.34 AFTTP (I) 3-20 Muti-Service Tactics, Technioues, and Procedures for Chemical, Biological, Radiological, and Nuclear Aspects of Command and Control Appendix L. July 2010: L1-2.

得资质的人员被认定为舰上化生放核作战和训练专家，拥有第二个代码（DC 4805 和 DC 4811 分别赋予损害控制军官和高级军士），灾害准备作战专家以及其他专家。根据需要，他们被分配到海军建筑营、海军远征作战司令部、航空中队以及其他部队。他们为司令部提供化生放核防护相关建议。损害控制助理的职责如下：

（1）准备化生放核职能的指令，该指令需要协调各部门，由指挥军官签署。

（2）提交关于全面化生放核防护需求的时间表（根据海上部队训练手册）。

（3）维护损害控制训练大纲，并为全面训练提供化生放核指导人员。

（4）在实施危险品 / 危险废物泄漏的应急响应中，训练和监督舰艇损害控制小组。

（5）在报告、初始处理和清理危险品 / 危险废物泄漏中为部门提供训练。

## （二）航空部队化生放核兼职人员

在海军航空部队，中队指挥员指派 1 人作为中队化生防护军官，担任指挥官的化生防护准备行动军官。在值班时，被指派的值班军官作为指挥员化生防护协调员。

中队化生防护军官主要的化生放核防护职责如下：

（1）建立、实施并定期审查关于污染规避、防护和控制的部队化生防护标准作战程序。

（2）建立洗消和检测小组，包括部队人员和装备。

（3）协调部队部门负责人关于沾染规避、检测和洗消的需求，并确定主指挥所的能力，以支持化生防护需求。

（4）建立和维持部队化生防护训练。

（5）协助部门负责人最大限度地做好部队化生防护准备，同时保持满足任务必需的能力。

（6）让指挥官了解部队化生防护状态，并提出改进训练和战备的建议。

值班的中队职责军官主要的化生放核防护职责如下：

（1）向指挥官、执行官、重点部队人员通报化生威胁、警告和报警。

（2）采取与作战地区相关的适当的化生防护行动。

（3）监测司令部化生防护应对工作，并将情况告知指挥官、执行官、重点部队人员。

（4）建立并保持与地区司令部、高级司令部和主管司令部的通信，以监测化生威胁 / 攻击警报和预警信息。

（5）以指挥官指示的形式将化生防护状态传达给飞机。

## （三）岸基部队化生放核兼职人员

在美军地区一级，地区应急管理员负责化生放核爆事件管理。目前，美国海军地区一级有：华盛顿特区、中大西洋地区、中西地区、西北地区、东南地区、西南地区、欧洲地区、夏威夷地区、日本地区、马里亚内地区及西南亚地区。

地区应急管理人员在该地区负责制订、协调和执行美国海军设施应急管理计划。作为地区高级的专业应急管理官员，负责为地区应急管理制订、实施和维持全面应急管理计划提供管理监督、技术援助和专业指导；并能进行包括化生放核爆、预防 / 缓解、响应和恢复在内的有效的全危害准备，以挽救生命、保护财产和维持任务准备。

海军海外地区通常有额外的国外应急响应职责和化生放核防护需求，这些职责和需求由其支援的战区作战指挥官以书面形式确定。因此，在一些地区海军已经在通信、导航和识别应急响应计划和 / 或海军设施工程司令部化生放核计划中提供了合同化的化生放核爆协调员。这些合同人员在指定时间内派出，以协助指定地区的应急管理。他们在其计划内解决化生放核爆特殊危险性，尤其在计划、训练、装备调拨、库存管理和有限演练的准备地区。

在海军设施一级，设施应急管理军官负责化生放核应急管理。他们负责准备、响应、减轻自然界和人为灾害带来（包括可能影响设施的化生放核爆事件）的潜在影响，并从中恢复。设施应急管理军官负责设施应急行动中心和设施调度中心（如果指定）的管理、行政和作战。

海军地区一级需要以合同化的化生放核爆协调员的形式提供专门的专业知识。在通信、导航和敌我识别等应急优先级设施所在地，以及包含地区司令部的设施中，化生放核爆协调员可能会作为舰队集中区的化生放核爆协调员，提供给地区应急管理计划。在这种情况下，舰队集中区的化生放核爆协调员仍然会直接支援地区应急管理计划，但会被授权直接与相应的设施应急管理接触点联络。

海军前沿部署化生放核防护力量还包括航空母舰、航空母舰（核动力）、大规模两栖攻击舰、医疗船、指挥舰的医学部门。他们收集、采样、测试、报告、打包、运输可疑生物战样品。前沿部署预防医学部队的主要任务是为部队健康保护提供快速评估、预防和控制战区的健康威胁，并加强建制预防医学资源。前沿部署医疗部队将提供短期的和专业性的预防医学支援。其能力包括识别和评估环境对健康的危害（包括化生放战剂），评估不利于健康的风险，监测部署部队的健康，就重大风险向作战指挥官提出建议，并建议预防医学干预。为化生战剂检验提供技术援助和野战验证分析。

## 四、空军化生化核相关力量

空军有 4 种化生放核相关专业力量。分别是空军准备和应急管理专业代码：3E9X1 应

急管理化生放核 / 危险品响应者 / 培训师；43EXX/3B0X1 生物环境工程师；43TXX/4T0X1 医学实验室技师；1T1X1 机组人员生命保障。

基地级应急管理由土木工程中队和土木工程大队化生放核专家进行管理，主要司令部和参谋级包含如下分队类型代码（UTC）[①]。

## （一）化生放核防护人员（非医学）

UTC 4F9WA，1 名一级军士长 /E9，为联合任务部队指挥员和空战中心提供战略应急管理和应对化生放核管理。

UTC 4F9WB，1 名高级军士长 /E8，为联合任务部队指挥员和空战中心提供战役应急管理和应对化生放核管理。

UTC 4F9WC，1 名军士长 /E7，为基地控制中心提供应急管理和应对化生放核基地管理、EOC 或准备和应急管理飞行。

UTC 4F9WD，1 名技术军士 /E6 和 1 名参谋军士 /E5，在战术 AO 为应对化生放核响应提供核心战役和战术领导。

UTC 4F9WE，2 名初级军士或空军军士（E3～E5），为化生放核事件响应提供核心战术小组。在化生放核战区弹道导弹攻击后，实施从敏感地点勘查到大面积侦察的一系列行动。此代码提供了大量美国空军化生放核防御力量。

装备管理：

UTC 4F9WL，为积极的化生放核响应能力提供装备。实施以下行动：区域、定点和设施侦察；化生放核和有毒工业物质下风方向危害分析；污染区域边界确定、减轻和扩散；未知物质鉴别和初始蒸气、气溶胶、固体和液体侦检；危害区域建模、调查和污染程度。

UTC 4F9WN，为部队支援重大应急作战或应对不对称威胁提供化生放核侦检装备，使之具有报警、报告和报知能力。

UTC 4F9WP，提供额外的化生放核装备，以支援参与重大应急作战的 UTC4F9WN，或为处于中度和低度威胁区的基地提供形成化生放核侦检、报警、报告和报知能力所必需的装备或补给品。

UTC 4F9WS，为化生放核人员洗消提供初始装备，基地级达 3 300 人。

UTC 4F9WM，为驻军支援部队生存和关键任务持续响应能力提供化生放核装备。能力包括：集结地响应评估；下风方向危害分析；污染区域边界确定、减轻和扩散；

---

① ATTP 3-11.36 MCRP 3-37B NTTP 3-11.34 AFTTP (I) 3-20 Muti-Service Tactics, Technioues, and Procedures for Chemical, Biological, Radiological, and Nuclear Aspects of Command and Control Appendix J. July 2010: J-1.

地面侦察评估；地点或设施评估或调查；未知物质响应。此代码也为事件指挥官、应急行动中心主任和设施控制中心支援任务需求提供了以下能力：初始蒸汽 / 气溶胶、固 / 液体侦检；通用作战态势图输入参数进行危害建模；危害调查和污染程度确定。

### （二）空军基地级医学和预防医学保障人员

基地的卫生风险评估和应急支援管理，由医学中队或大队的生物工程师担任，专业代码为 43EX（军官）和 4B0X1（士兵）的人员，包括以下力量。

UTC FFPM1/2/3 航空医学预防队。实施公共卫生、职业、环境、疾病评估，监督、干预和减轻活动。通过卫生风险评估，为任务提供支援，使任务取得成效。

UTC FFGLB 战时医学洗消队。在医疗设施进入之前，为消除或中和化生放核战剂的效应提供支援人员，以减少战时伤亡。在洗消前、洗消中和洗消后提供维持生命的干预措施。

UTC FFGL1 核生化医学队。通过卫生保障提高部队在化生放核威胁环境中飞行的生存能力。包括以下行动：实施化生放核监测；提出对健康效应、威胁影响、防护动作和恢复活动的建议；执行化生放核健康风险评估。

UTC FFBAT 生物加强队。在部署地对生物制剂提供高级诊断初始鉴别。

UTC FFHA2 传染病模块。提供专业的传染病支援人员，对自然界的或与生物战剂有关的传染病进行诊断和治疗，并控制其蔓延。

UTC FFGRL 全球到达医学队。为空中运油控制分队提供医学预防和有限医疗救护。通过进行健康风险评估，为任务提供支援，使任务取得成效。

### （三）战区级医学和预防医学保障人员

UTC FFHAL 战区流行病医学队。运用流行病学、环境学、医学和昆虫学方面的专家，对战区范围内的健康风险进行评估，实施疾病监测和分析，提供咨询建议并发布报告。

UTC FFRN1/2/3/4/5/6/7 空军辐射评估队，包括 7 人和 3 个装备增强群。对全球范围内的辐射（核）事故和事件提供快速响应，还对计划、监测、分析和评估活动提供支援，以减轻由辐射 / 核事件造成的健康和作战风险。

## 五、医学专业力量

所有医学人员接受相同的教育和训练，培养其化生放核防护能力。此外，部分医护人员接受对化生放核灾害准备、响应和处理的特殊教育和训练。

## 第三节　国家应对大规模杀伤性武器响应力量

美国国内应对大规模杀伤性武器响应力量由州和联邦两级组成，约 2 万人。州应急力量包括：57 支大规模杀伤武器民事支援队、17 支化生放核爆加强响应部队和 10 支国土响应部队；联邦层面有 1 个化生放核防护响应部队和 2 支化生放核响应指挥控制部队[①]。

### 一、州化生放核响应力量

#### （一）大规模杀伤武器民事支援队（WMD-CST）

为了应对国内大规模杀伤性武器，根据美国法典第 10 章第 12 310 款，美国于 1998 年组建了 10 支大规模杀伤武器民事支援队，至 2007 年共组建 55 支，到 2012 年共组建 57 支，遍及美国 54 个州和领地，如图 5-4 所示。目前，除加利福尼亚州、纽约州和佛罗里达州各 2 支民事支援队外，其他 50 个州和 1 个特区（华盛顿哥伦比亚特区）各 1 支民事支援队。

大规模杀伤性武器民事支援队的主要使命是，在国内发生大规模杀伤性武器事件时支援地方政府。这些事件包括使用与威胁使用大规模杀伤性武器、恐怖袭击或威胁恐怖袭击、故意或无意释放化生放核有毒物质，自然或人为灾害导致或可能导致灾难性人员或财产损失。通过识别危害、评估当前和预期的后果，提出响应措施建议，为合适的请求提供另外的支援。

民事支援队只在美国领土内运用，由国防部部长批准，由各州州长直接指挥控制，化生放核事件发生后，要求在 2～3 h 内出动。

民事支援队的主要能力：探测化生放核或其他毒物的位置，建立烟羽模型，对受影响地区进行初步评估。收集化生放核样品，对化生放核样品进行确认分析，向联邦当局移送样品。使用经过验证的采样协议或直接程序，支援公共卫生和公共安全采样。提供互操作通信，提供从现场到固定实验室的技术支持，提出事故响应和通用作战图，协助事故司令部。

① Homeland Defense and Defense Support of Civil Authorities. DOD, February 2013: 16.

民事支援队编制22名，由全职陆军和空军国民警卫队队员组成，其中，18名陆军国民警卫队员（6名军官和12名军士）、4名空军国民警卫队员。他们具有科学、医学和危害物质等方面的专业素质，所有人员经过技术认证，包括14名专家。民事支援队分成6个组：指挥组（3名）、作战组（3名）、通信组（2名）、管理/后勤组（2名）、医学/分析组（4名）、测量组（8名）①。

民事支援队的80%装备来源于货架商品，所有装备符合NIOSH/ANSI/OSHA安全/防护标准。包括统一的指挥装备，可独立使用，可空中运输、机动通信系统。机动分析实验室系统，可进行野战实验室分析，探测识别未知化生放核样品。

### （二）化生放核爆加强响应部队（CERFP）

根据JROCM 162-06，美军建立了12支化生放核爆加强响应部队，根据NDAA2006，建立5支化生放核爆加强响应部队，共有17支化生核爆加强响应部队，分布如图5-4所示。

化生放核爆加强响应部队由州长指挥控制，通过每个州副官长（TAG）验证，能在地区和国家进行作业。化生放核事件发生后，响应时间6～12 h。主要通过地面机动，也可以进行空中机动。

化生放核爆加强响应部队的使命任务是，化生放核事件发生后，协助当地、州和联邦机构，为辖区提供伤员洗消、医学分类和稳定，事故搜索和营救等支援。

化生放核爆加强响应部队编制197人，其中指挥控制分队16人、医学分队45人、搜索和营救分队50人、洗消分队75人、设施搜寻和恢复11人②。

化生放核爆加强响应部队装备80%为货架商品。主要能力包括搜索与营救、洗消、紧急的医疗救护、灾害搜索与恢复。

### （三）国土响应部队（HRF）

2010年四年防务报告认识到国防部在化生放核后果管理响应中的短处。RMD 700提出在10个国家行政区域建立10支国土响应部队。提供专业的、快速的救生能力的指挥控制。

国土响应部队的使命：化生放核事件发生后，根据命令进行部署和指挥控制，开展伤员援助，搜索和营救，洗消，医学分类，挽救生命和减轻人员痛苦；转换到当地

① LTC George T.Christenson. Chemical, Biological, Radiological and Nuclear (CBRN) Response: 10.

② LTC George T.Christenson. Chemical, Biological, Radiological and Nuclear (CBRN) Response: 18.

政府并重新部署。6-12 小时内警报和集合。

国土响应部队由州长指挥控制，在地区和国家级作业，可进行有毒有害物质报警或战役检验。

每支国土响应部队员额 577 人，所有指挥控制成员经过训练，获得危害物质报警水平资格。人员编组为：地区指挥控制 180 人，指挥控制 16 人，化生放核协助与支援 200 人，搜索与营救 50 人，洗消 75 人，医学救治 45 人，灾害搜寻与恢复 11 人[①]，如图 5-4 所示。80% 装备为货架商品。

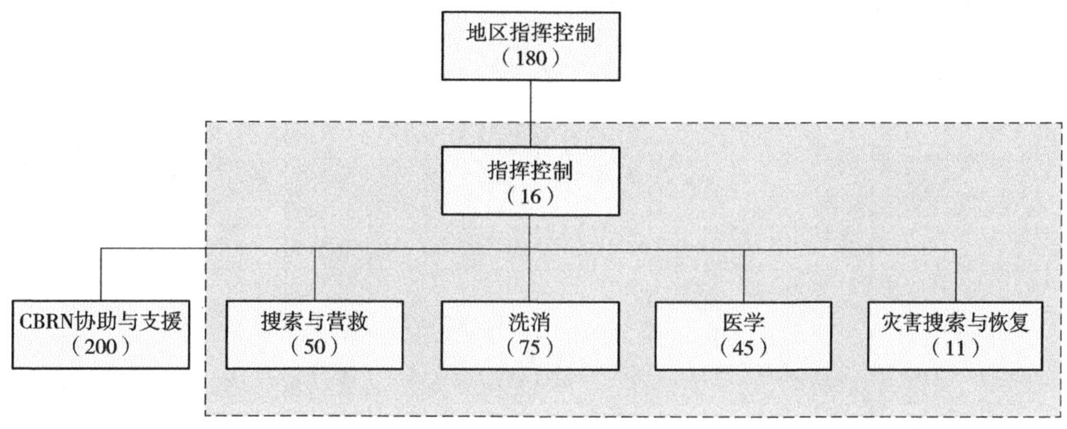


图 5-4 HRF 组织结构

## 二、联邦大规模杀伤性武器响应力量

### （一）化生放核防护响应部队（DCRF）

化生放核防护响应部队为旅级规模，由现役和预备役人员混编而成，负责超出州级响应能力的事件的响应行动，提供广泛的救生、后勤、维持以及指挥控制能力。

主要能力：化生放核评估、搜索与营救、洗消、应急医学、安全、后勤保障、指挥控制。

化生放核防护响应部队共 5 200 人，其中 FP1 2 000 人，响应时间为 24 h；FP2 3 200 人，响应时间 48 h[②]。

① LTC George T.Christenson. Chemical, Biological, Radiological and Nuclear (CBRN) Response: 28

② MAJ Jon Dotterer & SFC Richard Axelson. Consequence Management. 28 May 2014: 4.

### （二）化生放核响应指挥控制部队（C2CRE）

化生放核响应指挥控制部队负责为大规模的后续部队（包括专业和通用任务部队）提供指挥控制服务。在灾难性事件的应急响应期间，化生放核应急指挥控制分队既可辅助化生放核防护响应部队完成其任务，也可独立部署和使用（其建制内也编有担负救生任务的分队）。化生放核响应指挥控制部队有 A、B 两支，每支 1 500 人[①]。响应时间为 96 h。

① MAJ Jon Dotterer & SFC Richard Axelson. Consequence Management. 28 May 2014: 4.

# 第六章 美军化生放核防护人员职业发展

美军化生放核专业人员主要包括陆军化学兵、海军陆战队化学兵以及化生放核医疗人员，其职业发展以各军种军官、军士和准尉的军事职业教育系统为基础，确定了化生放核防护人员的基本能力与素质、发展路线图以及可能的任职。

## 第一节 陆军化生放核军官职业发展

化生放核军官是精通化生放核防护行动的事务专家，针对所有化生放核危险提供建议及防护。化生放核军官计划、运用并协调化生放核防护系统，以支援联合及协同作战。化生放核军官为大规模杀伤性武器部队防护计划、后果管理、对地方政府的化生放核军事支援等调配资源和力量。化生放核军官还承担技术护送、化生放核危险评定、监视、解除和洗消支援行动；进行大规模杀伤性武器与化生放核事故应急；支援作战司令部和主要联邦机构的突发事件行动；为国防部提供沾染区清理和恢复的支援行动。

### 一、基本能力与素质

#### （一）化生放核军官应具备的领导能力

化学兵要求军官具备熟练的各职级领导能力，崇尚战斗精神，具有强烈的陆军价值观；具备扎实的化生放核防护技战术能力；掌握21世纪必需的化生放核科技知识。他们必须是充满活力、能力强的战斗者，能够有效地运用当今领导者所必需的人格品质和核心领导才能。核心领导才能强调领导者的角色、职能和行动。价值观和品质为领导者的人格确立了基础，即领导者必须是怎样一个人。领导者获得的技能和知识确立了领导者的才能，即领导者必须知道什么。领导者必须应用这些知识才能有效地领导；领导者采取的行动构成了领导能力，即领导者必须做什么。他在各个方面都是战斗精神的化身，包括战斗、政治及商业管理。

### （二）化生放核军官应具备的特殊技能

决策技能。化生放核军官经常在这样的环境中工作：用于分析问题的时间十分有限，但是要求作出正确及时的决策却十分紧迫。在这种环境中获得信息的完整性和清晰度有差异。在压力下工作、作出决策和在各种条件下行动的能力对成功完成任务至关紧要。

战术技能。化生放核军官必须熟练掌握兵种和任务要求的特定装备、工具和系统。成功完成化生放核任务，需要合适的技术技能，理解并在恰当时刻运用正确的战术技能。必须通过反复的作战任职和院校教育，以及不断地职业学习和自我发展来获得和培养这些技能。化生放核军官不仅必须掌握本兵种的特殊技能、战术、技术、程序和专业设备，还必须了解其任职单位或支援单位的特殊性。

### （三）化生放核军官应掌握的特殊知识

军官必须具备专家级知识，包括化学兵种、诸兵种合同作战、化生放核分队支援以及协同知识，还包括联合、部门间、政府间与多国作战的一般知识，和化学兵部队如何支援每种行动的一般知识。军官通过连续教育、训练获得这些知识。军官个人通过院校培训和作战任职中获得的经验以及不断的自我发展保持这些知识。

化生放核学校的参谋和教官，由近期在部队或化生放核参谋职位任职的军官担任，他们能够与学校和学员分享他们的野战经验。反之，军官从学校返回部队，将带着有关理论、训练、组织和军用物资发展的最新知识。有了战场和化生放核学校之间的知识和经验交流，这些军官就能确保化学兵部队、兄弟军种和陆军做好充分准备，在未来日益复杂的作战环境中作战并赢得胜利。

### （四）化生放核军官应具备的特殊素质

个人素质。化生放核军官必须了解和按规程执行训练，并在既定的标准作战程序内行动。军官必须体格健壮、灵活、敏捷且具有适应能力，如果要带领化生放核士兵在所有的军事行动中有效作战，还必须具有陆军价值观。

多职能性。化生放核军官最初执行与本兵种有关的任务，但是当军官更加熟悉各种系统和其专业后，他们有可能被召唤执行多种类型的任务，包括获得联合、部门间、政府间与多国经验的任务。军官要在领导职位之间调动，或要在兵种 / 通用职位任职，必须培养和具备多种多样的技能。化生放核军官必须能设计并领导作战人员，保持最高水平战斗力的化生放核人员。

战斗空间的情况掌握。具有能迅速判断地形、天气影响、友军能力和敌军能力。

包括观察地形、分析天气和了解敌军武器系统射程。从而理解地形和天气如何影响敌军使用化生放核武器，以及如何发挥化生放核防御系统最佳效能的能力。

## 二、现役化生放核军官

### （一）现役化生放核军官发展路线图

美陆军部手册 DA PAM 600-3《军官职业发展和职业管理》规划了陆军各兵种军官的职业发展路线图，其中包括化学兵军官的职业发展路线图，如图 6-1 所示。现役化生放核军官的发展包括职业军事教育、作战任职和自我发展 3 个方面。

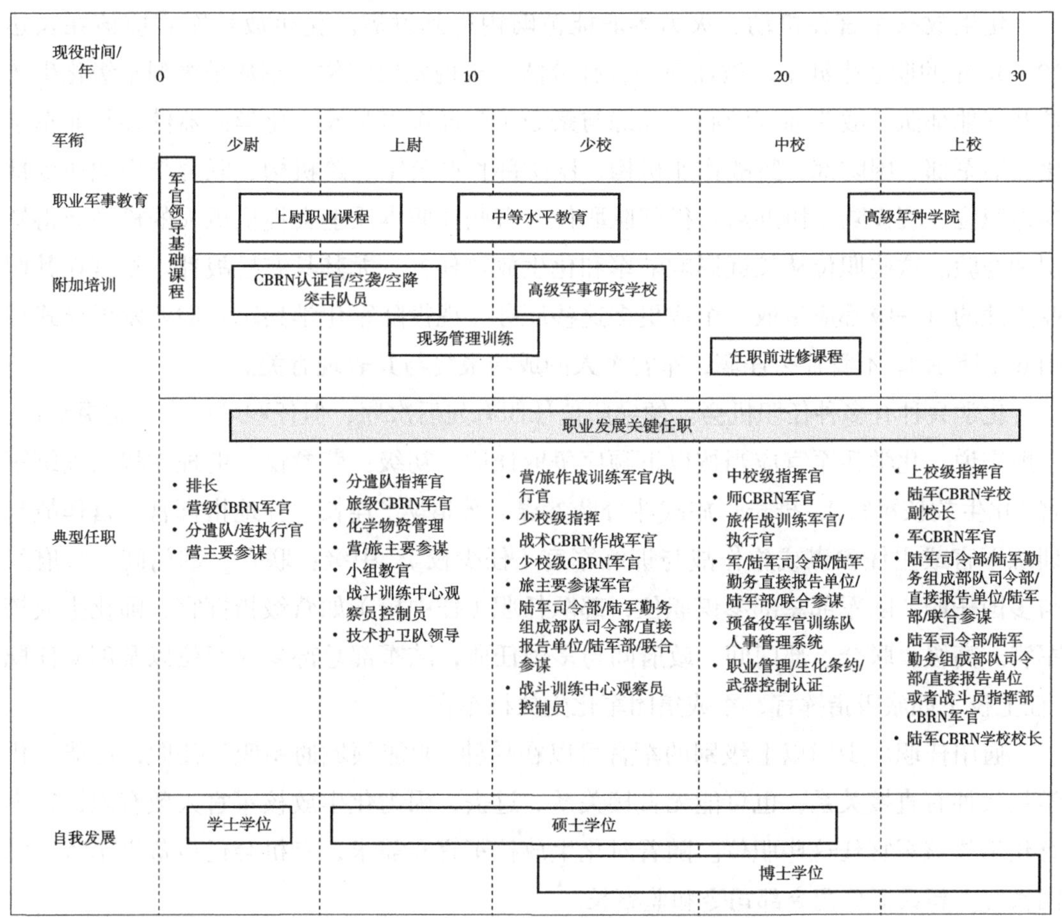


图 6-1　现役陆军化学兵军官职业发展路线图

1. 职业军事教育

化生放核军官职业军事教育主要依托院校进行，分成初级、中级和高级 3 个阶段。

初级教育主要在化生放核学校进行军官领导基础课程和上尉职业课程培训；中级教育主要针对少校军衔，在陆军参谋学院进行中级教育共同核心课程和高级作战战斗课程培训；高级教育主要针对中校和上校，在高级院校进行培训，如国家战争学院、陆军战争学院等。

化生放核军官还有额外的军事教育。通过额外军事教育可以得到额外的技能。课程有爆炸器材处理、化生放核侦察和监视分队领导课程、技术护送、生物合成侦察系统、狐式侦察车“斯特赖克”核生化侦察车，以及化生放核感应器等。

2. 作战任职

化生放核军官作战任职包括化学兵任职、通用任职、联合任职、陆军采购部队等领域。

化生放核军官在机动、火力等职能范畴内得到发展。化生放核军官应该在长达20～30年的职业生涯中，被任命到各种分队、机构发展职位：军从排级到军级化生放核及其他部队、战斗训练中心、训练与条令司令部军事学校、化学武器储存与非军事化、陆军部、国防部、野战作业机构、国防部长办公室、跨机构、联合与作战司令部参谋职位、现役陆军协助后备役部队职位。有些任职本质上会提供更大的机会获得知识和经验。这些职位从长远影响陆军和化生放核任务，尤其具有挑战性。军官在其职业生涯的每一级都应争取一个或更多这些职务（现役陆军化学兵军官职业发展模式如图 6-1 所示）。不管什么任职，军官个人的成功最终与其表现有关。

化学兵种有多种任职机会。领导职位任职有先后次序，但任职顺序有一定灵活性。一般来说，化学兵军官应当按以下顺序争取任职。初级：营参谋（助理作战与训练军官 / 化生放核军官），排长；旅战斗分队参谋，分遣队 / 连长，驻地指挥官，营作战与训练军官或主任参谋或旅作战与训练军官（任少校）。中级：联合、部门间、政府间与多国任职，陆军部总部参谋职位，部队任职（任中校）如营级指挥官，师化生放核军官。高级：联合、部门间、政府间与多国任职，陆军部总部参谋职位以及部队任职（任上校）如旅级指挥官、军或集团军化生放核军官。

通用任职。少尉以上级别的军官可以在兵种 / 职能领域通用职位任职，可能与化学兵兵种有直接关系，也可能无直接关系。过去，因为化生放核军官人数有限，很少有化生放核军官任这些职位。随着对化生放核军官有需求，有机会任后备役军官训练团教官、新兵征募司令部司令和监察长。

联合任职。校级化生放核军官可以在世界各地的联合职位任职。完成关键发展职位任职后，少校和中校应该积极争取机会获得联合任职资格。联合经验对陆军非常重要，而且使军官获得职业发展，让军官迈向高级领导职位。在职业生涯的这一阶段，军官应该努力获得联合专业军事教育第二阶段的资格。

其他任职。化生放核军官可能被任命到上述职位以外的岗位。这些任职可能包括白宫 / 国会职务、国家安全委员会职务、联合国职务，以及盟军军事学院的化学兵种代表等可能很广的任职范围。这些任职的特点是责任重大而且地位重要，需要成熟、技能熟练且素质全面的军官。军官还应该在联合、部门间、政府间与多国职位和功能小组职位（机动支援）任职，以扩展他们的经验。

陆军采购部队。化生放核军官可以申请加入陆军采购部队。陆军采购部队会选择少数成功完成指挥任职的化生放核军官。这些军官属于陆军采购部队军官，负责部队后勤保障中的采购工作。陆军采购部队军官的职业发展重点在于，担任计划主管或采购司令部司令。在整个采购职业生涯中，他们仍然是化学兵部队的成员。化学兵部队和陆军采购部队之间的联系应该比较密切，以便能研发和采购到与化生放核有关的装备和系统。

关键化生放核职位。化生放核军官最重要的目标是才能全面，熟练掌握所有化生放核行动。上尉应该努力担任连或分遣队指挥员至少 12 个月，目标为 18 个月。少校应该争取在作战与训练军官和 / 或主任参谋职位服役 12～24 个月。被选拔的中校和上校将在营长和旅长职位上服役 2 年。被选为警备司令部司令的上校任期为 2 年，可以选择延长为 3 年。

3. 自我发展

化生放核军官在不同的阶段有学位要求。高等级学位可以为高的任职提供额外的机会。化学兵部队每年都要送一些军官到研究生院攻读高级理学学位，如化学、生物化学、微生物学、环境工程学等学科。选拔与表现、本科平均积分和研究生入学资格考试分数还有军官个人职业生涯就职顺序紧密联系。根据《陆军条令》，军官每接受 1 年教育，就要承担 3 年服役义务。毕业后，军官将在批准的职位进行服役，时间为 2 年或 3 年。

### （二）现役化生放核军官职业发展步骤

1. 少尉

（1）教育。刚任命的军官将在美国陆军化生放核学校学习化生放核军官基础领导课程。化生放核军官基础领导课程强调领导能力、战术、诸兵种合成作战、维护、补给以及体能。其他领域包括化生放核沾染清除、遮蔽行动、危险材料处理，以及化生放核侦察行动。化生放核少尉还要在化生放核训练设施接受训练，接触真正的化学毒剂、生物刺激毒剂以及放射源。

少尉在完成军官基础领导课程后，如果其下一任职需要某种特定训练的话，则有机会参加空降兵或其他学校的学习。计划分配到第 75 突击团的军官要接受突击队员训练。

（2）作战任职。军官基础领导课程的毕业生，能够担任排长，并担任营化生放核军官。这些职位可以是营级助理作战与训练军官或是营级化生放核军官，也可以是化生放核连的职位，它们将培养军官的重要领导能力和化学兵种技能。典型的职位包括营或中队参谋军官、排长（遮蔽排、沾染清除排、化生放核侦察排、生物合成侦察系统排），以及连主任参谋。这些职位将为军官以后的职业生涯打下坚实的基础。被任命到任职周期旅战斗队所属营的军官任期为36个月。

（3）自我发展。尚未获得本科学位的军官必须修完一个本科学历。军官在陆军认可的地方学院和大学，作为全日制住校生完成学位。

（4）所需经验。少尉任期的重点在于获取并提高领导能力和与兵种有关的协调、后勤及行政技能。反复灌输战斗精神和陆军核心价值观对年轻军官的发展十分重要。化生放核少尉还应该熟练执行共同核心任务及兵种任务。晋升为上尉以前，军官们应当深入掌握合同作战及其中的化生放核防护行动。突发事件部署和其他现实作战任务的经验对少尉来说非常宝贵，可以让他们能够在远征陆军中担任分遣队或连级单位指挥官。

2. 上尉

（1）院校教育。军官必须在服役的第三年左右学习化生放核上尉职业课程，以便能够担任分遣队或连级指挥官，以及旅及旅以上的参谋职位。教学集中于指挥、陆军作战、危害预测、计划和实施核生化侦检、洗消、生物检测作业以及保障机动部队的烟幕和喷火行动。另外，军官还接受核目标分析/弱点分析、作战放射性安全和环境管理训练。充分利用计算机模拟技术，加强核生化资源在保障战术作战中的应用。军官从上尉职业课程毕业后，还有机会学习空降兵及其他军事院校课程，为下一任职做准备，如果下一任职需要这种训练的话。

（2）作战任职。学习过上尉职业课程后，上尉应该在旅战斗队任化生放核军官。在这个职位上，军官对该单位的化生放核战备情况有重要影响。

指挥官经历对于在化学兵种内的职业发展非常必要。担任化生放核连长的机会很少，因而竞争激烈。因此许多化生放核军官努力争取担任兵种通用型连长，如营或旅司令部与司令部连等职位。上尉应该积极准备并争取分遣队或连级指挥员职位。

担任过分遣队/连指挥员至少24个月后，军官应该到其他职位任职，以完善领导能力和技术熟练程度，如营级主要参谋军官、军事学院教官、战斗训练中心观察员、控制员、评估员，现役陆军或后备役部队计划教官、美国陆军新兵征募司令部连长，或技术护送营连长或分队长。合格的军官可能被选拔参与其他职业发展，如地方高层次学历教育、联合参谋实习计划，或美国军事学院教员计划。

化生放核上尉的理想发展任职包括：

- 分遣队 / 连长；
- 旅化生放核军官；
- 营主要参谋军官；
- 美国陆军化生放核学校化生放核基础军官领导课程 / 上尉职业课程小组教员；
- 战斗训练中心观察员 / 控制员；
- 技术护送分队队长。

其他任职包括美国军事学院教官、后备役军官训练课程教官或美国陆军化生放核学校教官，以及参谋长联席会议 / 国防部部长办公室实习军官。

（3）自我发展。军官应该花时间完成化学部队的专业阅读计划，以获得对化学部队士兵感兴趣的战术、战略和领导挑战的历史观点。美军非常鼓励军官在学习职业课程的同时进行硕士学位学习。

（4）所需经验。军官在服役的第四年或第七年将确定职能领域考试。该考试将决定军官的职能领域，哪一个最适合该军官服役。3 个职能范畴是：机动、火力与效果，作战支援，部队后勤保障。职能领域取决于陆军需要、军官意向、军事经验以及地方教育程度。部分军官在完成分遣队 / 连长任职后可能会被招进陆军采购部队。

上尉应继续深入掌握合同作战，并熟练掌握所有化生放核军官在上尉级别应该掌握的共同核心任务和兵种任务。这些任务为化生放核作战和领导能力打下了基础，这是上尉越来越重要的级别有效地进行服役所必需的。上尉需要关于指挥原则、营和旅级参谋行动、合同作战及营和旅级化生放核行动的实战知识。

3. 少校

留在机动、火力与效果职能领域中的化生放核军官将在兵种、职能小组（机动支援），或兵种 / 职能领域通用职位服役。其主要职业发展目标是继续加强化学兵战术技能和领导能力；但是，这个级别的军官也开始获得联合、部门间、政府间与多国技能的经验。

（1）院校教育。少校将住校学习中级教育共同核心课程和高级作战战斗课程；成功完成这些课程将有资格获得联合专业军事教育证书。

（2）作战任职。化生放核少校应该积极争取担任营 / 旅主任参谋或作战与训练军官、少校级分队指挥员、旅主要参谋军官、战术化生放核作战军官、特种部队大队或独立旅或团化生放核军官，陆军部或联合参谋部军官或战斗训练中心观察员 / 控制员 / 评估员。许多化生放核军官在化生放核营以外的单位争取主任参谋 / 作战与训练军官职位。其他发展任职包括：美国陆军化生放核学校的兵种主任；陆军、军或陆军司令部 / 陆军勤务组成部队司令部 / 直接报告单位 / 作战司令部参谋；指挥与参谋学院教官和参谋；军事学院教员；化学 / 生物武器控制 / 核查活动职位，或现役陆军 / 后备役部队支援职位。少校也可以在其他兵种 / 通用职位服役，如后备役军官训练团或美国军事学院教官和参谋以及监察长。选拔到利文沃斯堡军事研究高级学校学习的军官将在军司令部或第 20 支援司令部总部担任计划军官。

化生放核少校的理想发展任职包括：

- 营 / 旅级主任参谋或作战与训练军官；
- 少校级指挥官；
- 战术化生放核作战军官；
- 少校级化生放核军官；
- 旅主要参谋军官；
- 陆军司令部 / 陆军勤务组成部队司令部 / 直接报告单位，陆军部、联合参谋部军官；
- 战斗训练中心观察员 / 控制员 / 评估员。

（3）自我发展。少校应当继续努力自我发展以成为化学兵、联合与多国作战各个方面的专家。自我发展应包括函授课程（如国防战略课程）和地方教育。军官应当抽出时间进行职业阅读计划以拓展其作战视野。军官在职业生涯的这个阶段应当努力完成硕士或同等学位。

（4）需要经验。这一衔级要求少校在上尉期间已经完成多样化发展任职，在化学兵少校任职至少 24 个月，并完成中级教育。

4. 中校

（1）院校教育。选入机动、火力与效果职能领域的中校军官应当争取担任责任更为重大的兵种、功能小组和兵种 / 职能领域通用职位。中校的任职目标是争取能为兵种和陆军做更大的贡献并能继续发展联合、部门间、政府间与多国技能的职位。化生放核中校军官的两个最高职位是营长和师化生放核军官。

（2）作战任职。化生放核中校由陆军部考试集中选拔，担任化生放核营营长、旅特种部队营营长、训练营营长、弹药库主官、化学设施主官、供应站主官、基地支援营营长、警备部队司令和征兵营营长。任期一般是 24 个月。

化生放核中校由美国陆军化生放核学校的化学兵种主任选拔，担任师化生放核军官。师化生放核军官的任期在美国本土和朝鲜半岛通常是 24 个月，在德国通常是 36 个月。

化生放核中校的理想发展任职包括：

- 中校级指挥官；
- 师化生放核军官；
- 旅主任参谋或作战与训练军官；
- 军、陆军司令部 / 陆军勤务组成部队司令部 / 直接报告单位、陆军部总部、国防部部长办公室、联合参谋部军官；
- 后备役军官训练团军事科学教授；
- 负责化学 / 生物武器控制 / 核查活动。

其他有挑战性的职位包括负责野外作业机构、美国陆军化生放核学校处长等。

（3）自我发展。进入高级军事学院的选拔竞争十分激烈。军官住校学习，或通过陆军战争学院函授教育课程学习。陆军部总部考试集中选拔参加这两种课程学习的军官。自我发展目标应当是继续积累作战经验和兵种技术知识；以及支持军官的职能领域。

（4）需要经验。这一衔级需要已成功完成对少校的要求，在化学兵中校任职至少 24 个月。

5. 上校

该衔级的主要目标是：在国防部部长办公室、统一作战司令部，以及多国部队需要的职位上，最充分地运用上校军官的战术和技术能力以及行政和领导能力。

化生放核上校将被任命到各军种及兵种 / 职能领域通用职位中的指挥员和资深参谋职位。

以下发展职位对化生放核上校十分重要：

- 上校级指挥员；
- 美国陆军化生放核学校副校长；
- 军或集团军化生放核军官；
- 陆军司令部 / 陆军勤务组成部队司令部 / 直接报告单位、陆军部总部、国防部部长办公室、或联合参谋部（师长级）；
- 陆军、陆军司令部 / 陆军勤务组成部队司令部 / 直接报告单位、或作战司令部化生放核军官；
- 美国陆军化生放核学校校长。

该军衔要求上校已成功完成对中校的要求，并已在化学兵种作为上校任职至少 12 个月。

## 三、后备役化生放核军官

### （一）后备役化生放核军官发展路线图

化学兵后备役部队军官的发展目标基本上与现役陆军同类军官类似。初级军官必须在拥有化学兵种任职的丰富经验后，方可担任专业岗位。美国陆军化生放核部队后备役军官在化学兵战斗支援任务中起着至关重要的作用。化生放核部队中后备役部队所占比例高，占化学兵相关编制 1/2 强。因此，现役陆军和后备役部队之间的相互联系和相互协作必不可少。后备役化生放核军官发展模式路线图如图 6-2 所示。

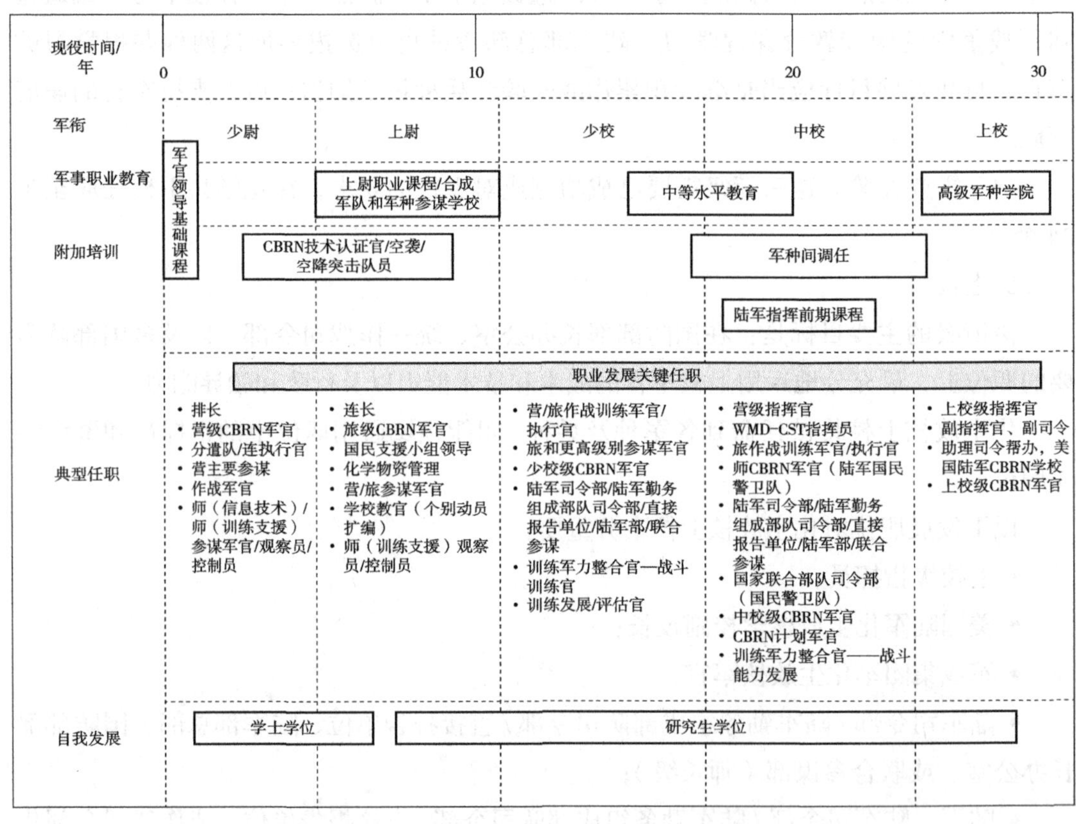


图 6-2　后备役化生放核军官发展路线图

虽然后备役化生放核军官受地理因素的局限，他们仍应努力争取能提供与同类现役陆军军官一样的发展机会。后备役部队的职业发展经常因为部队地域分布分散而受到限制。在一个地区内化生放核部队可能难以提供足够的职位供军官继续发展，因此后备役部队司令部有计划地安排军官轮流到挑战性逐渐增强的化生放核职位任职，这对培养最为合格的化生放核军官至关重要。

• 为了达到美国陆军职业发展目标，化生放核部队军官必须愿意在部队规划单位、第一类后备役部队、动员扩编单位、联合后备役部队单位和第一类后备队扩编单位，以及现役陆军国民警卫队后备计划之间轮流任职。

• 陆军国民警卫队的职业发展目标与美国陆军后备役部队不同，因为陆军国民警卫队中军官在部队规划单位之间调动，通常不出本人所在的州。陆军国民警卫队军官还有可申请在现役国民警卫队后备役计划中服役。

• 这些调动是为克服地理因素限制，也是为尽可能多的军官提供机会，使他们能够拥有在领导和参谋职位上的带兵经历，或完成专业军事教育的要求。这种调动通常是临时的，因而不视为对军官职业发展有消极的影响。后备役部队化生放核军官的成功与否，不应以在任何一个部门或控制组的服役期长短来衡量，而应以其经验的广博程度、任职表现好坏以及是否符合兵种发展目标而定。军官达到上尉级别可选择申请一个职能领域。现役国民警卫队后备役军官达到上尉或少校军衔可申请一个职业领域。

第一类后备役化生放核部队军官可在现役陆军的增援训练部队、动员扩编部队、军事设施或陆军部总部机关任职，或参加现役特别工作、年度训练、现役临时勤务。军官也可通过在第一类后备役部队中任职完成专业军事教育的要求。

### （二）后备役化生放核军官职业发展步骤

后备役部队化生放核军官职业发展的要求，参加军事院校学习并结合有计划地在化生放核部队或职位上任职。化生放核军官要在各级别获得所需的兵种经验，在某一个职位上的任期长短不重要，关键是担任职务要有多样性以及在每个职位上有基本足够的时间。后备役化生放核军官任职的理想目标是：尉级军官要在化学兵兵种编码职位上至少一次任职，共 24 个月，而校级军官则在化学兵兵种编码职位上至少有两次任职，共 48 个月。后备役化生放核军官应寻求拥有以下经历。

1. 少尉

新任命的后备役化生放核军官要在美国陆军化生放核学校学习化生放核军官基础领导课程。在化生放核军官基础领导课程学习期间，化学兵少尉军官还要在化生放核训练设施接受培训，接触真正的化学毒剂、生物刺激毒剂以及放射源。美国陆军后备役少尉军官必须在军官服役的第二年结束之前，修完化生放核军官基础领导课程。陆军国民警卫队军官在军官服役的第 18 个月末前必须修完化生放核军官基础领导课程。

军官应该谋求担任排长、连执行官或营助理作训参谋 / 化生放核军官。担任这些职位为化生放核军官的后续发展将打下坚实的基础。

少尉军官还应当熟练掌握共同核心业务。

2. 上尉

所有军官都应该修完上尉职业课程，最好是在陆军化生放核学校住校学习上尉职业课程。

但未能住校学习化生放核上尉职业课程的军官，可通过远程课程学习与在美国陆军化生放核学校住校培训相结合的方式，来取得学分。

军官应该争取担任相当于旅 / 大队级化生放核军官或其他的旅级参谋的职务。连长对于可持续的职业发展来说是个十分理想的职位。大规模杀伤性武器民事支援队中的测量队长是国民警卫队中十分理想的具有发展前途的职位。

化生放核上尉应继续熟练掌握共同核心业务，还应投入时间完成化学兵专业阅读计划，以获得与化学兵有关的战术、技术、战略和领导能力方面的历史视野。取得陆军认可的大学或学院的学位是晋升上尉的必要条件。

化生放核军官任职的理想目标是在化学兵任职期间，在至少一个职位上服役满 24 个月。

3. 少校

少校修完中级教育共同核心业务课程是发展和进步的关键。

有利于少校军官发展的职位包括：军支援司令部、独立旅、装甲骑兵团和大队化生放核军官；营执行官和作训参谋；师或其他少校级参谋职位。

化生放核少校应当继续努力自我发展，成为化学兵、联合军种及多国部队作战方面的专家。并且还要精通一个职能领域。应当投入时间进行职业阅读计划以扩展战斗视野。少校应当努力取得陆军认可的学院或大学的硕士学位，但这并不是晋升中校的必然条件。

4. 中校

修完中级教育共同核心业务课程是晋升中校的必然要求。中级教育需要在晋升中校后的 3 年之内完成。

中校军官在其职业生涯中，如果还未取得一定广度的化生放核经验，可通过修完美国陆军化生放核学校开设的高级指挥官资格课程进行弥补。设计该课程的目的在于弥补化生放核职业发展的差距，并恢复军官由于时间流逝而遗忘的技能。

中校军官职位包括：中校级参谋、化生放核营长或其他营级指挥官、国民警卫队、州联合军种总部参谋以及师化生放核军官等。

美军不鼓励未经化生放核培训或不具备这方面经验就任中校级化生放核职务。完全成功的任职需要在化生放核部门的长期实践，通过实践才能掌握相关军事艺术，培养相应的技能和才干或选派住校 / 非住校就读高级军种学院。

自我发展的目标应当放在继续加强作战与专业技术能力，并在适当的时候寻求在职能领域的发展。

5. 上校

上校在其职业生涯中，如还未取得化生放核军官的经验，可以通过修完美国陆军化生放核学校开设的高级指挥官资格课程进行弥补。

该衔级军官可以担任的化生放核职位包括化生放核旅旅长、化生放核旅副旅长及高级参谋。

美军不鼓励未经化生放核培训或不具备这方面经验就任上校级化生放核职务。成功的任职需要在化生放核部门的长期实践，通过实践才能掌握相关军事艺术，培养相应的技能和才干。

## 第二节　陆军化生放核准尉职业发展

化生放核准尉在化生放核防护领域提供资深的专业技术支持，其军职专业符号为740 A。

### 一、基本职责

化生放核准尉的职责是计划、运用和协调化生放核系统，支持联合、机构间、政府间与多国和合成部队行动。他们在化生放核模拟、仿真和危害预测领域提供广泛的专业技术支持，担任事务专家，为指挥官（从营级到集团军级）提供关于全域化生放核行动和危害方面的建议。此外，化生放核准尉计划、建议和评估化生放核训练活动，同时计划、建议和评估化生放核防护系统的维护。最后，他们筹划化生放核部队与人员的训练、作战、补给和维护。

化生放核准尉在以下方面计划、协调和指导化生放核行动和训练：

- 化生放核弱点评估；
- 多谱段遮蔽；
- 敏感场地探测与评估；
- 化生放核侦察；
- 化生放核洗消；
- 化生放核部队防护；
- 应对大规模杀伤性武器，包括不扩散、反扩散、后果管理和有毒有害物质（包括有毒化学工业品和有毒工业物质）的鉴定；
- 对地方当局实施国防支援。

## 二、职业教育

化生放核准尉通常可以在该军职专业渡过整个职业生涯。化生放核准尉可以在美国陆军的各单位任职。一级、二级准尉主要关注自己从事的基本军职专业 / 关注领域。随着一级、二级准尉获得更多的经验和训练，他们的重点和专业知识有所变化，从基本军职专业 / 关注领域转为将所属兵种 / 专业领域内的其他系统与陆军级、联合部队级和国家级系统整合在一起。一般的准尉职业发展任职分为 4 个主要阶段。

### （一）入门级

准尉的征召要根据陆军的需要。申请一旦得到批准，申请人必须进入由准尉任职中心（位于阿拉巴马州卢克堡）设立的候补准尉学校学习，或者分两个阶段进入由州陆军国民警卫队开设的地区训练学院学习。此类课程是检验候补准尉在精神、情感和身体方面的抗压能力，以确定他们能够进入准尉队伍。课程重点是共同科目的学习，培养所有准尉都需具备的技能、知识和行为方式。课程结束后，候补准尉才有资格被任命为一级准尉，但是还不能从事关注领域 / 军职专业的工作。

### （二）一级准尉 / 二级准尉

从候补准尉学校毕业后，一级准尉必须参加由主管学校开设的准尉基础课程。准尉基础课程提供职能培训，培训内容是关于可供申请的关注领域 / 军职专业，课程在候补准尉学校进行的领导者培训的基础上，进一步加强领导者培训。

化生放核准尉基础培训班由美国陆军化生放核学校开设，为期 16 周，为化生放核准尉提供技、战术业务知识，使其胜任机动保障 / 区域保障连和技术护送小组领导助理职责。大纲涵盖化生放核和有毒有害物质作战，以及合成部队作战。成功完成准尉基础课程的学习后，分派准尉军职专业 740A，还会任命第一次作战职务。作战任职会持续几年时间。在这期间，准尉应当继续培养自己，包括争取参加地方教育，达成教育目标。为获得具备晋升二级准尉的资格，需接受地方教育，取得与军职专业 740A 相关学科的大专或与大专相当的学位。

晋升二级准尉之后，准尉可以参加学习准尉高级课程所需的先期课程——与军职专业 740A 无关的课程，由准尉任职中心合办的职业教育部门管理。完成先期课程的学习后，二级准尉可以入校学习准尉高级课程。二级准尉服役 1 年后，可以学习准尉高级课程，但是参加准尉高级课程学习的时间不得迟于晋升三级准尉后的第一年。化生放核准尉高级培训班由美国陆军化生放核学校开设，为化生放核准尉提供技、战术业务知识，使其胜任旅级或更高级化生放核准尉职责。培训大纲涵盖化生放核和有毒有害物质作战，以及合成部队作战。

### （三）三级准尉 / 四级准尉

三级准尉应当积极主动地接受地方教育，达成教育目标，在具备晋升四级准尉的资格前，获得军职专业 740A 相关学科的学士学位。三级准尉服役 1 年后，将参加在准尉任职中心开办的准尉参谋课程，参加课程学习的时间不得迟于晋升四级准尉后的第一年。一些主管部门可能还会为三级准尉提供后续的职能训练。美陆军化生放核学校正致力于建立准尉中级教育技术阶段，这符合《陆军准尉 2025 战略》要求。建立准尉中级教育技术阶段的目的是，确保中级和高级准尉在其职业领域接受最新的技术和功能更新。核武器短训班和战区核行动班已经向化生放核准尉开放。完成这两个班的学员可获得 5H 技术标识符。军级化生放核准尉岗位将被编为 5H。最近，化生放核学校已经和美国教育委员会合作，评估化生放核准尉职业军事教育，确定为化生放核准尉基础培训班和高级培训班毕业学员推荐大学准学士和学士学位文凭。

### （四）五级准尉

准尉在晋升至四级一年，晋升至五级未满 1 年的时候，应当参加在准尉任职中心开设的准尉高级参谋课程。而且，主管学校可能提供准尉高级参谋课程的后续训练。准尉完成准尉高级参谋课程，并晋升至五级准尉后，将在职业生涯的剩余时间里担任为五级准尉指定的职位。

## 三、化生放核准尉计划

为解决技术人才不足的问题，美陆军化学兵从 2011 年 8 月开始实施化生放核准尉计划，预计 2027 年完成。该计划建议成立一个新的军事专业——化生放核准尉，为陆军各级部队提供有关现有装备和新技术方面的化生放核专业技术人才。其主要内容包括：（1）将化生放核准尉纳入化生放核编制内。（2）用化生放核准尉替代野战炮兵、防空炮兵和军事情报营中的化生放核尉官。（3）在各级化生放核部队中编配不同级别的化生放核准尉。在该计划中，美陆军化生放核学校提议用化生放核准尉部分替代化生放核军官，允许化学兵在保持现有军官职业发展模式的同时，建立一个准尉的职业发展模式。

化生放核准尉计划要求将 13% 的化生放核军官转换为化生放核准尉。陆军和陆军预备役部队具体的职位转换见表 6-1。

表 6-1 化生放核军官转换对比

<table>
<tr><th colspan="3">陆军和陆军国民警卫队</th><th colspan="3">陆军后备队</th></tr>
<tr><th>原军官级别</th><th>原军官名称</th><th>拟转换准尉</th><th>原军官级别</th><th>原军官名称</th><th>拟转换准尉</th></tr>
<tr><td rowspan="2">少尉</td><td>野战炮兵营、军事情报营和防空营中的化生放核军官；化学营情报部门主官助理</td><td>二级准尉</td><td rowspan="2">少尉</td><td>军事情报营中的营级化生放核军官；化学营情报部门主官；装备编配机构的化生放核军官</td><td>二级准尉</td></tr>
<tr><td>化学营作战与训练部门主官助理；技术护送营和战斗保障旅的化生放核军官</td><td>三级准尉</td><td>化学营作战与训练部门主官</td><td>三级准尉</td></tr>
<tr><td rowspan="3">上尉</td><td>爆炸器材处理小组、军需官小组和第 20 保障司令部的化生放核军官；美国陆军化生放核学校的器材发展军官</td><td>三级准尉</td><td rowspan="3">上尉</td><td rowspan="3">化学旅情报部门主官；装备编配机构的化生放核军官</td><td rowspan="3">四级准尉</td></tr>
<tr><td>化学营情报部门主官助理；师或军化生放核参谋</td><td>四级准尉</td></tr>
<tr><td>化学旅作战与训练部门主官助理；美国陆军化生放核学校的教官或团级准尉</td><td>五级准尉</td></tr>
<tr><td>少校</td><td>陆军参谋</td><td>五级准尉</td><td>少校</td><td>化学旅作战与训练部门主官</td><td>五级准尉</td></tr>
</table>

至 2016 年年底，化生放核准尉计划已为美陆军培养了 85 名化生放核准尉，分布于现役陆军、陆军后备队和陆军国民警卫队。美国陆军化生放核准尉计划预计要到 2027 财年才能彻底实现，第一批五级准尉和 289 个完全联合的陆军化生放核准尉将得到任命，见表 6-2。

表 6-2 2027 财年美军化学兵化生放核准尉组成

| 组成 | 二级准尉 | 三级准尉 | 四级准尉 | 五级准尉 | 总计 |
|---|---|---|---|---|---|
| 陆军 | 83 | 32 | 14 | 7 | 136 |
| 陆军国民警卫队 | 77 | 25 | 7 | 1 | 110 |
| 陆军后备队 | 19 | 14 | 7 | 3 | 43 |
| 总计 | 179 | 71 | 28 | 11 | 289 |

美军化学兵 2017 年第二季度举行了首批化生放核三级准尉晋衔仪式。随着化生放核准尉晋升为三级准尉，军级化生放核准尉岗位将过渡为四级准尉岗位，师级化生放

核准尉岗位仍将保持三级准尉级别。化生放核学校将提交军事职业分类和构成建议以巩固四级准尉岗位。该建议将提供职业分类和构成指南，以规范化生放核四级准尉岗位的分类标准。

美陆军化生放核学校正在扩大三级准尉的任命机会，包括到联合计划执行办公室、埃奇伍德化生中心和橡树岭实验室等单位任职。接受工业训练的人选将参加为期 1 年的工业训练，并作为需求确认处的职员担任 2 年装备研制人员，这符合美军《陆军准尉 2025 战略》要求。

## 第三节　陆军化生放核军士职业发展

化生放核军士服务于陆军所有作战部队，包括战斗旅 / 团、航空兵、突击和特种部队、后勤部队、作战支援部队及各种化学机构。化生放核军士是化生放核防护的重要角色。另外，必须准备防卫突发事件，无论是平时军事行动还是作战行动。

### 一、基本职责

化生放核军士的职责是计划、实施和评估单兵和集体化生放核训练，针对所有化生放核行动与危害向各级指挥官提供建议；还包括计划、部署和协调用以保障联合军与合成军作战行动的化生放核防护系统。另外，化生放核军士还协调资源和力量，以实施大规模杀伤性武器部队防护计划、后果管理、对地方当局的化生放核防护支援、化生放核弱点分析、多谱烟幕遮蔽、化生放核敏感场所评估与探测、大规模杀伤性武器清除、技术护送行动、化生放核侦察和化生放核洗消。

### 二、现役化生放核军士

化生放核军士成长为专业的军士，他们必须着重连队中的领导职务。旅和师参谋任职将增加他们的综合专业知识。65% 的军士将任职在陆军营和营以下单位，35% 在其他单位的职位上。突发事件处置经历或其他实际的业务任职，对于提高军士在远征部队的职责水平是很有价值的。

有些任职因为自身的特点可以提供获得更多知识和经验的机会。这些职位长期影响陆军和化生放核任务，且特别具有挑战性。军士应在职业的各个阶段寻求一个以上这样的职务。军士还应寻求更难的、更有专业价值的组长 / 班长助理、组长、班长、副排长和分队军士长等领导职务。他们应在营到师的任职中寻求职业发展。

陆军化生放核军士发展路线图如图 6-3 所示。

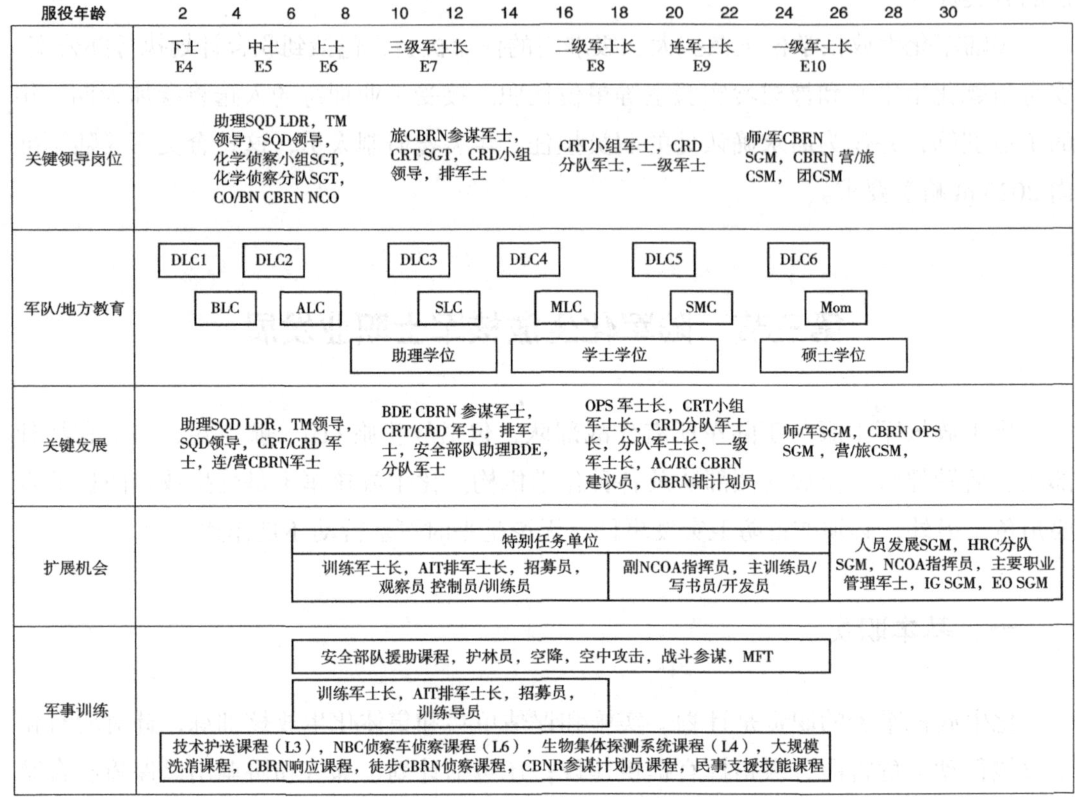


图 6-3　美国陆军化生放核军士发展路线图

## （一）列兵 - 专业下士 / 下士

### 1. 院校教育

化生放核士兵入伍训练完成后，学习士兵领导力课程。士兵领导力课程不分兵种，为士兵提供基本领导训练，使其胜任小分队领导职务。该班次培训士兵掌握两种化生放核能力：提交 NBC 1 报告；用 NBC 4 报告化生放核信息。

### 2. 作战任职

这一阶段的重点是为化生放核军士在装备、基础军职专业技能和通用军士任务方面打下坚实的技术知识基础，担任化生放核军士或洗消专业下士。

### 3. 自我发展

士兵必须学习并掌握以下军事出版物：士兵训练出版物 STP 21-1、战地手册 3-21.5、战地手册 3-25.26、战地手册 21-20、战地手册 4-25.11、战地手册 21-75、陆军条令 670–1、战地手册 3–11、战地手册 3–11.3、战地手册 3–11.4 及 3–11.5、战地手册 3–11.11，所有与装备有关的 10 级维修手册，以及与其岗位相关的作战训练内容。

推荐书籍:《星船伞兵》《给加西亚的信》《被遗忘的士兵》（萨杰著）《杀手天使》（迈克尔·沙拉著）；陆军参谋长阅读书目和化学兵主管阅读书目中包括用于自我发展的其他附加阅读材料。

美军为没有受过正式教育的士兵设立大学水平考试以及国防非传统教育支持活动，士兵根据自身需要进行选择，还有充足的机会注册各类函授课程来实现个人教育目标。通用技术考试分数低于 100 的士兵应通过“学院职能性技能培训”来提高自身水平。参加英语写作和基础数学等国民教育课程，将有助于士兵应对武装部队分类考试并增加晋升机会。

陆军函授课程同样有助于发展继续教育、提高领导能力以及技术水平。有关教育信息可登录陆军继续教育系统网站查询。大学水平考试以及国防非传统教育支持活动同样可以将所学知识和技能转为大学学分。大学教育是自我发展计划的一个重要部分，应该根据“军队人员陆军大学学位计划”网站信息攻读与其岗位相关的大学学位。士兵也可在美国陆军在线学习门户网站“加入陆军”注册，该学习网站为士兵提供在线攻读学位的机会。

士兵委员会，如季度或年度委员会能够拓宽士兵知识面、灌输纪律并提高士兵口头交流的能力。

士兵也可以通过技术认证获得晋升积分，有关上述及其他教育信息可访问所在军事基地的陆军教育中心。

4. 附加培训

附加培训有：技术护送（附加技能标识 L3）、生物一体化探测系统（L4）、化生放核侦察（L5/L6）、突击队员（V）、空降（P）和空袭（2B）。

### （二）中士

1. 院校教育

士兵领导力课程（不作为晋升中士的条件）。

2. 作战任职

该阶段职业发展的重点是建立装备技术、军职专业技术和一般士兵的坚实基础。这样可成为化生放核操作专业军士或洗消专业军士。该阶段的核心是战术岗位，培养军士领导士兵的才能，拓展技术专长，并打牢战术知识基础。技术经验可以通过在非化学兵单位任职获得。中士应该寻求在化学连任职，担任班长 / 组长助理，以培养他们的领导能力。这些职位可以为初级军士提供更多必要的领导岗位。

3. 自我发展

中士必须学习并掌握以下军事出版物：士兵训练出版物 21-24、战地手册 1、战地手册 3-0、战地手册 6-22、战地手册 7-0、战地手册 7-1、战地手册 3-21.18、战地手册 3-21.5、战地手册 3-11.9、战地手册 3-11.14，所有与装备有关的 10 级维修手册以及其岗位相关的作战训练内容。

推荐书籍:《谁动了我的奶酪》《杀手天使》《小部队指挥》（麦克马龙）《军士故事录》（美国军事历史中心 70-38）；著名军事家著作（拿破仑、格兰特、罗伯特·李、约翰·潘兴、巴顿、布莱德利、李奇微、威斯特摩兰、施瓦茨科普夫）；陆军参谋长阅读书目和化学兵主管阅读书目中包括用于自我发展的附加阅读材料。

中士应该根据“军队人员陆军大学学位计划”网站信息攻读与其岗位相关的大学学位。

士兵季度或年度委员会能够拓宽士兵知识面、灌输纪律并提高士兵口头交流的能力。

陆军函授课程同样有助于发展继续教育、提高领导能力以及技术水平。

中士也可以通过技术认证获得晋升积分。

4. 附加培训

技术护送（附加技能标识 L3）、生物一体化探测系统（L4）、化生放核侦察（L5/L6）、化生放核应急（R）、突击队员（V）、空降（P）、空袭（2B）、征兵（4）、训练军士（X）和教官（8）。

5. 特别任职

征兵人员、训练军士、特种任务单位和突击队员。

## （三）上士

1. 院校教育

基础军士课程（不是晋升到上士的前提条件）。该培训班一般为期 15 周，通过训练，学员将成为一名核生化连班长和一名非化学连或营的化生放核军士。课程的目标是：军士能在化生放核行动中向连 / 营指挥员提出建议，训练非化学士兵掌握核生化规避、洗消和防护方法，指挥烟幕 / 洗消班的技术和战术技能。该培训班的第二阶段是职业管理领域的技术训练，教授化生放核军士战术和技术，以及如何将这些知识运用到瞬息万变的 21 世纪战场。

2. 作战任职

该阶段的重点是提高领导技能和战术技术经验。任职包括化学侦察分队组长助理、组长、班长和化生放核军士。上士应寻求领导职务并持续 18～24 个月。该阶段，上士应避免连续在配给与津贴表任职，并在参谋和领导任职中多样化。

3. 自我发展

上士必须学习并掌握以下军事出版物：士兵训练出版物 21-24、陆军部手册 600-25、战地手册 3-11.21、战地手册 3-11.34、战地手册 3-11.50、战地手册 3-11.100，所有与装备有关的 10 级维修手册以及其岗位相关的作战训练内容。

推荐书籍：继续阅读著名军事家著作（拿破仑、格兰特、罗伯特・李、约翰・潘兴、巴顿、布莱德利、李奇微、威斯特摩兰、施瓦茨科普夫）；《小部队管理》（手册或自动化数据处理系统，斯塔克波尔丛书）《军士家庭指南》（1985）；陆军参谋长推荐书目、陆军知识在线和陆军链接大全，《陆军领导力》包含更多有关自我发展的阅读材料。

上士应根据"军队人员陆军大学学位计划"网站信息攻读与其岗位相关的大学学位。该阶段，上士应尽力获取副学士学位。士兵有充足的机会注册各类函授课程来实现个人教育目标。

陆军函授课程同样有助于发展继续教育、提高领导能力以及技术水平。

上士应考虑参加适合自己的技术类课程，获得国家认可的技术证书。士兵也可以通过技术认证获得晋升积分。

4. 附加培训

技术护送（附加技能标识 L3）、生物一体化探测系统（L4）、化生放核侦察（L5/L6）、化生放核应急（R）、训练军士（X）、教官（8）、训练发展者（2）、征兵人员（4）、突击队员（V）、空降（P）、空袭（2B）、跳伞长（5W）和作战参谋课程（2S）。

5. 特别任职

征兵人员、训练军士、小组长、特殊任务单位、突击队员和化生放核观测仪管理员。

## （四）三级军士长

1. 院校教育

高级军士课程和分队军士长课程（根据陆军条例 614–200 的规定，在初次担任分队军士长职位前要参加此课程）。该课程一般为期 13 周，培训内容包括高级技术行动、危害评估、后勤和维修管理、联合兵种作战、烟幕和喷火保障以及训练管理。

2. 作战任职

这一阶段的重点是在战术和参谋职位任职，成为化生放核排军士、旅一级化生放核军士和师或军级核生化分队的化生放核军士。例如副排长、分队军士、化生放核参谋军士、组长和作战军士。该阶段的三级军士长应寻求领导职务，如副排长、分队军士。通过参谋职位任职，应该寻求提高他们的作战技能。他们应该在这些职位或复合职位上任职累计达24～36个月。

3. 自我发展

阅读专业书籍或参加大学课程都能够提高高级军士的组织管理能力，从而更有效地训练、指导并教育士兵。因此，要尽量完成某个学位的课程学习，或者修满针对某学科的两年大学学分，不断提高在化生放核领域的能力，并拓宽专业和理论知识。大学学位不是晋升的前提条件，但在选拔过程中将会成为一个决定因素。

该级军士必须学习并掌握以下补充的军事出版物：陆军条令350-1、战地手册21-31、陆军条令750-1、陆军条令220-1，所有与装备有关的10级维修手册以及其岗位相关的作战训练内容。

推荐书籍：《昔日雄鹰》、《指挥官战场指南》（第10版）；继续阅读著名军事家著作（拿破仑、格兰特、罗伯特·李、约翰·潘兴、巴顿、布莱德利、李奇微、威斯特摩兰、施瓦茨科普夫）；陆军参谋长阅读书目和化学兵主管阅读书目中包括用于自我发展的附加阅读材料。

三级军士长最好能在服役12年时获得副学士学位，并继续攻读更高学位。三级军士长在提高管理和说服能力的同时，必须继续保持自身技能。对三级军士长而言，有必要学习组织行为学、人事管理、时间管理、陆军作战、作战参谋职责等重点科目。

陆军函授课程同样有助于发展继续教育、提高领导能力以及技术水平。

三级军士长应考虑参加适合自己的技术类课程，获得国家认可的技术证书。士兵也可以通过技术获得晋升积分。

4. 附加培训

化生放核侦察与监视（附加技能标识R&S）、分队领导力课程（L1）、技术护送（L3）、生物一体化探测系统（L4）、化生放核侦察（L5/L6）、化生放核应急（R）、训练军士（X）、教官（8）、训练发展者（2）、征兵人员（4）、突击队员（V）、空降（P）、空袭（2B）、跳伞长（5W）、均等机会顾问（Q）和作战参谋课程（2S）。

5. 特别任职

训练军士、小组长、征兵员、教官/文书、均等机会顾问、化学顾问、现役陆军/预备役部队、五角大楼部队防护局、士兵职业发展顾问、特别任务部队单位和突击队员。

### （五）二级军士长/分队军士长

1. 院校教育

分队军士长课程（根据陆军条例614-200的规定，在初次担任分队军士长职位前要参加此课程）。

2. 作战任职

担任分队军士长至少 18～24 个月（由一次或多次任命组成）将有助于职业发展。其他任职是分队军士、小组军士、化生放核军士和作战军士。

3. 自我发展

随着军士衔级不断提升，自我激励发展变得更为重要。阅读专业书籍或参加大学课程都能够提高高级军士的组织管理能力，从而更有效地训练、指导并教育士兵。有限的授权认证和激烈竞争使得国民教育成为高级军士晋升一级军士长的衡量依据。因此，要尽量完成某个学位的课程学习，或者修满针对某学科的两年大学学分。依然鼓励继续国民教育（攻读副学士和学士学位）。

二级军士长 / 分队军士长应学习和掌握以下军事出版物：陆军条令 601-280、陆军条令 600-20、陆军部手册 611-21、陆军条令 840-10 和陆军条令 220-1。

推荐书籍：《遥远的桥》、《乔治 · 华盛顿与美国军事传统》、著名军事将领的著作。陆军参谋长阅读书目和化学指挥员阅读书目中包括用于自我发展的附加阅读材料。

二级军士长也需要继续有效学习利用其他课程，并将职能培训纳入学习重点。这些士兵必须认识到他们作为高级军士应履行的新职能，并通过职能培训更好地了解陆军的管理方式，从而能够改变和改进整个陆军系统，为所在部门的发展贡献力量。

陆军函授课程同样有助于发展继续教育、提高领导能力以及技术水平。

可以通过“在线获取证书机会”网站提供的国民教育类技术认证考核来实现职业的进一步发展。

4. 附加培训

分队军士长课程（附加技能标识 M）、空降（P）、化生放核应急（R）、技术护送（L3）、空袭（2B）、跳伞长（5W）、突击队员（V）和作战参谋课程（2S）。

5. 特别任职

主管教官 / 文书、部门主管、军士学院、士兵职业发展顾问、化学顾问、现役部队 / 预备役部队、特别任务部队单位和突击队员。

### （六）一级军士长 / 部队军士长

1. 院校教育

美国陆军一级军士长学校（晋升一级军士长 / 部队军士长的条件）。

2. 作战任职

该衔级可以在所有战术、技术、行政和领导技能职位任职。一级军士长在各种兵种司令部和高级参谋职位任职，包括从旅到陆军参谋任职、陆军物资司令部、一级军士长支持部门、营或旅相应部队军士长和地区部队军士长的职位。

3. 自我发展

一级军士长 / 部队军士长应向更高学位目标努力，获得所选专业的硕士学位。阅读专业书籍或参加大学课程都能够提高高级军士的组织管理能力，从而更有效地训练、指导并教育士兵。由于他们沟通大量士兵，要求他们具备出色的沟通能力。因为一级军士长 / 部队军士长经常代表司令部或陆军履行公共职能，社交以及公共关系技能也是很重要的。

一级军士长 / 部队军士长需要阅读相关出版物，包括指挥专业系列读物、陆军参谋长必读书目、陆军知识在线、陆军在线、陆军领导力等。坚持阅读国际政治、地缘政治以及有关陆军作战和当今战斗理论的战场手册，将有助于加强领导者的知识基础。

陆军函授课程同样有助于发展继续教育、提高领导能力以及技术水平。

可以通过“在线获取证书机会”网站提供的国民教育类技术认证考核来实现职业的进一步发展。

4. 附加培训

空降（附加技能标识 P）、技术护送（L3）、空袭（2B）、教官（8）、作战参谋课程（2S）和跳伞长（5W）。

5. 特别任职

五角大楼部队防护局和特别任务部队单位。

## 三、后备役化生放核军士

后备役部队化生放核军士在化学兵中占比例很大，他们必须具备与现役陆军相同的资格和职责。除美国大陆以外，其职业任职与现役陆军士兵一致。单位的地理分布可限制职业发展中的职位变化，士兵被迫到离家较远的地方寻找可以提高职业发展的任职。各级预备役部队士兵都可以参加军士教育系统，可通过陆军院校系统获得院校教育。预备役部队通过其应急军事响应（每个州的国民警卫队）能力为国家应急提供帮助，或为地方政府（陆军预备役或国民警卫队）提供防卫保障。预备役部队化生放核军士要获得和保持一定的国家证书，以保证其在这一任务领域的可用性，这是非常重要的。预备役部队为维和与突发事件处置提供援助。为完成作战任务，预备役部队单位与作战指挥部保持一致，在战时进行部分或全部动员，以加强或接替现役陆军。国民警卫队大规模杀伤武器民事支援分队提供职业发展任职和培训，这些只在国民警卫队可以获得。

## 第四节　海军陆战队化生放核军官与军士训练

美国海军陆战队将训练级别划分为 1 000—9 000 9 个级别。其中 1 000 级和 2 000 级是单兵训练，3 000 级及以上级别是集体训练。1 000 级训练是指在入门级正规院校接受的个人核心技能训练，2 000 级训练是指在作战部队在职训练期间或后续院校中接受的单兵核心附加技能训练。

### 一、化生放核军官

#### （一）1 000 级训练

无。

#### （二）2 000 级训练

化生放防护训练包括管理（AMD）、应对大规模杀伤性武器（CWMD）、后果管理（CCM）、塑造（SHP）、感知（SNS）、维持（SUS）和训练（TRG）。

1. 5702-ADM-2001：管理部队化生放核标准作战程序

根据部队的使命任务和指挥官的要求，部队可能需要化生放核标准作战程序。若有需要，标准作战程序包括：部队化生放核训练需求，化生放核分队需求及部署政策，装备配发，报警与报告指南，用于受污染部队的化生放核防护措施、程序与重点，以及其他任何指挥官想以标准作战程序或命令形式发布的与化生放核有关的事务或问题。如果接到命令，化生放核人员必须确保标准作战程序满足指挥官的意图和要求，并与可用的参考文献的格式保持一致。

2. 5702-ADM-2002：管理化生放核维修计划

化生放核维修管理计划包括出版物和装备。部门人员职能也划分为实施装备维修和出版物控制两部分。

3. 5702-ADM-2003：实施化生放核战备检查

化生放核战备检查由上级司令部使用功能领域清单和命令生成检查清单，以内部或外部形式实施管理。

4. 5702-ADM-2004：管理化生放核战备检查计划

海军陆战队将检查作为评估战备的一种方式。化生放核人员实施检查，确保部队能够在化生放核环境下遂行其担负的使命任务。最通用的检查包括司令官检查计划（CGIP）、作战准备评估和后勤准备评估。

5. 5702-ADM-2005：监管化生放核战备报告

评估化生放核训练与装备数据，验证化生放核训练与装备战备水平，向战备军官报告数据，就化生放核战备问题向指挥军官提供建议。

6. 5702-CCM-2001：制订后果管理行动化生放核支援计划

化生放核人员为后果管理行动提供支援，减轻化生放核事件的危害效应，在恢复重要行动和服务方面协助伙伴国或同盟国，恢复战斗行动或者从化生放核事件中复原。后果管理行动可能发生在军事行动期间，可能需要支援友军或盟军（国外后果管理），或者在美国本土作为国内支援地方当局的一部分。

7. 5702-CWMD-2001：在制订计划过程中考虑为应对大规模杀伤性武器行动提供化生放核支援

化生放核人员为被动防御、化生放核后果管理等应对大规模杀伤性武器行动，以及所有应对大规模杀伤性武器军事任务领域中的参谋判断提供支援。

8. 5702-CWMD-2002：为大规模杀伤性武器威胁降低合作提供化生放核支援

9. 5702-CWMD-2003：为大规模杀伤性武器安全合作与伙伴行动提供化生放核支援

10. 5702-CWMD-2004：为大规模杀伤性武器拦截行动提供化生放核支援

11. 5702-CWMD-2005：为大规模杀伤性武器进攻行动提供化生放核支援

12. 5702-CWMD-2006：为大规模杀伤性武器清除行动提供化生放核支援

13. 5702-CWMD-2007：为化生放核主动防御行动提供化生放核支援

14. 5702-EQP-2001：管理化生放核装备

15. 5702-SHD-2001：拟订化生放核防护行动计划

化生放核屏蔽包含个人防护和集体防护，这些措施对于减轻化生放核危害效应至关重要。保护部队免受化生放核危害，可能包括加固系统和设施，防止或减少个人和集体的暴露，协调医学预处理或医学对策，以及协调医学预防。

16. 5702-SHP-2001：拟订化生放核塑造行动计划

化生放核塑造是向指挥官描述化生放核危害的能力。化生放核塑造是对整个战场环境中相关的化生放核防护资源信息进行自动或人工收集与融合。化生放核塑造支持潜在或进行中的军事行动的任务规划、决策活动以及风险评估。化生放核塑造向指挥官提供可靠的、实时/近实时的作战背景下的化生放核危害环境通用作战态势图。

17. 5702-SNS-2001：拟订化生放核感知行动计划

进行化生放核威胁分析和化生放核弱点评估，确定化生放核沾染规避措施，拟订化生放核侦察装备运用计划，拟订化生放核侦察与监视计划，监测与报告化生放核危害态势。

18. 5702-SUS-2001：拟订化生放核维持行动计划

化生放核维持，包括实施化生放核危害减轻行动以使战斗力快速恢复，当化生放核危害减少时保持和恢复重要功能，以及帮助尽快恢复到危害前的作战能力。确定洗消需求，拟订化生放核洗消装备运用计划。

19. 5702-TRG-2001：管理部队化生放核训练

化生放核人员的基本职责之一就是确保部队人员正确受训，使他们能在化生放核环境中生存和执行任务。化生放核训练由部队、分队和单兵训练组成。

20. 5702-TRG-2002：管理化生放核施训者培养

为了促进部队化生放核训练、室内化生放核训练与训练发展的持续提升，必须考虑和规划化生放核施训者的培养。要求可能具体到教学、课程设置、管理等方面，包括化生放核训练或者化生放核通用 / 专用知识的各个领域。培养施训者的其他活动包括持续改善和评估部队训练计划效果，以及被确定同教育与职业发展有关的其他活动。

21. 5702-TRG-2003：进行化生放核有毒有害物质技师认证

化生放核人员可能目击或发现有毒有害物质泄漏，并以化生放核响应者的身份对泄漏事件施以援助。有毒有害物质技师响应泄漏或潜在泄漏，旨在阻止泄漏。他们比行动级化生放核响应者担负着更为积极的角色。为了堵塞或修补从而阻止有毒有害物质的泄漏，他们将靠近泄漏点。技师级化生放核响应者应接受至少 8 h 的行动训练和额外 24 h 的技师训练，经验丰富，能客观展示能力。

22. 5702-TRG-2004：进行有毒有害物质事故指挥官认证

有毒有害物质事故指挥官有效应用国内事故管理控制和有毒有害物质紧急事故指挥系统。提供防御型或进攻型有毒有害物质控制行动的理解，包括使用个人防护装备和洗消装备；还提供拟订事故行动计划的能力，以管理减轻有毒有害物质事故危害所需的资源。有毒有害物质事故指挥官贯彻国家军事战略，执行地方、州和联邦应急响应计划。

## 二、化生放核军士

### （一）1 000 级训练

1. 5711-EQP-1001：对部队化生放核装备实施预防性维护检查与服务（PMCS）

部队化生放核装备可能包括诸如商业准军用装备之类的专业装备。

2. 5711-SHP-1001：实施化生放核报警与报告

3. 5711-SNS-1001：运用化生放核探测装备

4. 5711-SNS-1002：实施化生放核侦察与监视个人行动

确定侦察与监视任务类型，明确化生放核侦察与监视技巧，选择化生放核装备，执行侦察与监视任务，记录结果，上传简报。

5. 5711-SUS-1001：实施化生放核洗消

6. 5711-SUS-1002：运用化生放核洗消装备

7. 5711-TRG-1001：实施化生放核训练

8. 5711-TRG-1002：进行化生放核有毒有害物质行动认证

化生放核人员可能目击或发现有毒有害物质泄漏，并以化生放核建议者的身份对泄漏事件施以援手。感知级化生放核响应者通过向地方当局通报泄漏情况以启动应急响应程序。他们接受危害评估方法、应急准备和应急响应计划技巧方面训练，学会由谁负责报告事件，报告什么内容，以及怎样报告。行动级化生放核响应者对有毒有害物质泄漏或潜在泄漏进行响应，这是现场初始响应的一部分，目的在于保护附近的人员、财产和环境免遭泄漏影响。他们进行防御型响应训练，实际上不会企图阻止泄漏。他们的职责是将泄漏控制在安全范围内，防止其扩散，阻止暴露。行动级化生放核响应者应接受至少 8 h 的有毒有害物质行动训练，才能丰富经验，客观展示能力。

## （二）2 000 级训练

1. 5711-ADM-2001：维护化生放核文献库

所有化生放核防护人员均使用文献库。文献的不同取决于部队的使命和所使用的化生放核装备。此外，还有适用于化生放核装备（从野战防毒面具到探测装备）的技术出版物。部队化生放核人员必须达到和保持使用这些出版物的技术熟练度，确保所需的出版物是现有的，并维护它们。海军陆战队制订了自动化计划，协助查找现有的出版物，订购所需的出版物。

2. 5711-ADM-2002：维护部队化生放核标准作战程序

根据部队的使命任务和指挥官的要求，部队可能需要化生放核标准作战程序。如果接到命令，化生放核人员必须确保标准作战程序满足指挥官的意图和要求，并与可用的参考文献的格式保持一致。

3. 5711-ADM-2003：开发部队化生放核标准作战程序

标准作战程序包括部队化生放核训练需求，化生放核分队需求及部署政策，装备配发，报警与报告指南，用于受污染部队的化生放核防护措施、程序与重点，以及指挥官想以标准作战程序或命令形式发布的与化生放核有关的其他任何事务或问题。

4. 5711-ADM-2004：进行化生放核战备检查

根据需要，化生放核战备检查可由上级司令部使用功能领域清单和命令生成检查清单，以内部或外部形式实施管理。

5. 5711-ADM-2005：监管化生放核战备信息

海军陆战队防护战备报告系统使用化生放核防护战备信息来量化整个部队的战备情况，并将该信息提供给部队战备军官。

6. 5711-ADM-2006：管理化生放核战备检查计划

海军陆战队将检查作为评估战备的一种方式。化生放核人员实施检查，确保部队能够在化生放核环境下遂行其担负的使命任务。最通用的检查包括司令官检查计划（CGIP）、作战准备评估和后勤准备评估。

7. 5711-ADM-2007：管理化生放核维修计划

化生放核维修管理计划包括出版物和装备。部门人员职能也被划分为实施装备维修和出版物控制两部分。

8. 5711-CCM-2001：指导后果管理行动的化生放核支援

化生放核人员为后果管理行动提供支援，减轻化生放核事件的危害效应，在恢复重要行动和服务方面协助伙伴国或同盟国，恢复战斗行动或者从化生放核事件中复原。后果管理行动可能发生在军事行动期间，可能需要支援友军或同盟军（国外后果管理），或者在美国本土作为国内支援地方当局的一部分。

9. 5711-CWMD-2001：在制订计划过程中考虑为应对大规模杀伤性武器行动提供化生放核支援

10. 5711-EQP-2001：指导部队化生放核装备的预防性维护检查与服务

标准装备包括商业准军用装备的专业装备。

11. 5711-EQP-2002：管理化生放核装备

12. 5711-SHD-2001：指导部队化生放核防护措施

13. 5711-SHP-2001：指导化生放核中心

建立化生放核中心，协调友邻或外部机构，验证报告，向化生放核军官提建议，上传简报。

14. 5711-SNS-2001：指导部队化生放核沾染规避措施

15. 5711-SNS-2002：指导部队化生放核侦察与监视

16. 5711-SUS-2001：指导洗消行动

17. 5711-TRG-2001：拟定部队化生放核训练计划

18. 5711-TRG-2002：指导化生放核训练

化生放核训练包括部队、分队和个人训练，还包括单兵生存方法。

19. 5711-TRG-2003：对下属人员实施在职培训

20. 5711-TRG-2004：进行化生放核有毒有害物质技师认证

化生放核人员可能目击或发现有毒有害物质泄漏，并以化生放核响应者的身份对泄漏事件施以援助。有毒有害物质技师响应泄漏或潜在泄漏，旨在阻止泄漏。他们比行动级化生放核响应者担负着更为积极的角色。为了堵塞或修补从而阻止有毒有害物质的泄漏，他们将靠近泄漏点。技师级化生放核响应者应接受至少 8 h 的行动训练和额外 24 h 的技师训练，经验丰富，能客观展示能力。

21. 5711-TRG-2005：进行有毒有害物质事故指挥官认证

有毒有害物质事故指挥官认证并有效应用国内事故管理控制和有毒有害物质紧急事故指挥系统。提供防御型或进攻型有毒有害物质控制行动的理解，包括使用个人防护装备和洗消装备；还提供拟订事故行动计划的能力，以管理减轻有毒有害物质事故危害所需的资源。有毒有害物质事故指挥官贯彻国家军事战略，执行地方、州和联邦应急响应计划。

22. 5711-TRG-2006：管理部队化生放核训练

化生放核人员的基本职责之一就是确保部队人员正确受训，使他们能在化生放核环境中生存和执行任务。化生放核训练由部队、分队和单兵训练组成。

23. 5711-TRG-2007：管理化生放核施训者培养

为了促进部队化生放核训练、室内化生放核训练与训练发展的持续提升，必须考虑和规划化生放核施训者的培养。需求可能具体到教学、课程设置、管理等方面，包括化生放核训练或者化生放核通用 / 专用知识的各个领域。培养施训者的其他活动包括持续改善和评估部队训练计划效果，以及被确定同教育与职业发展有关的其他活动。

## 第五节　化生放核医学人员教育训练

### 一、化生放核医学教育

美军没有专门进行化生放核医学教育与训练的学校，化生放核医学教育与训练纳入军种专业学校和联合课程。陆军医学部中心与学校、海军作战医学院、三军健康科学大学和国防大学融合了各种课程，这些课程全部或部分包括各军种指定的化生放核医学内容，用以提高各军种人员的总体战备水平。

## （一）化生放核医学课程

目前，美军有 7 门经过认证的化生放核医学课程和 160 多门含有化生放核的医学课程。7 门被认证的课程分别是：

（1）应急医学准备 / 响应课程（EMPRC）——基础感知；

（2）应急医学准备 / 响应课程（EMPRC）——行动者 / 响应者；

（3）应急医学准备 / 响应课程（EMPRC）——临床医生；

（4）应急医学准备 / 响应课程（EMPRC）——决策者 / 指挥员；

（5）化学与生物伤员战场处理（FCBC）；

（6）化学与生物伤员医学处理（MCBC）；

（7）电离辐射医学效应（MEIR）。

前 4 门为基础课程，后 3 门课程为高级课程。化学与生物伤员医学处理（MCBC）课程和电离辐射医学效应（MEIR）课程，是得到国家认可的化生放核医学教育与训练"黄金标准"课程。

这些课程为不同的对象提供不同程度的化生放核医学教育。对象包括医学提供者和非提供者，野战和军事治疗设施、舰上人员、士兵、军官，技师或技术人员、一般勤务，牙医、医生、医学人员、非医学人员。

每一门化生放核训练课程的课堂内容都要经过审核。内容从大多不相关课程中提供单一的而时长为 1 h 的化生放核讲座，到提供与化生放核有关的研究生课程。很多军事医学训练课程已经使用了化学与生物伤员医学处理和电离辐射医学效应课程所提供的材料，用于课程设计。授课形式包括室内教育和远程教育（如卫星广播、成套录像带和基于计算机的训练计划等）。

为贯彻落实国防部部长助理（卫生事务）2002 年 4 月 29 日的备忘录，国防医学战备训练教育学院成立了一个多军种小组，审核军种当前化生放核医学训练计划，确定课程的化生放核共性、冗余性和无效性，以及拟定三军医学人员基本课程表，供国防医学战备训练与教育委员会审核。

在新的国防医学战备训练教育学院核心知识训练统一体中，学员需选择一门当前有效的、与其专业或工作有关联的 EMPRC 课程，以满足化生放核训练需求。

即使所属院校还没有与国防医学战备训练教育学院专业标准相一致的化生放核课程，三军卫生科学大学（USUHS）仍然通过将化生放核纳入到所有认证学位计划，最大限度地涵盖了应对大规模杀伤性武器内容。三军卫生科学大学为学员提供超过 28 h 的化生放核医学相关领域的训练：

（1）核生化毒剂人体医学效应；

（2）对可疑暴露进行响应——包括探测、洗消和医学措施；

（3）面对战斗和恐怖主义时的心理压力。

在三军卫生科学大学的医学课程“大规模杀伤性武器及恐怖主义的科学、国内与国际政治挑战”中，三军卫生科学大学临床模拟器和病患模拟器实验室为临床医生和应急行动人员提供大规模杀伤性武器及恐怖主义想定方面的培训。这门课程包括两个模块：

（1）模块 1，新兴生物武器与生物恐怖主义的威胁。

（2）模块 2，核、放射性、高爆、化学毒剂和非常规武器。设计的模拟想定用来描述生物恐怖主义、化学战、辐射医学效应和外伤。

三军卫生科学大学还发展了一项国会指定和资助的在线化生放核战备教育计划，向全国民众以及正规应急响应者和健康护理提供者提供免费的化生放核在线教育。这项跨学科且层叠的教育计划，由三军卫生科学大学的灾难与人道主义者援助医学中心负责，并与以下单位的事务专家进行合作：国防部、卫生与公共事业部、国土安全部、美国公共卫生服务部门、疾病控制与预防中心、退伍军人管理部门和武装力量辐射研究院。

三军卫生科学大学举办一轮三学期、研究生水平的化生放核课程培训，学员包括军事和地方医师、护士、管理者、警察和应急响应者。三军卫生科学大学认证该课程为继续健康教育，海军战争学院承认其研究生学分。

### （二）化生放核医学初级教育与训练

陆军医师、海军看护兵和空军医学人员在初始基础训练期间都接受一些化生放核感知训练，不过，初期医学军官训练阶段，军种之间则各不相同。

陆军医学部新任军官在其军官基础培训期间接受 8 h 的化生放核室内学习和化生放核野外训练。

海军医学军官不接受在军官教导学院实施的初期军事训练。初级海军医学军官和护士通常通过参加 C4 和 / 或通过指定的机动平台实施训练完成其初期准备训练。分配到海军陆战队作战部队的海军医学军官需参加野战医学勤务军官课程。

参加任命军官训练的空军医学军官于毕业前一周或周末，在为期 2 天 1 夜的毕业生航空远征力量部署演练期间，接受化生放核战争医学方面的基础感知训练。该课程取代医学准备教导课程（MRIC）。空军医学军官如果参加专业医学专科课程，如生物环境工程、公共卫生军官和航空生理学，将接受高级医学战备训练。生物环境工程准备、紧急公共卫生行动机上护士和战场护士课程也会提供高级化生放核训练。

军医助理在参加位于 Sam Huston 堡的军种内部接受初期训练，内容包括化生放核医学方面（诊断与治疗）在内的有关战备问题。

## 二、化生放核医学演习

化生放核医学演习通常被纳入军种和联合演习中。但是，在以战斗为中心的演习中，医学所扮演的角色通常有限。化生放核医学演习被划分为军种医学演习和联合级医学演习。

### （一）军种医学演习

设施健康护理演习依据联合委员会半年度外部应急 / 大规模伤员演习的需求举办。其中的半年度演习包括对化生放核或大规模伤员事件进行响应。另外，国防部指示 DoDI 2000.18《国防部基地化生放核爆应急响应指南》指出，优先考虑正规的化生放核训练、演习、领导感知和应急响应支持计划。国防部健康护理设施也是国家灾害医学系统的一部分。

尽管所有医学治疗设施都进行演习，但国家灾害医学系统演习更关注灾害医学援助小组和 MTF 接收大规模伤员的能力。国家灾害医学系统演习计划还包括病患撤离，当然，这并不是重点。

陆军 AMEDD 化生放核演习计划，关注前沿部署力量和本土防御力量的化生放核医学能力。美国陆军医学司令部法规 525-4《应急准备》，明确了危害分析、专业化生放核训练与演习和对医学机构的行动支持，将其作为化生放核医学行动的重要组成。

海军医学局实施了面向全海军的、广泛的、基于医疗设施的演习计划，称为“灾害准备、弱点分析、训练与演习（DVATEX）”。DVATEX 在所有海军健康护理设施中开展，提供评估、训练、弱点分析和设施应急管理计划演习。

空军医学勤务部门实施了军种范围的桌面推演，称为“代码银子”。该演习包括联队和地方化生放核响应者，涵盖了 91 个基地（80 个现役基地，11 个空军国民警卫队基地）。“代码银子”演习关注以下问题：在响应化生放核事件过程中，将医疗设施、基地和地方响应者的活动进行整合。“代码银子”桌面推演被认为是团队建设演习，通过交叉通信和高级领导介入，指出了计划中的不足。2004 年 1 月—2005 年 4 月，美国空军在韩国釜山空军基地举办“釜山聚焦成果”非医学演习时，医学扮演了重要角色。在该演习中，生物事件的发生，医学演习发挥了重要作用。该演习包括伤员处理与治疗、撤离、检疫与沾染控制、伤员复位及丧葬事务。

## （二）联合级医学演习

在联合层级，通常实施综合化生放核演习，但很少独立进行专门的化生放核医学演习。不过，全国性流感计划已经使所有作战司令部的医学计划与演习有所增加。

联合部队司令部的化生放核医学演习，关注地方与军队指挥控制领域化生放核信息的共享和医学产品的互用性。

北方司令部的主要演习包括高官 3、热情哨兵和北部边缘等。这些演习包括 MTF 的化生放核医学活动，当然，并不是所有的医学勤务部门都参与了进来。

欧洲司令部的“灵活响应”是关于化生放核后果管理的演习，整个欧洲司令部的医学力量都参与，医学演习是大规模后果管理的一部分。“护卫盾”演习是指挥所演习，涉及化学武器的使用。医学在支持该演习中发挥了最小限度的作用。

中央司令部的“雄鹰决心”演习关注在危机处理中对卡塔尔政府的支援。作为战略级演习，该演习涉及了有关的医学机构，但没有涉及化生放核医学。

# 第七章 美军化生放核防护分队训练

美军化生放核防护分队主要包括侦察分队、洗消分队和发烟分队。标准化训练对连、排等分队的行动至关重要，它们有助于保持部队的训练水准和熟练程度。部队在任何时候都必须按照标准进行演练，以确保演练能够按照既定标准迅速进行。

## 第一节　分队训练分类及描述

### 一、分队训练的分类

分队的成功取决于战士对情况或命令作出本能和立即的反应。分队训练主要分为战斗训练和车组训练。

战斗训练，是由排或更小单元实施的集体训练，无须经过深思熟虑的决策过程。该训练对于战斗成功至关重要，或对于保存生命十分关键。训练始于一个提示，如敌人的行动或领导的简单指挥。

车组训练，是一套武器系统或一件武器的组员成功地使用武器装备或保存生命进行的集体训练。车组训练是集体训练的基础，是其他训练或训练考核评估大纲（ARTEP）的一部分。能完成这些训练的分队能更快更准确地执行 ARTEP 任务和战时任务。

分队训练有利于组、班和排自动执行关键任务，减少通信需求，建立团队合作，节省时间和能量，保存生命。

### 二、分队训练的描述及格式

美军对分队训练考核大纲进行了标准化的描述，描述如下：

（1）训练标题。训练的名称，描述所需的行动。

（2）任务。与训练标题相同，描述或命名各部队执行的任务（所需的操作）。

（3）条件。描述执行任务的情况、条件或环境。

例如，进行侦察所需的场地：场地足够大，乘车班 / 排可在越野或现有道路网上运动。有足够的自然植被和地形，允许班 / 排选择路线，达到遮蔽和隐蔽。

（4）标准。标准确定训练的最终目标，度量部队执行任务好坏。根据结果或预期效果，这些活动表明执行训练（任务）的程度。标准是简短、简单、清晰、可观察或可测量的，用于评估。

（5）支撑的单兵任务。用于支撑完成训练（集体任务）的代表性任务清单。如，实施星形侦察时所需的任务清单，见表 7-1[①]。

**表 7-1　支撑的个人任务**

| 参考 | 任务编号 | 任务名称 |
|---|---|---|
| STP 21-1-SMCT | 551-721-1359 | 在护卫中驾驶车辆 |
| STP 21-24-SMCT | 031-506-1053<br>071-326-0608<br>071-331-0820 | 使用 NBC4 报告报告 NBC 信息<br>使用可视信号技术<br>分析地形 |
| STP 3-54B1-SM | 031-504-1012<br>031-516-1014<br>031-516-1017<br>031-516-1018<br>031-516-1019<br>031-516-1020<br>031-516-1026<br>071-326-3001<br>071-326-5502<br>171-121-3009 | 操作 XM-27 多用途一体化化学毒剂报警器<br>驾驶 M93 核生化侦察车（FOX）<br>在双轮采样单元上实施预防性维护检查和服务<br>操作双轮采样单元<br>使用 M93/M93A1 核生化侦察车进行 NBC 标志<br>利用 M93/M93A1 核生化侦察车收集 NBC 样品<br>使用夜视仪和可视模块驾驶 M93 核生化侦察车<br>驾驶车辆通过复杂地形<br>下达断续命令<br>控制运动方法 |
| STP 3-54B2-SM | 031-506-2019<br>031-507-2039<br>071-326-3049<br>071-329-1030 | 监督车辆、装备和人员核生化准备<br>进行核生化侦察<br>为作战进行 Troop—Leading Procedures<br>从地面一点导航到另一点，乘车 |
| STP 3-54B34-SM-TG | 031-506-2062 | 计划核生化采样作业 |
| STP 3-CST（ST） | 031-504-1012<br>031-506-2019<br>031-506-2062<br>031-507-2039 | 操作 XM-27 多用途一体化化学毒剂报警器<br>监督车辆、装备和人员核生化准备<br>计划核生化采样作业<br>进行核生化侦察 |

① Drills for the Nuclear，Biological, Chemical (NBC) Reconnaissance Platoon. Headquarters, Department of the Army, 14 March 2002: 2-46。

续表

| 参考 | 任务编号 | 任务名称 |
|---|---|---|
| STP 3-CST（ST） | 031-516-1014 | 驾驶 M93 核生化侦察车（FOX） |
| | 031-516-1017 | 对双轮采样单元上实施预防性维护检查与服务 |
| | 031-516-1018 | 操作双轮采样单元 |
| | 031-516-1019 | 使用 M93/M93A1 核生化侦察车进行 NBC 标志 |
| | 031-516-1020 | 利用 M93/M93A1 核生化侦察车收集 NBC 样品 |
| | 031-516-1026 | 使用夜视仪和可视模块驾驶 M93 核生化侦察车 |
| | 071-326-3001 | 指挥驾驶员通过复杂地形 |
| | 071-326-3049 | 为作战进行 Troop—Leading Procedures |
| | 071-326-5502 | 下达断续命令 |
| | 071-329-1030 | 从地面一点导航到另一点，乘车 |
| | 071-121-3009 | 控制运动方法 |

（6）插图（根据需要）。

（7）编制说明。

资源。包括装备编制表指定的人员和装备、车辆、核生化 / 发烟装备，通信装备和弹药。它涵盖完成训练所需的所有基本清单。

带有透明图的地图。

训练场地。描述部队执行任务所需的训练区域。

部队说明。根据需要。

（8）讲解。

定位。简短解释训练试图完成什么。训练成功的关键因素是训练必须达到标准，几乎或没有来自部队领导的后续决策过程或命令。简要描述实施训练的条件或情况。

安全 / 误伤。部队必须遵守部队安全标准作战程序（SOPs）所列出的所有安全措施和预防措施。包括在实施训练中的部队安全、装备防护、环境限制。部队还必须遵守合适的技术手册和野战条令中的所有安全指示。

示范（可选择）。如果一支分队（班 / 排）已经成功进行训练，该分队可用于示范训练，解释正在执行的关键行动，以及这些行动对训练效果至关重要的原因。解释为何此训练所使用的效果度量。示范结束后，总结示范部队的优、缺点。

（9）解释信息。

用自己的语言解释训练的目的。

分队领导必须熟知并解释班 / 排所有战士的职责，确保每个人知道与每个训练内容相关的职责和责任。

分队领导应该制作一份概图或图表，解释班 / 排中每名成员的行动要求。

分队领导必须向分队成员澄清演习相关的未解决问题和疑问。在实施训练前这是必不可少的。在实施训练中，每名成员必须全面理解他所执行的任务。

在执行训练前，分队领导应该让参与训练的每名成员详细解释自己的训练内容。分队领导根据需要进行现场纠正。

（10）分步练习。

这是训练的最关键部分。在训练的这个阶段，分队领导必须慢慢地串讲任务，以确保分队正在进行的训练、所有任务步骤和效果评估达到标准。分队领导必须仔细地观察训练参与者，并按要求进行现场纠正。当分队以慢节奏正确地熟练地进行训练时，可以让他们以更快的节奏进行训练，但是，永远不要为速度牺牲安全。

发出提示。发出提示是部队领导发出的信号或对敌人行动的训练响应，促使部队进行训练。

（11）任务步骤和效果度量。这些是可测量或可观察的行动，分队必须执行这些标准以成功地完成训练。

（12）辅导点。如果需要，在战士完成训练评估后进行纠正，战士依次完成效果考核，同时完成同级效果考核。

（13）连贯练习。分队领导或训练员应与本分队一起操练，直到分队不需要使用训练教材都能按规定的标准进行操练为止。最初的排练应该慢慢进行。战士变换位置，以便学习所有步骤和标准。

（14）实施。当战士能按照规定的标准进行训练时，由分队领导对分队进行个整体评价，以确定该分队的训练水平。

## 第二节　侦察分队训练

侦察分队训练分为战斗训练和车组训练。

### 一、战斗训练

战斗训练共 13 项。

#### （一）响应直接火力 / 反坦克制导导弹（03-3-D00B2）

条件：班 / 排观察武器的特征，或探测炮弹对车辆或车辆附近的撞击。

标准：一旦进入警戒状态，班 / 排在可能的情况下进行火力还击或终止接触。如果无法摆脱接触，部队将向已知或可疑的敌人阵地还击，并立即撤离该地区。班/排立即请求火力支援。所有驾驶员在驶离目标区域时立即采取躲避动作。

任务步骤：

（1）任何班/排成员发出警报：如“导弹，左前方（右前方）”；

（2）车辆指挥员通过可视信号或无线电接收或观察火力，通知其他车辆指挥员；

（3）车辆指挥员发射发烟榴弹，隐蔽运动和迷盲敌人视觉；

（4）所有车辆指挥员接到其他车辆指挥员的紧急警报后，立即向敌人的方向开火；

（5）班/排从目标区移到遮蔽和隐蔽位置，如果距离是 50 m 或更短，驾驶员以直线尽快移动到指定位置，如果距离超过 50 m，驾驶员采取规避行动，如变化速度、“之”形前进；

（6）车辆指挥员继续压制火力，而司机则离开目标区域到隐蔽的位置；

（7）班/排领导请求火力，提供如下信息：观察员的判断、目标位置、目标描述、交战方式、火力和控制方式；

（8）部队使用现场报告格式，向上级司令部报告交战。

### （二）响应敌空袭（03-3-D00B3）

条件（提示）：班/排在战术机动中，敌人突袭的可能性是已知的。班/排观察或受到敌人航空器袭击（部队受到敌机的火力袭击或观察到敌机）。

标准：班/排立即作出反应，尽量减少伤亡和损失。接敌后，班/排能继续任务。

任务步骤：

（1）在运动中部队对敌人空袭反应：

①防空人员警告车辆指挥员有袭击飞机；

②驾驶员将车辆移到路肩，成人字队形并停止；

③驾驶员保持车辆间 150 m 的间隔（地形允许），不能“挤成一团”；

④战士迅速下车分散，占据射击位置；

⑤如果遭到飞机袭击或收到命令（声音或信号），战士立即火力还击；

⑥交战结束，所有战士重新装填武器；

⑦空袭结束后，车辆重新集合，对伤亡人员进行处理和撤离，评估损失，并向作战司令部发送情况报告。

（2）在静止或部署中对敌空袭的反应：

①传递空袭警报；

②所有无任务战士立即打击来袭飞机；

③交战结束后，所有战士都要重新装填武器；

④空袭结束，车辆重新集合，治疗和护送伤员，评估损失，向作战司令部报送情况；

⑤空袭结束后，重新集合车辆，处理伤亡人员并撤离，评估损失，并向作战司令部发送情况报告；

⑥班 / 排合理地机动 / 转移。

### （三）使用运动方式（03-3-D00B4）

条件（提示）：班 / 排正在运动，敌情是由每一种运动方式决定的（班领导使用手语、旗语或无线指定所有的方式）。

标准：班 / 排领导根据敌情选择合适的运动方式。

任务步骤：

（1）不接敌人时，运用纵队运动方式：

①车辆以 50 m 间距排成纵队行进；

②车辆以最大的安全速度连续行驶；

③当纵队停止，车辆使用人字队形；

④车辆沿隐蔽道路行驶；

⑤车辆纵队根据地形和可见度自动地缩小和扩大；

⑥每辆车指定人员负责防空警戒和主要责任区；

⑦部队停止中，建立观察哨，操作 M240 机枪和监测通信。

（2）与敌有可能接触时，运用守望运动方式。

①部队以 50 m 间距排成纵队运动；

②根据地形和植被，领头车辆沿着隐蔽和隐蔽的路线连续行驶，比其他车辆领先约 50 m；

③尾车以变速运动，根据需要停止，观察头车，并始终保持与头车可视；

④在森林地区或受限地形，部队降低速度和间距；

⑤在不利气象条件下，先头分队下车查明道路的可通行性，而尾车为头车提供掩护；

⑥每辆车指定人员负责防空警戒和主要责任区；

⑦部队停止中，建立观察哨，操作 M240 机枪和监测通信。

（3）当预期与敌人接触时，运用跳跃式运动方式：

①基本运动队形是两路纵队，车辆之间保持 50～100 m 间距；

②先头分队沿隐蔽道路向前跃进。

### （四）判断前界 / 后界（03-3-D0B12）

条件（提示）：1 个组 / 班进行核生化道路侦察，判断道路是否被污染。如果 MM1 机动质谱仪探测到污染物，就会发出核生化污染危险的警报。

标准：核生化侦察分队确定化学污染存在。核生化分队判断污染边界，返回 200 m，设置合适的核生化标志。分队然后进入污染区，定位污染后界，然后向前运动 200 m，设置合适的核生化标志。车辆指挥员向上级司令部报告污染。

任务步骤：

（1）一旦发现污染，领导向上级司令部发送核生化报告；

（2）领导使用前界 / 后界方法进行道路侦察，如图 7-1 所示；

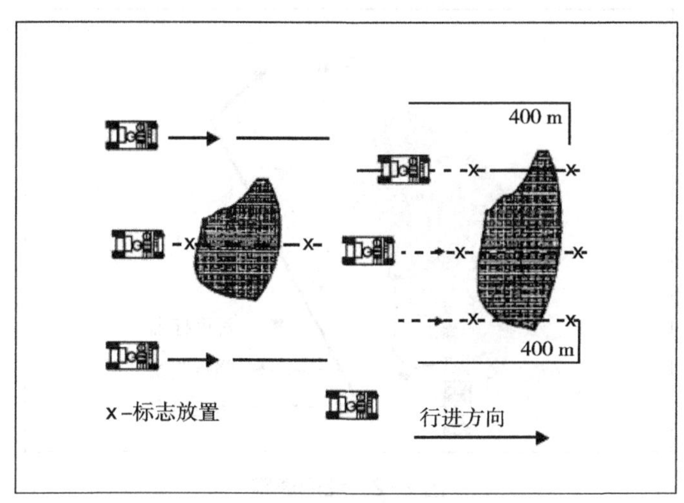


图 7-1　前界 / 后界侦察方法

（3）探测污染的车辆，停车，并使用 MM1 识别和验证毒剂；

（4）其他车辆提供区域安全，在污染边缘或最近的十字路口 200 m 处标记污染前界；

（5）探测到污染的车辆继续道路侦察，判断污染后界；

（6）一旦确定后界，从污染边缘或最近的十字路口 200 m 处标记区域；

（7）一旦标记污染后界，领导请求下一步任务指示和洗消支援。

### （五）确定迂回路线（03-3-D0B13）

条件（提示）：侦察分队在核生化条件下支援战斗行动。侦察分队的任务是进行道路侦察，以确定道路是否受到污染。如果道路被污染，侦察分队的任务是在污染区域周边找到一条合适的迂回道路。如果主要道路被污染，分队接收命令进行道路侦察，查找迂回道路。

标准：分队领导进行初步计划，侦察分队执行侦察任务的准备工作。分队对道路进行图上侦察，建立初始 / 后续的 MOPP 等级。分队确定侦察任务的起点和终点。分队实施侦察任务，向司令部报告结果。

任务步骤：

（1）侦察分队沿着指定的道路运动，查找污染。。

（2）一旦发现污染，分队领导：停止，识别和检验毒剂；在污染后面 200 m 处的地面标记路线；根据风向，使用迂回方法在污染区域寻找干净线路。

①根据地形，在探测污染之前，判断一条通向目的地的可选择道路，如图 7–2 所示。

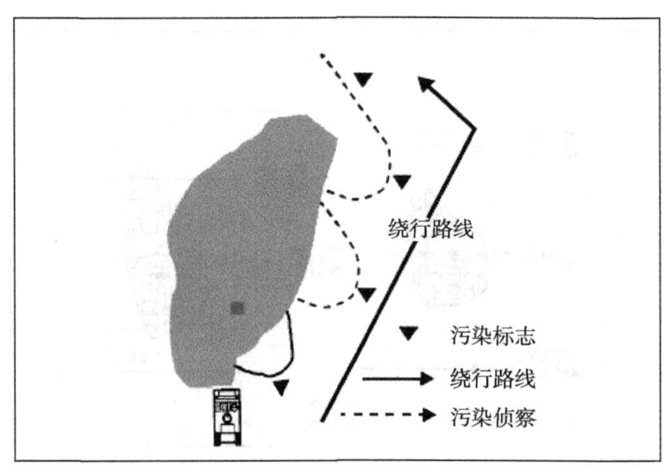


图 7–2 迂回道路

A 标记污染道路和迂回道路的交叉点；

B 确保上级司令部收到 NBC4 报告；

C 沿迂回道路监测污染；

D 标记所有通向污染的交叉路口；

E 确保标记每一个交叉路口时，上级司令部收到核生化报告；

F 标记迂回道路和污染道路交会的交叉路口；

G 继续沿着道路监测，直到到达目标为止。

②一旦遇到污染，绕过污染区域。

A 后退 200 m，如果干净，放下一个标志，向左侧或右侧运动（根据风向或以前的指示）；

B 返回污染区域，重复该过程，直到绕过污染区域。

③一旦确定和标记迂回道路，领导请求下一步任务指示和洗消支援。

### （六）标记污染的边界（03-3-D0B14）

条件（提示）：侦察分队正在核生化条件下支援战斗行动。侦察分队的任务是进行区域侦察，判断区域是否被污染。如果道路被污染，侦察分队的任务是标记污染区域的边界。侦察分队接收命令，对污染区进行侦察，并作出标记。

标准：分队领导进行初步计划，侦察分队为侦察任务做准备工作。对该地区进行图上侦察，建立初始 / 后续 MOPP 等级。领导确定侦察任务的起点和终点。分队实施侦察任务，标记污染范围，并向司令部报告结果。

任务步骤：

（1）使用隐蔽道路和正确的运动方式向污染地域运动；

（2）一旦发现污染，侦察领导向上级司令部发送 NBC4 报告；

（3）检测污染的车辆停止，使用机动质谱仪识别和验证毒剂；

（4）其他车辆提供区域安全保障，并在离污染边缘 200 m 的地方标记；

（5）检测到污染的车辆继续向前，判断污染后界；

（6）其他车辆在 100～200 m 处使用盒形法，查明并标记污染边缘；

（7）所有车辆在污染后界重新集合；

（8）领导向上级司令部提供 NBC4 报告；

（9）领导请求下一步任务指示和洗消支援。

### （七）实施星形方式（03-3-D0B15）

条件（提示）：部队到达疑似污染区。时间十分紧迫，指挥官需要知道这个区域是否被污染，目的是将主力部队机动到新位置。分队到达起点，车长发出命令实施星形侦察。

标准：根据作战命令指示，车长查证可疑污染区域的所有边界（北、南、东和西），驾驶员沿着每个边界方向运动，监测和检查污染的每个边，直到完成星形侦察，结果报告给司令部。

任务步骤：

（1）车长使用隐蔽的路线和适当的机动方式将部队机动到起点。

（2）侦察车组确保所有核生化探测装备处于工作状态，随时准备在指定区域内监测和检查污染危害。

（3）根据作战命令指示，车长核实感兴趣的指定区域的每个边缘（北、南、东和西）。

（4）每名驾驶员将他们的车辆运动到第一条边，使用 NBC 探测装备沿星形的第一条边监测和检查污染，如图 7-3 所示。

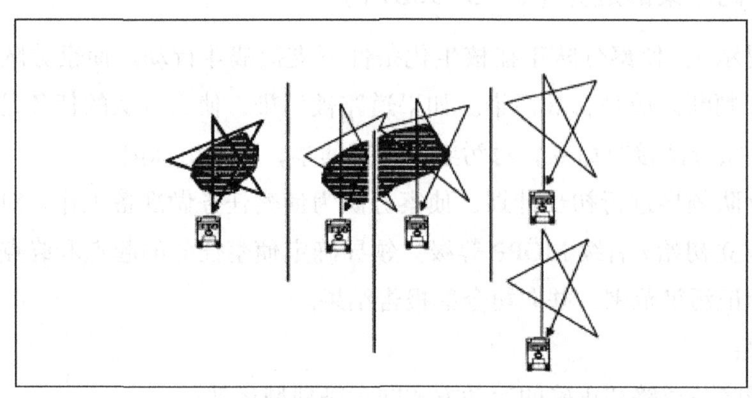

图 7-3　星形侦察

①如果没有发现污染，驾驶员继续沿着第一条边运动，到达第一条边的端点，放下污染标志，向司令部报告结果；

②如果发现污染，司机继续沿着第一条边运动 200 m，超过检测污染的每一个点，直到他沿着星型的第一段到达干净的一侧，并放下污染标记；

③在星形第一条边的尽头，驾驶员调转车辆，沿第二条边的方向运动，沿着星形的第二条边，使用核生化探测装备监测和检查污染；

④在星形第二条边的尽头，驾驶员调转车辆，沿第三条边的方向运动，使用核生化探测装备监测和检查污染，向司令部报告结果；

⑤在星形第三条边的尽头，驾驶员调转车辆，沿第四条边的方向内运动，使用核生化探测装备监测和检查污染，向司令部报告结果。

（5）任务结束，侦察分队向司令部提交一份 NBC4 报告，请求新的指示和洗消支援，或者根据当前的作战命令指示，遵循指示。

## （八）实施盒式方式（03-3-D0B16）

条件（提示）：分队到达疑似污染地区。有时间进行详细的侦察和测量工作。指挥官需要知道该地区是否清除污染。分队到达起点，车辆指挥员发出命令，实施盒式侦察方式。

标准：车长使用隐蔽道路和合适的运动方式，将分队机动到指定区域的起点。侦察分队以合适的 MOPP 级别出发，在开始侦察 / 测量任务前，假设为 MOPP4。车长对感兴趣的指定区域判定和验证每个边界（北、南、东和西）的方位和距离。驾驶员将车辆向每个边界方向运动，直到完成盒形侦察，结果报告给司令部。

任务步骤：

（1）车长使用隐蔽的路线和合适的运动方式将部队运动到起点。

（2）侦察车组确保所有核生化探测装备处于工作状态，随时准备监测和检查指定区域的污染危害。

（3）根据作战命令，车长核实感兴趣的指定区域的每个边缘（北、南、东和西），如图 7-4 所示。

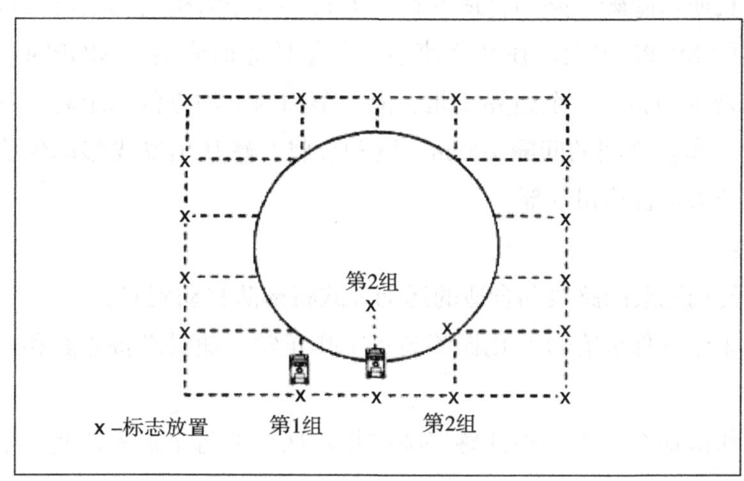


图 7-4　盒形侦察

（4）在主力部队的主要机动方向，第 1 小组和第 2 小组平行或错开的纵队运动：

①第 2 小组侦察污染并停止。第 2 小组通知第 1 小组在其当前位置停下并检查污染情况。第 2 小组仍然在其第一个位置，直到第 1 小组检查污染的当前位置并放下一个污染标志。

②第 1 小组收到第 2 小组的污染通知。第 1 小组在当前位置停车并检查污染。如果该区域是干净的，第 1 小组放下一个污染标志，然后左转 90°。第 1 小组运动约 200 m，右转 90°，继续监测和检查污染。

③如果第 1 小组在第一位置侦察到污染，第 1 小组向后运动 50 m，或者找到干净的区域。第 2 小组在此点放置一个污染标志，然后左转 90°，运动约 200 m。第 1 小组在主要运动方向右转 90°，继续监测和检查污染。第 1 小组运动约 200 m，右转 90°，继续检查污染。

④如果第 1 小组在向前运动中发现污染，第 1 小组向后运动约 200 m，或者找到干净的区域，放置一个污染标志。第 1 小组再左转 90°，运动 200 m，右转 90°，继续检查污染。

⑤领导向司令部提交 1 份关于污染区域的 NBC4 报告，请求洗消支援和新的指示。

## （九）实施通道式侦察（03-3-D0B17）

条件（提示）：部队到达疑似污染区域。有时间进行详细的侦察和测量工作，在占领该位置或将部队转移到新地点之前，指挥官需要知道该区域是否清除污染。指挥官下达命令，实施通道式侦察。

标准：车长使用隐蔽道路和合适的运动方式，将分队机动到指定区域的起点。侦察分队以合适的 MOPP 出发，在开始侦察—测量任务前假定为 MOPP4。车长对感兴趣的指定区域判定和验证每个边界（北、南、东和西）的方位和距离。驾驶员将车辆移动到出发线，车辆之间的间隔 200 m。驾驶员将车辆从出发线移动到前进线，直到侦察完成并将结果报告给司令部。

任务步骤：

（1）车长使用隐蔽的路线和合适的运动方式将部队移动到起点。

（2）侦察车组确保所有核生化探测装备工作正常，随时准备监测和检查指定区域的污染危害。

（3）根据作战命令，车长验证感兴趣的指定区域的每个边界（北、南、东和西），如图 7-5 所示。

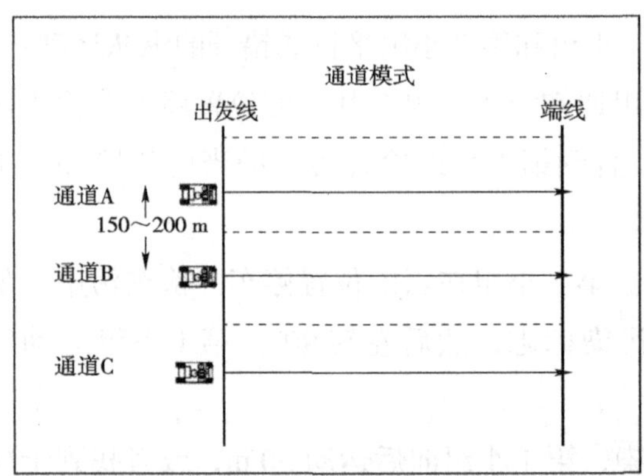


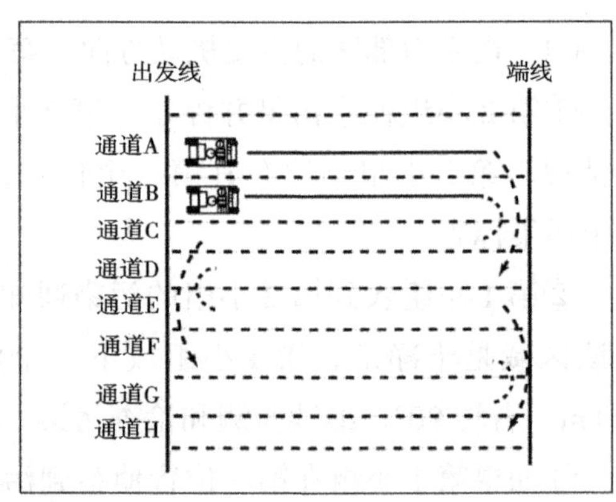


图 7-5　通道式侦察

（4）车辆运动到出发线，间距 200 m；

①每辆车运动到出发线指定的通道；

②每辆车在其通道从出发线到停止线监测和检查污染；

③每辆车在其指定的通道内继续移动，直到到达端线；

④每辆车重复该过程直到任务完成；

⑤领导向司令部提交 NBC4 报告，请求洗消支援和新的指示。

通道方式与“Z”字形方式相似，用于查明污染区域。在道路侦察中，主要运用通道方式。

### （十）实施 Z 字模式（03-3-D0B18）

条件（提示）：分队到达疑似的污染区域。有时间进行详细侦察和测量作业。在占领该地区或将移动到新地点之前，指挥官需要知道该区域是否清除污染。车长下达命令，实施 Z 字形侦察方式。

标准：使用遮蔽和隐蔽道路和合适的运动方法，车长将分队运动到指定区域的起点。车长对感兴趣的指定区域判定和验证每个边界（北、南、东和西）的方位和距离。驾驶员将车辆开到出发线，车辆间隔 200 m。驾驶员在主要方向移动车辆，从出发线到端线，直到完成 Z 字形侦察，向司令部报告结果。

车长使用隐蔽的路线和适当的运动方式，将部队移动到指定地区的起点。车长确定并验证指定区域的每个边界（北、南、东、西）的方位角和距离。驾驶员将车辆移动到出发线，车间隔 200 m。驾驶员将车辆从出发线移动前进线，直到完成 Z 字形侦察并将结果报告给司令部。

任务步骤：

（1）车长使用隐蔽的路线和适当的运动方式将部队移动到起点。

（2）侦察车组确保所有核生化探测装备工作正常，随时准备监测和检查指定区域的污染危害。

（3）根据作战命令，车长验证感兴趣的指定区域的每个边缘（北、南、东和西），如图 7-6 所示。

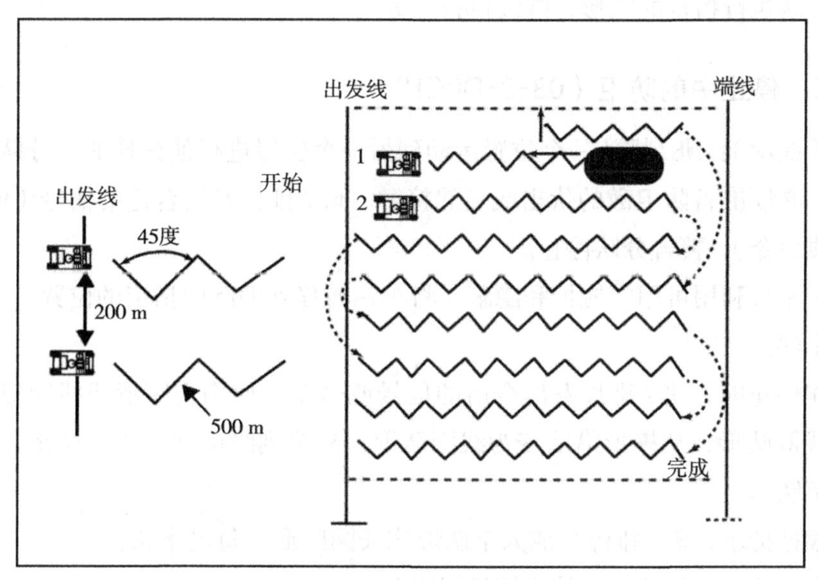


图 7-6 “Z”字形侦察

（4）车辆间隔 200 m，运动到出发线；

①每辆车运动到出发线指定的通道；

②每辆车在其通道内运动，45° 左转和右转，每次转向运动大约 200 m，在通道内从出发线到终止线监测和检查污染；

③每辆车在其指定的通道内继续运动，直到到达端线；

④每辆车重复该过程直到任务完成。

（5）领导向司令部提交 NBC4 报告，请求洗消支援、新的指示和指南。

### （十一）实施右 / 左行动（03-3-D0C17）

条件（提示）：班 / 排从一个位置运动到另一个位置支援战斗行动。在机动中根据敌情，班长发出合适的信号（使用无线电或手语）提醒驾驶员从一种队形变换成另一种队形。

标准：班 / 排根据班长的指示变换到指定的队形。

步骤：

（1）班 / 排长发出命令右行动或左行动。

（2）班 / 排长通过使用标准的手语、旗语、其他信号或通过无线系统发出命令，指示所需的队形。

（3）车长向每名车辆操作员传递合适的信号：

①指示驾驶员进入新队形中的位置；

②将机枪对准可能的敌人位置或指定的火力范围。

（4）分队执行指定的队形，继续执行任务。

### （十二）停止中的防卫（03-3-D0C18）

条件（提示）：班 / 排从一个位置运动到另一个位置进行侦察作业。分队在运动中或停下来，必须准备防卫敌的伏击或突然接触。班 / 排长发出合适的信号（使用手语、旗语或无线命令），警告分队停止。

标准：车长利用可用的掩护和隐蔽，将车辆转移到编队中指定的位置。

任务步骤：

（1）在停止时，班 / 排长发出合适的信号或命令，使用人字形或线圈形。从错列纵队变为线圈队形，从楔形纵队变为线圈队形，从错列纵队变为人字队形，从楔形纵队变为人字队形。

（2）根据指示，班 / 排停止成人字队形或线圈队形，每名车长：

①确定车辆正确停放，并使用掩护或隐蔽；

②命令每名车辆操作员下车（右边或左边）；

③命令车辆移动到遮蔽位置。

（3）车辆操作员下车，迅速进入战斗位置，以保证本地安全。

（4）车长和下车的辆操作员观察指定的火力范围。

### （十三）运动中变换队形（03-3-D0C14）

条件（提示）：班 / 排从一个地方转移到另一个地方支援战斗行动。在行进过程中，班长根据敌情，发出合适的信号，提醒驾驶员从一种队形变换成另一种队形。

标准：根据班长的指示，班 / 排变换成指定的队形。

任务步骤：

（1）班 / 排长根据所使用的车辆类型，发出标准的手语、旗语或通过无线电命令，从而改变队形。

（2）车长发出合适的信号，引导驾驶员进入编队的位置，将机枪对准可能的敌人阵地或指定的范围。

（3）乘车队形有：左 / 右梯队形、楔形或楔形纵队、纵队或错位纵队、线形、V 形或分开的 V 形。

## 二、车组训练

车组训练共 6 项。

### （一）作业准备（03-3-D00C1）

条件（提示）：分队停止或位于集结地域或战术位置。侦察分队接到警报，准备行动，侦察组长下令准备行动。

标准：每名车组人员根据装备操作手册进行预防性维护检查和服务。上装设备和车辆已为执行任务做好充分的准备。

任务步骤：

（1）侦察组长下达警报命令。

（2）侦察组长作战地域进行侦察（地图检查）：

①侦察组长准备地图和透明图；

②侦察组长编制路线地图，分发给车长；

③侦察组长简述分队任务。

（3）班长、车长和乘员进行战前检查：

①分队领导确保装备装载在车上；

②车长确保多用途综合化学剂探测器、AN PSN-11（插销）和无线电准备就绪；

③ 1 号操作员和驾驶员对所有内嵌或车载核生化装备进行预防性维修检查和服务；

④车长检查机枪，并监督和抽查车组成员的准备情况；

⑤班领导使用当前的装载计划，以确保车辆为装载适当，便于持续行动；

⑥进行电台检查，使用正确的呼号。

（4）班长确保所有的装备故障在现场得到纠正，并向排长 / 排上士报告所有的故障。

（5）当准备完成，侦察组长报告司令部。

## （二）检测反应（03-3-D00C2）

条件（提示）：当警报响起，核生化侦察分队正在进行侦察。侦察分队立即开始监测作战地域的污染危害。车长发出命令，执行检测行动。

标准：车长停止车辆，确保 1 号操作员开始监测污染情况。车长通知已收到报警的被支援部队。1 号操作员告诉 2 号操作员，何时放下探针进行探测和物质验证。在侦察任务中，2 号操作员确保至少一个采样轮保持与地面接触。当检测到读数为 4 或更高时，1 号操作员进行频谱分析。然后 1 号打印已知毒剂的读数，将内容添加到监测清单中。如果频谱等于或低于参考毒剂浓度，1 号操作员确保将频谱从监测清单中删除。如果频谱等于或高于参考毒剂浓度，1 号操作员从监测清单中删除参考毒剂。2 号操作员确保根据指示提高或降低探针。

任务步骤：

（1）驾驶员以规定的限速驾驶车辆。

（2）车长使用自动导航、ANPVS-11、地图和地形关联进行导航。

（3）车长继续监测目前的情况。

（4）如果使用核生化侦察系统，机动质谱仪操作员（测量员）：

①继续观察 MM1 屏幕；

②立即通知车长 MM1 屏幕上发生的变化；

③警报响时，通知车长；

④将监测模式从轮 / 高模式转换到轮 / 低模式；

⑤实施温度程序和反冲洗程序以清除 MM1 中残留的任何残留物；

⑥允许温度降到 120℃ ；

⑦测量员将探针降低到离地 10 cm，以获取光谱和验证物质。

⑧监测 MM1 屏幕，直到读数为 4 或更高；

⑨如果探测到的读数为 4 或更高，通知 2 号操作员将探针提升至移动位置；

⑩在检测到高于 4 的读数后获取频谱；

⑪打印任何已知或未知的毒剂信息；

⑫将物质添加到监测清单中；

⑬如果频谱等于或低于参考毒剂浓度，从监测清单中删除该频谱；

⑭如果频谱等于或高于参考毒剂浓度，从监测清单中删除参考毒剂；

⑮将实际调查结果通知车长；

⑯将监测模式从面 / 低转换到轮 / 高；

⑰在物质检测间，允许温度达到 180℃。

（5）测量员：

①在侦察行动中，升高或降低采样轮；

②在侦察行动中，确保一个采样轮与保持地面接触；

③确保一个采样轮与探针保持 3～4 s 的接触；

④根据需要采集样品；

⑤根据需要准备和放置污染标志。

（6）侦察组长或车长向上级司令部提交 NBC4 报告，说明目前情况。

（7）侦察组长向司令部请求新的指示和指南，或按照当前的作战命令执行。

### （三）采集化学或生物样品（03-3-D00C3）

条件（提示）：指定化学和生物毒剂污染地域、侦察车，个人核生化防护服，要求从指定的地点收集选定的样品。在进入污染地域以前，车组将采取 MOPP（如果在核生化侦察系统内采取 MOPP2），如果超压系统失败，采取 MOPP4 去执行该任务。侦察分队奉命去收集地域内的化学或生物样品。

标准：收集样品，不将污染扩散到侦察车内部。个人将穿戴核生化防护服，要求从指定的场地收集选定的样品。车组在进入污染区域前将采取 MOPP2。如果超压系统发生故障，在 MOPP4 中执行该任务。

任务步骤：

（1）测量员根据标准作战程序和车辆装载计划，装载所有必需的核生化侦察、测量和采样装备（M34 生物采集包、M272 水试验包）：

①将 M9 侦毒纸贴在车辆和装备上；

②用塑料和帆布覆盖外露的装备；

③为可能需要下车的士兵，盖住车辆内部；

④移除任务不需要的所有外部装具和装备；

⑤如果可能受到辐射污染，在车辆底板放置沙袋，以提供额外防护；

⑥核实所有士兵在执行任务时处于合适的 MOPP 等级。

（2）领导确保 M9 侦毒纸附着在所有战士。

（3）领导确保所有携带他们必须操作的个人核生化侦察装备。

（4）领导在隐蔽的路线上使用适当的运动方式。

（5）驾驶员按选定的间隔沿道路行驶，或在有化学或生物危险指示的地域停车，收集样品。测量员收集样品，观察：

①爆炸弹药引起的弹坑或投射物的碎片；

②不寻常的液滴；

③水表面的油膜；

④表层土上的污点；

⑤死去和变色的植物；

⑥没有或缺乏生命的昆虫和动物；

⑦死去的动物或鸟类。

（6）测量收集两种类型的环境样品。

（7）测量员为采集任务准备采样瓶：

①在瓶上标记任务控制编号；

②在瓶上标记样品编号；

③在小组任务日志本上记录所有编号；

④在手套口内安装保护装置；

⑤将左胳膊插入工作手套中；

⑥松开采样托盘上的插销，将托盘拉出至完全伸直的位置；

⑦打开样品瓶；

⑧通过手柄抓住夹钳，将夹钳从托盘滑出；

⑨通过地板窗口观察，使用夹钳从地面抓住样品，将其放入器皿中；

⑩更换托盘中夹钳，更换瓶上的帽子；

⑪任务结束，根据标准作战程序，将样品转交给合适的单位；

⑫标记污染地区，提交更新的 NBC4 报告。

注意：MICAD 自动格式化和传输 NBC4 报告到上级司令部。

### （四）伪装车辆（03-3-D00C4）

条件（提示）：车辆停止或静止数小时，或停在战术位置（车长命令车组伪装车辆)。

标准：在 25 min 内伪装车辆，在 25 min 内撤收并保存伪装设备。

任务步骤：

(1) 车组安装伪装网，车组成员：

①展开伪装网；

②把网边钉牢；

③准备保障系统；

④在指定的开口处提起网兜，放置支撑杆；

⑤将车辆从网下通过指定的开口，使用地面导向器，并放置剩余的支撑杆。

(2) 车组撤收和收藏伪装网，车组成员：

①机组人员打开入口，并使用地面向导，将车辆开出；

②将入口处的网兜提起，取下支撑杆；

③移走桩柱，收藏支撑系统；

④把网折好并装好。

### (五) 在城市军事行动中进行 NBC 侦察 (03-3-D00C5)

条件(提示)：排 / 班接受作战命令 / 断续命令，在建筑地域进行核生化侦察。侦察分队与上级或友邻部队进行通信。排 / 班已经就交战规则和交互规则提供了指导。联军和非作战人员在作战环境中。班长接收排长的警告命令或断续命令去执行任务。

标准：根据标准作战程序、警告命令或断续命令或指挥官的指导，排对建筑地域进行侦察。所有核生化报告上报上级司令部。基于任务、敌情、地形、部队可用时间和民事考虑 (METT-TC)，领导选择侦察方式，排 / 班遵守交战规则和交互规则。

任务步骤：

(1) 排长使用通信、地图、情报摘要和态势报告 (SITREPs) 获得和保持态势感知。排长可以使用部队 XXI 旅及旅以下战斗指挥旅 (FBCB2) 系统。

(2) 排长确定侦察需求：

①使用 troop-leading 计划侦察；

②使用 FBCB2 系统、野战手册和其他战术手段向上级司令部验证需求；

③审查排必须完成的优先情报需求；

④侦察队长与同作战地域附近的友邻部队协调，防止误伤；

⑤侦察队长依据威胁协调防卫；

⑥侦察队长使用通信、地图、情报摘要和 SITREPs 获取和维持态势感知。如果可用，领导可以使用 FBCB2 系统。

（3）排领导确定城市地形的进入路线：

①侦察分队沿着指定的路线前进，检查污染情况；

②如果查明污染，侦察分队确定迂回路线。

（4）排长确定城市内的监视位置。

（5）排长确定可能的核生化危害现场，包括：医院、有毒工业化学品场地、有毒工业物质材料场地、核电站、实验室。

（6）一旦发现污染，侦察队长识别 / 验证毒剂。

（7）侦察队长提供地域安全，并在距污染区边缘 200 m 的附近做标记。

（8）排长向上级司令部提交 NBC4 报告。

（9）如果需要，排长请求下一步任务指示和洗消支援。

## 第三节　洗消 / 发烟分队训练

洗消和发烟分队训练包括基本战斗训练和专业训练。其基本战斗训练与侦察分队相同。

### 一、战斗训练

#### （一）间接火力反应（03-3-D00B1）

条件（提示）：班 / 排正在进行侦察任务（分队成员听到或看到影响他们的位置或班 / 排任何成员的警报）。

标准：如果乘车运动，驾驶员立即将车辆直接移出影响地域，到达排长命令的距离。如果与徒步人员一起运动，驾驶员乘载徒步人员，然后立即将车辆移出影响地域。如果在阵地上，驾驶员将车辆移到另一个阵地，下车人员在他们的战斗阵地上进行防护。

任务步骤：

（1）在乘车运动中，班 / 排对间接火力反应：

①排里的任何成员警报，“来袭”；

②领导给出运动方向和距离，如“3 点，300 m，跟我来”；

③驾驶员迅速向领导命令的方向移出影响地域；

④跟随领导用对讲机重复警报；

⑤领导给出运动的方向和距离，如“3 点，300 m，跟我来”；

⑥人员关闭所有舱口；

⑦驾驶员迅速向领导命令的方向移出影响地域。

（2）在与车辆一起徒步运动中，班 / 排反应间接火力：

①任何成员喊，“来袭”；

②车辆尽可能停下靠近徒步人员，小组登车；

③车辆迅速向领导命令的方向移出影响地域；

④如果可适用，人员关闭所有舱口。

（3）班 / 排正占领集结地域或实施侦察任务。

（4）班 / 排在防御位置对火力作出反应；

①士兵们在他们的战斗位置或最好的掩护下寻求保护，例如在车辆下面；

②任何成员大叫，“来袭”；

③班 / 排在适当的情况下，紧急疏散到预先指定的集合点；

④车辆立即移出影响地域，转移到其他位置；

⑤下车人员在他们战斗位置的头顶掩护下寻求保护。

（5）如果需要，班 / 排的成员移到指定集合点。

（6）班 / 排在指定集合点建立紧急警戒：

①领导清点人员和装备；

②班领导向排领导报告；

③领导提交情况报告。

（7）班 / 排领导如有需要，请求作战洗消。

## （二）接敌反应（03-3-D0034）

条件（提示）：班 / 排处于停止、运动或开战中，敌人向班 / 排开火（分队受到敌人的火力攻击或观察到敌人部队）。

标准：分队立即火力还击。分队准确瞄准目标，并与敌人交战。

任务步骤：

（1）车辆操作员立即将车辆移动到最近的遮蔽位置（如果在运动中）。

（2）战士用一切可用的武器与敌人交战。

（3）班 / 排领导判断是否有足够的战斗力压制，绕开或消灭敌人：

①如果没有足够的战斗力，班 / 排领导发出命令中断联系，并命令一个方向和距离（如 9 点、300 m）或运动到一个位置；战士增加火力压制速度，使用发烟弹遮蔽分队的运动，运动到指定的集合地点并建立本地警戒。

②如果有足够的战斗力，战士用精确的火力定位和攻击已知或可疑的敌人位置；与班长目视接触，指示敌人所在位置。

（4）班 / 排长向上级司令部报告接敌和他们的交战情况。

### （三）化学袭击反应（03-3-D0035）

条件（提示）：班 / 排处于停止、运动中，分队受到化学毒剂袭击（任何一名战士发出化学袭击的声音或视觉信号，或化学报警）。

标准：所有战士在 15 s 内戴上有头巾的防毒面具，在 60 s 内，战士开始皮肤洗消（如果必要）。战士在 8 min 内采取 MOPP4。在 15 min 内战士启动即时洗消（如果必要）。

任务步骤：

（1）战士执行该任务，应对化学或生物危害 / 袭击；

（2）如有必要，战士进行自救或互救；

（3）如有必要，战士使用 M258A1/M291 洗消包进行个人洗消；

（4）班 / 排长向上级司令部报告分队受到化学攻击；

（5）班 / 排使用 M8 化学侦毒纸和 M256 侦毒包识别化学毒剂；

（6）领导确定是否要洗消，并在必要时请求支援；

（7）班 / 排使用 M11 洗消装置、便携式洗消装置、M13 洗消装置或 M100 吸附洗消系统；

（8）如果污染存在，班 / 排在离开前标记该区域；

（9）班 / 排运动或转换，酌情或继续其任务。

### （四）战术护送运动中对伏击反应（03-3-D0036）

条件（提示）：在战术行军中，班 / 排在车队中运动，与敌不期而遇 [（分队受到敌人地面火力攻击或发出命令，“接敌［前］［右］［左］［后］”）]。

标准：班 / 排在遇到伏击后，根据情况和行动立即反应。

任务步骤：

（1）战士在离伏击最近的车辆上向敌人还击，而离伏击最近的班长用无线电联络前方。

注意：远距离伏击离道路超过 50 m，近距离伏击离道路少于 50 m。

（2）如果道路畅通，所有车辆以高速通过杀伤区，并且头车扔下发烟手榴弹遮蔽杀伤区，所有战士以高速火力向敌人开火。

（3）如果道路受阻，所有在杀伤区的士兵都要下车并将其作为掩护。

（4）战士向敌投掷烟雾和手榴弹，并向敌人还击。

（5）杀伤区外的车辆停止，战士下车，占领火力位置，向敌人火力还击。

（6）为了脱离接触，有必要攻击敌人的阵地；机动 1 个班，同时为排的其他成员提供火力支援。

（7）攻击敌人阵地后，采取必要的行动保证该地域安全，搜查任何敌方的战俘或死者，后送伤员，评估车辆和装备毁伤。

（8）班 / 排向作战司令部发送情况报告，并在可能的情况下继续任务。

### （五）破坏接触（03-3-D00B7）

条件（提示）：班 / 排正在运动或静止（分队受到敌人直接火力攻击或观察到敌军优势，班 / 排长命令分队脱离接触）。

标准：班 / 排运动到敌人不能发现的地方，或对其施加有效的火力。

任务步骤：

（1）班 / 排长发出脱离接触的命令。

（2）班 / 排长指定哪一个分队作为支援分队，以及机动哪一个分队去中断接触；

（3）班 / 排长命令运动的距离和方向（如 9 点，300 m）或位置（如集合地点，876 高地）。

（4）支援单元增加火力速率，压制敌人。

（5）分队使用所有可用火力，战士使用烟雾发生器迷惑敌人并隐藏行动，把主要武器对准敌人的方向。

（6）运动分队不用跨越观察单元的火力范围，占领一个观察位置；当敌人发现时，分队使用烟幕遮蔽其运动。

（7）战士在必要时进行射击和运动。

（8）分队重复跃进程序，直到所有接触解脱，或直到分队穿过火力支援部队，或已准备好执行下一个任务。

（9）没有领导指示的情况下，班 / 排运动到最后一个指定的集合点。

（10）班 / 排长运动到集合点，清点人数，整顿队伍，根据需要向被支援部队和连长报告。

## 二、洗消车组训练

### （一）实施 2 号洗消剂（DS2）（03-4-D0017）

条件（提示）：洗消班是洗消排的一部分，承担全面洗消作业（排长通知班长，洗消作业将在指定时间开始，冲洗点分队将发出车辆的接近信号）。

标准：洗消班将 DS2 应用于车辆 / 装备整个外部，并对受污染车辆内部进行洗消，直到没有发现污染为止。

任务步骤：

（1）洗消点使用拖把或 M13 洗消装置、便携式洗消装置和刷子，将 DS2 应用于受污染车辆（每辆车约 5 gal）。

（2）应用 DS2 后，小组指示车辆进入等候地域。

（3）内部洗消小组使用 M8 侦毒纸和 M256A1 标签或化学毒剂监测仪，检查车辆内部。

注意：内部洗消站需要 3 名战士。

（4）如果检测到污染，小组使用浸有 5% 的次氯酸盐或漂白剂的碎布或海绵，擦拭所有可接近的表面和地方。

### （二）伪装车辆（03-3-D00C4）

同化学侦察排。

### （三）展开 3 000 gal 水箱（03-3-D0003）

条件（提示）：（1）友军。分队被赋予任务进行详细装备洗消作业，现场没有可用的自然水源，采用 MOPP。（2）敌人。不可能考虑直接与敌人接触，对友邻部队使用持久性化学毒剂（班长指示一个小组在指定的位置建立 1 580 或 3 000 gal 水箱）。

标准：在 30 min 内建成水箱。

任务步骤：

注意：小组在指定的场地集合，水箱和附件从车上卸下，小组成员按他们的位置进行编号和定位。

（1）小组放置好圆形地布，所有成员：

①在指定位置搜寻可能刺穿水箱的尖锐物体，如金属、石头和棍子等；

②在现场帮助展开和拉伸地布。

（2）小组安装织物水箱，所有成员：

①抓住水箱，放置在地布中央；

②帮助展开水箱，如图 7-7 所示。

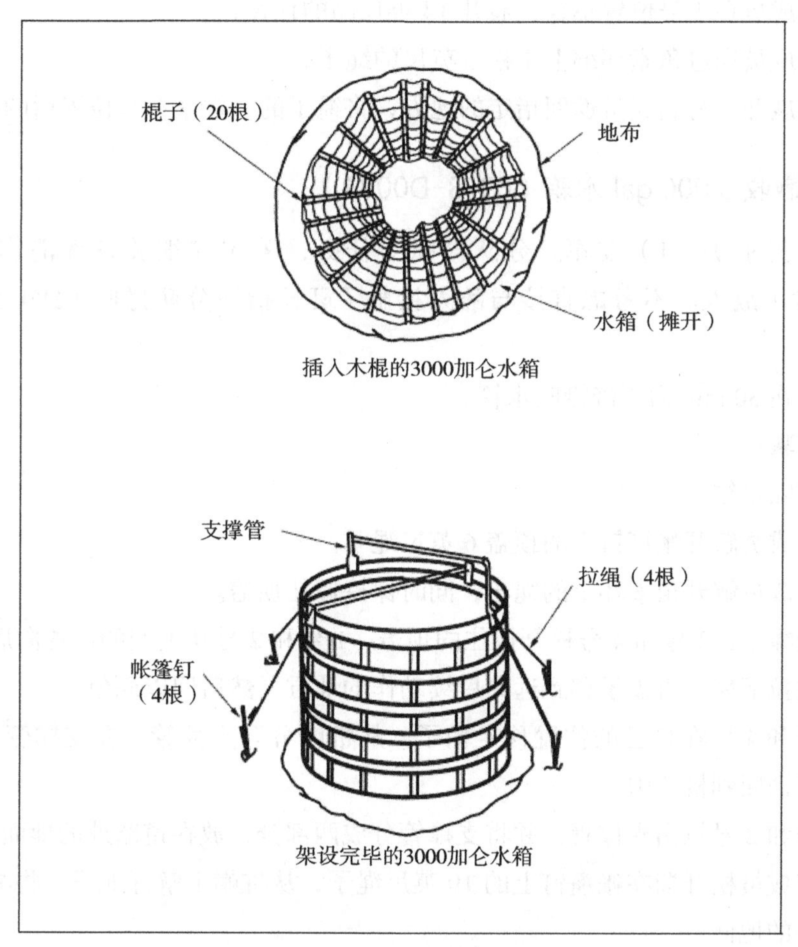


图 7-7 安装水箱

（3）小组安放木桩，每名成员：

①从自己的位置取 5 根木桩；

②从箱底部开始插入木桩，将木桩穿过 5 个环，直到完全插入。

（4）小组附加上铝支撑管：

①小组成员 1 号和 2 号取 2 节铝支撑管拧在一起；

②所有成员确保每根管延伸通过到对面的成员，使用直钉和鞘钉将末端连接到桩帽。

（5）绑上绳子，每名成员：

①取 1 根木制帐篷钉，砸入地面，距自己位置的帽桩 5 英尺；

②取 1 根 10 英尺绳子，系在桩帽眼一端，拉紧，然后，固定在帐篷钉，拉紧。

（6）小组安装顶盖：

①所有成员在 1 号位置集合，展开 14 英尺高的顶盖；

②每名成员通过角索环绑上 1 根 6 英尺的绳子；

③顶盖展开，每名成员返回指定的地方，将绳子的一端系在其位置后的帐篷钉上。

### （四）撤收 3 000 gal 水箱（03-3-D0004）

条件（提示）：（1）友军。分队被赋予任务，关闭详细装备洗消作业，采用 MOPP4。（2）敌人。不考虑直接与敌人接触（班长指挥分队撤收 1 580 或 3 000 gal 水箱）。

标准：在 30 min 内正确撤收水箱。

任务步骤：

（1）拆除水箱：

①所有成员解开帐篷钉上的顶盖 6 英尺绳子。

②所有成员解开角索环上的绳子，同时保持握住顶盖。

③移走绳子，3 号和 4 号松开握住的顶盖，1 号和 2 号从他们的位置向后移动，将盖子从水箱拉下来，将盖子移到远离后续动作的地方，然后回以原位。

④ 3 号和 4 号在自己的位置移走鞘子，从桩帽分开支撑管，在支撑管被分离后，他们将鞘子插回到桩孔中。

⑤ 1 号和 2 号拉出支撑管，并将支撑管分成两部分，放在道路外的地面。

⑥所有成员松开捆在帐篷钉上的 10 英尺绳子，从桩帽上解开绳子，将绳子和桩帽放在道路外的地面。

⑦所有成员移走桩，将其放在道路外的地面。

⑧ 2 号运动到 4 号旁边，两人向前移动，直到他们能抓住 2 号位最近的水箱顶；向后移动，拉着水箱，直到他们将水箱全部翻过来；1 号和 3 号根据需要提供协助。

注意：水箱翻过来，排干剩余的水。

⑨ 2 号和 4 号移动到水箱对面，并把它拉回到原来的位置。

（2）小组成员回到自己的位置，叠水箱：

①第一次折叠，1 号和 3 号保持各自的位置，同时抓住水箱边；2 号和 4 号将两边对折到中间，两边之间留出约 18 英寸的空间，如图 7-8 所示。

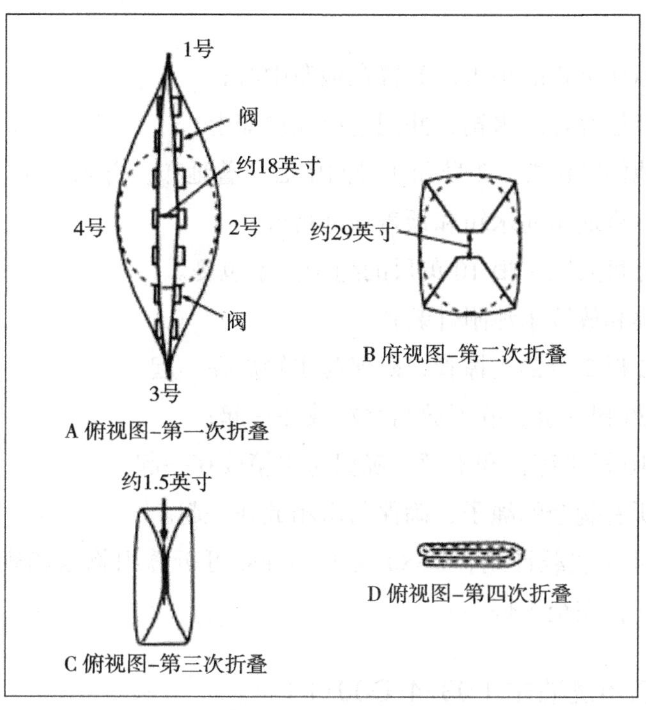


图 7–8 撤收水箱

②第二次折叠，2 号和 4 号向后移动，而 1 号和 3 号向中间折边，与第一次折成直角，留出 29 英寸左右的空间。

③第三次折叠，1 号和 3 号向后移动，而 2 号和 4 号再次向中心折边，在边缘之间留下大约 1.5 英寸。

④第四次折叠，2 号和 4 号返回，抓住最靠近 3 号水池的角，然后 3 名成员以 1/3 水箱的长度向 1 号边折叠，以第一次相同的方法折叠第二次。

（3）折叠顶盖：

①每名成员抓住顶盖的一个角，拉紧，放置在地面上。

②所有成员然后向右运动，直到他们集中在顶盖边，他们应按照 1 号、2 号、3 号、4 号原来顺序定向。

③ 2 号、4 号运动到顶盖最靠近 3 号的一角。

④ 2 号、3 号和 4 号以顶盖 1/3 的长度折叠，叠向 1 号，他们折叠到 1 号边，进行第 2 次叠。

⑤所有成员重新回到他们的位置，1 号和 3 号运动到顶盖最靠近 4 号的角。

⑥ 1 号、3 号和 4 号然后以叠后顶盖的 1/3 长度叠一次，叠向 2 号，然后他们将折叠的边带向 2 号边。

注意：地布应仍在其展开的位置。

（4）叠地布：

①所有成员抓住折叠的顶盖，放置在地布中心；

②所有成员抓住叠好的水箱，并把它放在顶盖上；

③成员返回他们的位置，2 号和 4 号向中心折叠地布，并盖在水箱和顶盖顶部；

④ 1 号和 3 号将地布向水箱和顶盖顶部折叠；

⑤ 2 号和 4 号每人取 1 根 10 英尺的绳子捆紧包裹。

（5）小组收集和放置水池附件装备：

① 1 号收集 2 根 2 节铝支撑管，确保与水箱放在一起；

② 2 号收集 20 根木桩，确保放与水箱放在一起；

③ 3 号收集 10 根帐篷钉和木锤，确保与水箱放在一起；

④ 4 号收集所有剩余的绳子，确保与水箱放在一起。

注意：根据部队装载计划，1 580 或 3 000 gal 可折叠织物水箱现在准备装载。确保水箱在存储之间，完全干燥。

### （五）开设初步洗消站（03-4-D0011）

条件（提示）：洗消班是洗消排的一部分，任务是进行全面洗消作业（排长给班长下达命令，建立初步洗消站）。

标准：接到命令后，30 min 内开设初步洗消站。

任务步骤：

（1）在洗消场内建立初步洗消站，如图 7-9 所示。

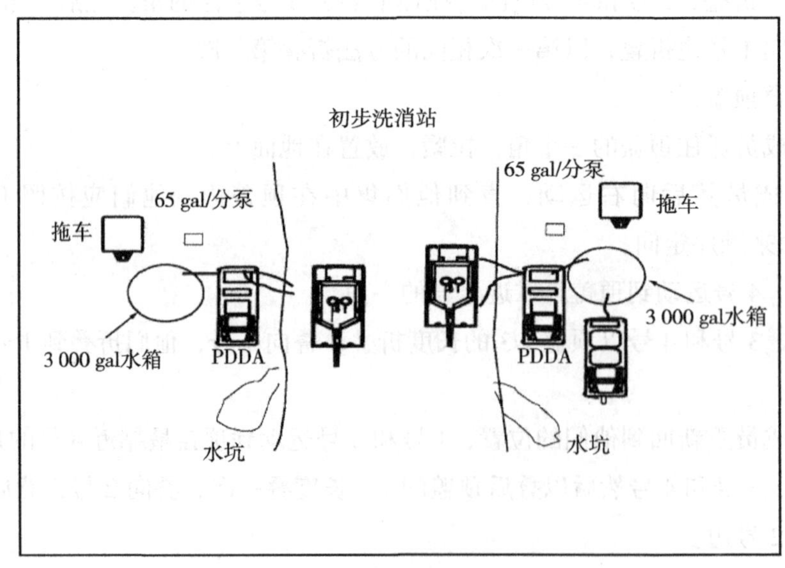


图 7-9　开设初步洗消站

注意：班长和排长在场地选择上意见一致。选择的场地便于进出、排水、遮蔽和隐蔽。

（2）在初始洗消站 10 英尺内，放置 1 个或更多 M17 轻型洗消装置拖车。

（3）展开 1 580 或 3 000 gal 织物水箱。

（4）停放一辆带有水箱和泵的 5 t 卡车，为织物水箱注水。

注意：没有排领导下达命令，不能向织物水箱加水。

（5）在织物水箱边放置 1 个 65 gal 或 125 gal/min（gpm）的泵，以在 M17 轻型洗消装置故障时提供备用支援。

（6）如果需要，可以伪装所有车辆和装备。

（7）战士在操作前，对所有车辆 / 装备进行预防性维修检查和服务，并立即报告所有故障。

### （六）开设检查站（03-4-D0014）

条件（提示）：洗消班是洗消排的一部分，其任务是进行全面洗消作业（排长或排军士给班长下达命令，建立检查站）。

标准：在接到命令后 15 min 内建立检查站。

任务步骤：

（1）将检查站的位置开设在洗消站的热线对面，如图 7-10 所示。

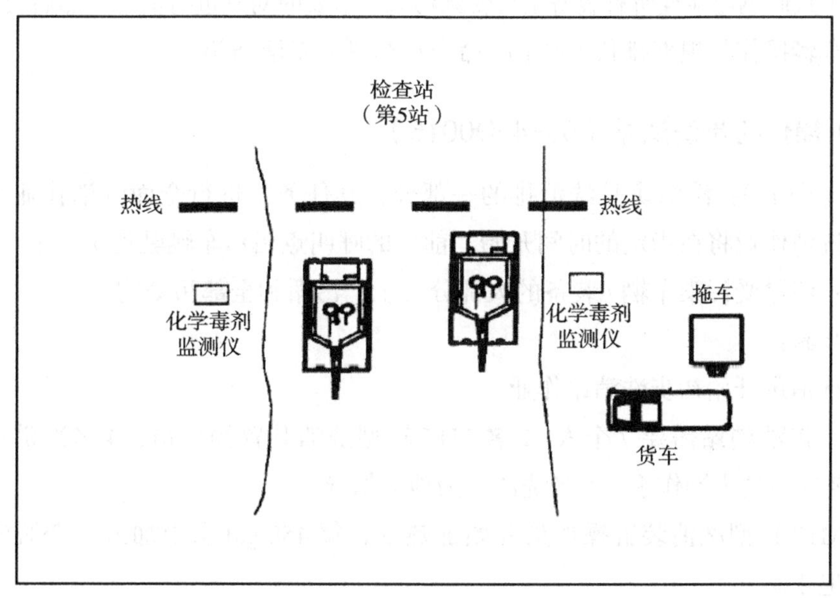


图 7-10　开设检查站

注意：排长和班长同意此场地。选择的场地便于进出、排水、遮蔽和隐蔽。

（2）班 / 排长确定污染装备的回收路线。

注意：选择的路线防止污染扩散到清净区。

（3）指挥官与化学分队领导一起制定回收标准。

（4）在污染检查点卸下如下物品：20 包 M8 侦毒纸、2 个带额外的过滤器和电池的化学毒剂监测仪（CAM）、10 个 M256 侦毒包。

（5）战士作业前对所有车辆 / 装备进行预防性维修检查和服务，并立即报告所有故障。

### （七）关闭初步洗消站（03-4-D0019）

条件（提示）：洗消班是洗消排的一部分，承担全面洗消作业的任务（排长通知班长洗消作业完成，启动关闭程序）。

标准：停止作业，清洗装备，重新装载所有装备和物品。

任务步骤：

（1）最后一辆车处理后，向 5 t 卡车、M17 轻型洗消装置、65 gpm 或 125 gpm 泵和织物水箱喷洒热肥皂水；

（2）然后 M17 轻型洗消装置操作员关闭 M17，开始作业后的预防性维护检查与服务；

（3）战士抽干 1 580 或 3 000 gal 织物水箱中的水；

（4）士兵们迅速检查所有装备是否受到污染，必要时对其进行消毒，然后装上卡车；

（5）车辆操作员根据排长 / 中士的命令将车辆移至清洁等候区。

### （八）操作初步洗消站（03-4-D0016）

条件（提示）：洗消班是洗消排的一部分，其任务是进行全面洗消作业（排长通知班长，洗消作业将在指定的时间开始，前方的呼叫点指示车辆驶近）。

标准：清除受污染车辆 / 装备的大部分泥土、污垢和全部污染物。

任务步骤：

（1）洗消班开始初步洗消站作业 .

注意：该洗消站需要 7 个人：2 名 M17 轻型洗消装置操作员，4 名洗消员和 1 名班长，3 名洗消员为操作手，1 名洗消员为地面指导。

（2）M17 轻型洗消装置操作员开始加热水，每 450 gal 水中加入一夸脱洗消剂制成热的肥皂水。

（3）用 5 t 水箱和泵装置向 1 580 或 3 000 gal 织物水箱加满水。

（4）车辆操作员将 5 t 水箱和泵开到取水点，重新加满两个舱。

（5）战士用热肥皂水洗刷每辆受污染的车辆（每辆车约 250 gal）。

（6）如果 M17 轻型洗消装置发生故障，战士使用 65 gpm 或 125 gpm 泵作为备份系统。

### （九）开设内部洗消站（03-4-D0012）

条件（提示）：洗消班是洗消排的一部分，其任务是进行全面洗消作业（排长命令班长，开设 DS2 应用和反应时间 / 内部洗消站）。

标准：接受命令后，在 1 h 内开设内部洗消站。

任务步骤：

（1）排长和班长在洗消场内选择一块地方作为 DS2 应用和反应时间 / 内部洗消站，如图 7-11、图 7-12 所示。

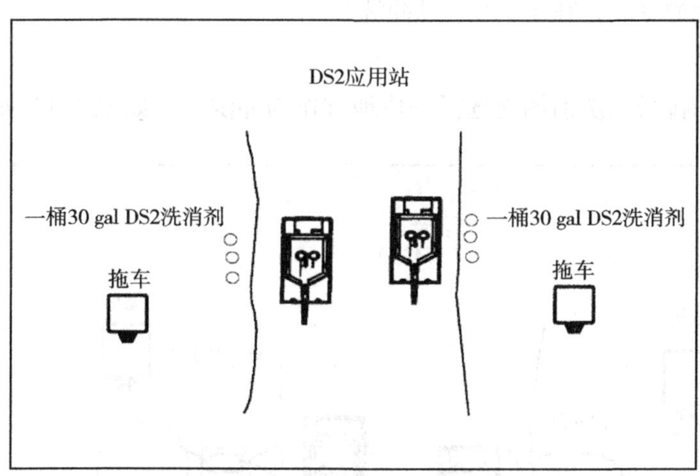


图 7-11　建立 DS2 应用洗消站

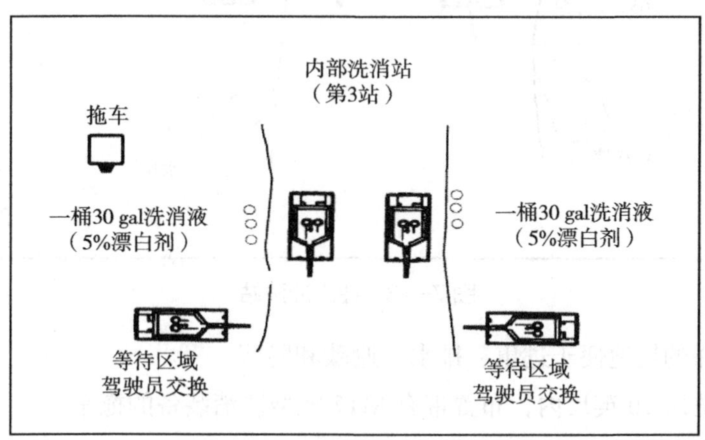


图 7-12　建立内部洗消站

注意：选择的场地便于进出、排水、遮蔽和隐蔽。

（2）将拖车放置在 DS2 应用洗消站，并在洗消站两边卸下 DS2，如果不使用 M13 洗消装置，旁边放置 2 个拖车和 30 gal 大的垃圾桶。

（3）在洗消站附近建立一个浸入式加热器，并把垃圾桶加满水。

（4）如果需要，战士卸下附加物品。

（5）士兵在操作前对所有车辆及设备进行预防性维护检查和服务，并立即报告所有故障。

### （十）开设冲洗站（03-4-D0013）

条件（提示）：洗消班是洗消排的一部分，其任务是进行全面洗消作业（排长命令班长建立冲洗站）。

标准：接受命令后，在 1 h 内开设冲洗站。

任务步骤：

（1）班长和排长在洗消场内选择一块地方作为冲洗站，如图 7-13 所示。

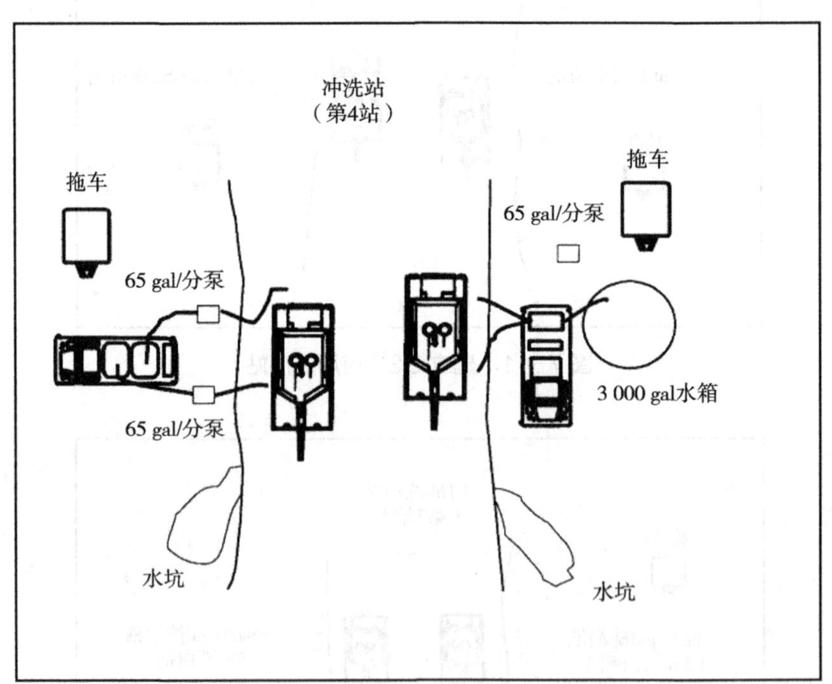


图 7-13　建立冲洗站

注意：选择的场地便于进出、排水、遮蔽和隐蔽。

（2）在冲洗站 10 英尺内，布置带有 M17 轻型洗消装备的拖车。

（3）展开 1 580 或 3 000 gal 织物水箱。

（4）布置带有水罐和泵的 5 t 卡车，为织物水箱注水。当水箱加满，车组离开洗消场，为水箱和泵装置吊舱重新加水。

注意：没有排长下达命令，水不能注入织物水箱。

（5）战士在水箱和泵旁边放置 2 个 65 gpm 或 125 gpm 泵，在 M17 轻型洗消装置发生故障时提供备份支援。

（6）如果需要，战士伪装所有车辆和装备。

（7）战士在作业前对所有车辆 / 设备进行预防性维护检查和服务，并立即报告所有故障。

## （十一）关闭冲洗和检查站（03-4-D0021）

条件（提示）：洗消班是洗消排的一部分，其任务是进行全面洗消作业（排长通知班长洗消作业完成，开始关闭程序）。

标准：停止作业、清洁装备、重新装载所有装备和物资。

任务步骤：

（1）最后一辆车辆处理完毕，用热肥皂水冲洗 5 t 卡车、M17 轻型洗消装置和 65 gpm 或 125 gpm 泵和织物水箱；

（2）轻型洗消装置操作员关闭去污装备，开始作业后的预防性维护检查和服务；

（3）将 1 580 或 3 000 gal 水箱的水排干；

（4）迅速检查所有受污装备，如果必要对其进行洗消，然后装上卡车；

（5）将所有使用过的物品（M256A1、M8 和 M9 侦毒纸）放到水坑；

（6）用土盖上水坑，如果可行的话，应按要求标记场地；

（7）撤收所有伪装；

（8）所有车辆操作员在排长 / 中士的指挥下将车辆移至清洁等候区。

## （十二）关闭内部站（03-4-D0020）

条件（提示）：洗消班是洗消排的一部分，其任务是进行全面洗消作业（排长通知班长洗消作业已完成，开始关闭程序）。

标准：停止作业、清洁装备、重装所有装备和物资。

任务步骤：

（1）最后一辆车处理完毕后，战士迅速检查所有剩余的设备是否受到污染，必要时对其进行消毒，然后装上卡车；

（2）将所有用过的物品放进坑里，包括任何用于 2 号洗消剂（DS2）中打开的罐子、在应用 DS2 中用过的拖把和刷子、M256A1 和 M295 洗消包及海绵；

（3）用土盖上水坑，如果可行的话，按要求标记场地；

（4）撤收所有伪装。

## （十三）操作冲洗和检查站（03-4-D0018）

条件（提示）：洗消班是洗消排的一部分，其任务是进行全面洗消作业（排长通知班长，洗消作业在指定的时间开始，等待区发出车辆驶近的信号）。

标准：冲洗受染车辆的 2 号洗消剂（DS2），然后检查每辆车辆，以确定车辆的风险是否可忽略不计，或仍然存在严重的污染残留。

任务步骤：

（1）洗消班开始操作冲洗站和检查站。

注意：洗消站要求 3 个人：1 名 M17 轻型洗消装置操作员和 2 名洗消员，检查站需要 2 名军士。

（2）M17 轻型洗消装备操作员开始加热水。

（3）用 5 t 水箱和泵向 1 580 或 3 000 gal 织物水箱加满水。

（4）5 t 水箱和泵装置操作员移到水点，注满 2 个水槽。

（5）用热肥皂水（每车约 250 gal）清洗污染车辆（2～3 min）。

（6）如果 M17 轻型洗消装置发生故障，战士用 65 gpm 或 125 gpm 作为备份系统。

（7）在检查站，使用化学毒剂监测仪检查化学蒸汽的存在，然后使用 M8 侦毒纸验证液体污染的存在。

（8）如果车辆有明显的污染残留，士兵根据指挥官的回收标准回收车辆到 2 号站。

## （十四）占领作战洗消场（03-4-D0023）

条件（提示）：在前线作战地域，洗消班支援部队进行作战洗消，与排其他分队分开（排长向班长下达警报命令 / 断续命令，要求在不迟于规定的时间占领作战洗消场）。

标准：在不向敌人暴露场地位置的情况下，占领并开设作战洗消场。

任务步骤：

（1）班长带领分队从排的位置出发，以战术路线行进到拟建的洗消场附近：

①班长和 2 名战士徒步到洗消场，并进行勘察；

②如果场地可行，班长示意成员进入场地。

（2）M17 轻型洗消装置操作员将 M17 放置在车辆冲洗点，并开始作业前预防性维修检查和服务，向班长报告所有故障。

（3）战士们将 5 t 重的水箱和泵装置放置在 M17 附近作为水源。

（4）伪装所有车辆。

（5）班长布置好岗哨，并设置警戒线。

（6）班长向排长或被支援单位报告情况。

（7）班长准备派人守在联络点。

（8）班长指定 MOPP 装备更换点的位置。

（9）所有驾驶员在车辆上进行作业后的预防性维护检查和服务，向班长报告所有故障。

### （十五）对受污染车辆进行清洗（03-4-D0024）

条件（提示）：洗消班在前线作战区执行作战洗消，与排内其他人员分开（在联络点与污染单位接触后，班长下达命令，对污染车辆进行冲洗）。

标准：向所有车辆喷洒热肥皂水，以清除全部污染。

任务步骤：

（1）操作员启动洗消装置，进行加热。

（2）战士用热肥皂水冲洗污染车辆 2～3 min。

（3）战士从 5 t 的水箱和泵装置中取水。

（4）当所有水从水箱和泵装置中取出后，班长决定是否需要更多的水：

①如果需要更多的水，水箱和泵装置操作员将水箱和泵装置移动到供水点，重新装满两个水槽；

②如果不需要更多的水，水箱和泵装置放在原地。

（5）将所有受染人员引导到 MOPP 装备更换点。

注意：MOPP 装备更换点由受染部队建立和运行。

（6）受染部队负责现场安全。

（7）班长向排长报告情况，洗消行动已经开始，并估计何时完成任务。

### （十六）关闭作战洗消场（03-4-D0025）

条件（提示）：在前线作战地域，洗消班关闭作战洗消场，与排其他人员分开（洗消作业完成后，班长命令关闭场地）。

标准：检查车辆和装备是否受污染，并按要求进行洗消，所有装备上装。洗消场关闭后，班运动到指定地点。没有人员受到污染。

任务步骤：

（1）最后一辆车处理完毕后，用热肥皂水喷洒 5 t 卡车、M7 轻型洗消装置和 5 t 的水箱和泵装置。

（2）M17 轻型洗消装置操作员关闭装备，开始作业后的预防性维护检查和服务。

（3）用 M8 侦毒纸或化学毒剂监测仪（CAM）检查所有装备和车辆是否受到污染，必要时对其进行洗消。

（4）将所有装备装上卡车。

（5）检查污染区域，使用标准的北约标志标记为污染区域。

（6）战士撤收所有伪装。

（7）所有车辆操作员将他们的车辆（根据命令）移动到班长指定的清洁区域。

（8）班长布置好岗哨，并设置警戒线。

（9）战士在清洁区域再次检查污染情况：

①发现的任何污染都要去污；

②进行 MOPP 装备更换，洗消班适当降低 MOPP 级别。

（10）班长联系排，提供所有污染区域的坐标，更新排态势。

（11）班准备进行战术道路行军到下一个地点。

### （十七）占领全面洗消场（03-3-D0029）

条件（提示）：双用途排接收命令，建立全面洗消场地，支援受染部队（排长接收被支援部队或连长的命令，占领全面洗消场地，进行详细部队和装备洗消）。

标准：占领场地后，在 90 min 内开设全面洗消场。

任务步骤：

（1）排长勘察场地，判断该地有无污染和敌军。

（2）排长为受染部队选择洗消前集结地域。

（3）排长为详细装备洗消选择场地，第 1、第 2 和第 3 班运动到该位置：

①第 1 班准备初级洗消；

②第 2 班准备 2 号洗消剂（DS2）和反应时间 / 内部洗消站（将 M17 轻型洗消装置交给 1 班）；

③第 3 班准备冲洗站和检查站。

（4）排长为详细部队洗消选择场地，第 2 班在开设 2 号和 3 号站位后，运动到该位置，准备详细部队洗消线。

（5）排军士选择呼叫前沿。

（6）排长的司机准备洗消控制点，并监控电台。

（7）占领场地后，排领导确定工作优先级，即占领现场后，排长确定工作的轻重缓急，基于安全、洗消装备的配置、伪装、有线通信建立、装备和车辆的预防性维修检查和服务和其他。

## 三、发烟分队训练

### (一)发烟(机动)(03-3-D0037)

条件(提示):发烟班/排承担发烟任务,支援机动指挥官的机动计划(排长或排军士下令发烟)。

标准:在不损失人员和装备的情况下,按照机动指挥官的机动方案发烟。

任务步骤:

(1)班/排根据任务、敌人、地形、部队、可用时间和民事因素(METT-TC),采用适当的运动队形和方法,运动到发烟区域,以覆盖发烟目标,如图 7-14、图 7-15、图 7-16、图 7-17 所示。

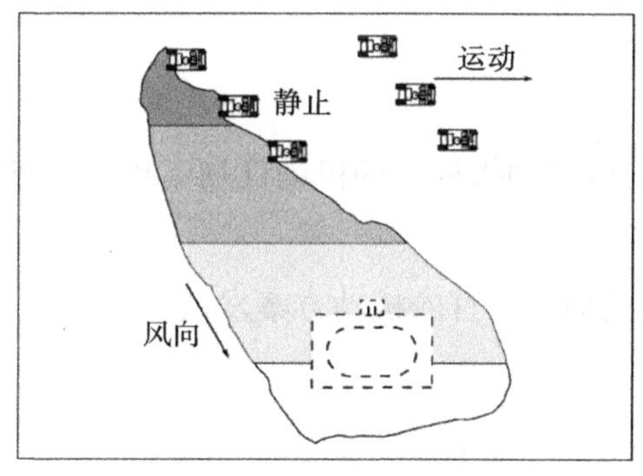


图 7-14 跃进发烟方法

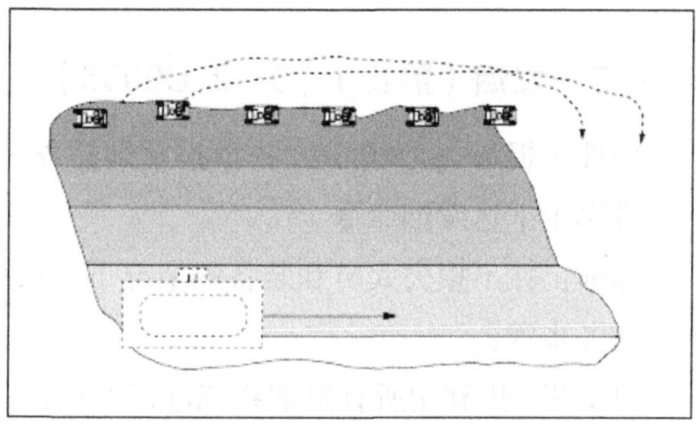

图 7-15 纵队/梯队发烟法

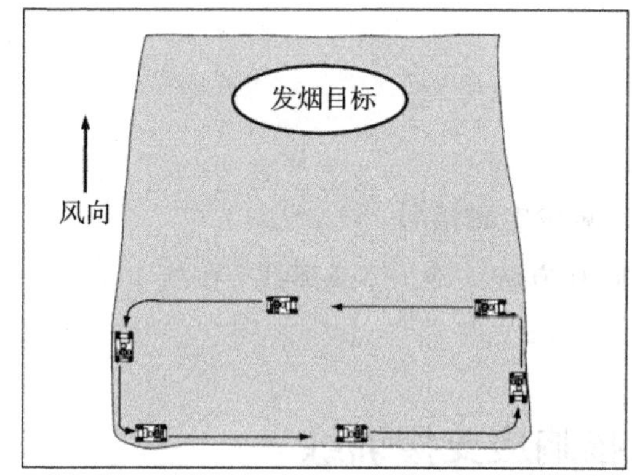


图 7-16 赛道发烟方法

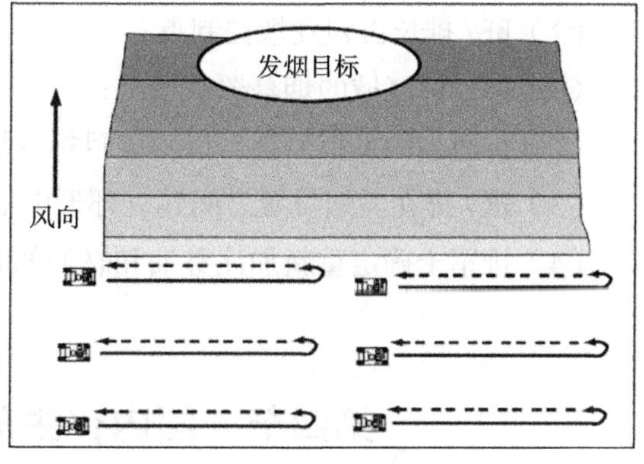


图 7-17 来回运动发烟方法

①运动方法:行进、掩护、交替掩护;

②运动队形:右/左梯形、楔形、V 字形、线形、纵队形;

③静止队形：人字形、线圈形；

④机动发烟作业方法：来回方法、跃进方法、班跃进、交互跃进、赛车道方法。

（2）发烟班 / 排运动到隐蔽的位置，准备发烟作业。

（3）根据命令运用发烟系统。

（4）如果需要，用发烟罐弥补发烟车。

（5）排长在烟雾控制点 / 位置，观察烟雾目标 / 目标的覆盖范围，并指示班 / 排作出适当的调整。

（6）如果在静止位置，班 / 排建立有效的通信（在所有烟雾载体之间），将减少电子信号。

（7）排长监视所有载烟车的雾油、发动机汽油和 JP-8 水平，并确定是否需要冷 / 热，或离线 / 在线加油操作。

（8）排军士决定何时开始加油。

### （二）发烟（静止）（03-3-D0038）

条件（提示）：发烟班 / 排承担发烟任务，支援机动指挥官的机动计划（班长、排长或排军士下达发烟命令）。

标准：在不损失人员和装备的情况下，按照机动指挥官的机动方案发烟。

任务步骤：

（1）班 / 排利用所有发烟系统进行发烟：

①根据需要，使用发烟罐弥补发烟车；

②根据需要，设置欺骗性发烟位置。

（2）班 / 排长占领发烟控制点：

①观察目标区域的烟幕覆盖情况；

②进行适当的发烟调整，以覆盖目标区域。

（3）班 / 排在发烟位置之间建立环形电话，减少电磁信号。

（4）排军士确定重新加注雾油和燃油的时间和方法（冷 / 热或离线 / 在线）。

## 第四节　国内化生放核响应支援训练

承担化生放核国内支援任务的化学兵，应进行国内化生放核响应支援训练，训练内容包括侦察、洗消、伤员分检、人员搜索等任务，但不包含战斗训练。

## 一、侦察训练

### （一）准备化生放核侦察作业（03-3-DC112）

条件（提示）：恐怖主义行为包括大规模杀伤性武器伤害已经发生。化学侦察分队接收到警报、召回和集合的命令，支持国内响应化生放核侦察任务。装备已经分发和预先装载。分队车辆是可用和有用的，分队接收准备化生放核侦察任务的报警命令。

标准：车组根据操作员手册对装备和车辆进行预防性维修检查和服务。根据部队标准作战程序和装载计划，准备装备和车辆。

任务步骤：

（1）分队接收到警报命令；

（2）根据化生放核和编制装备表装备，排军士和班长清点人员和物品；

（3）排长进行侦察（如果不能到达事故现场，绘制侦察图）；

（4）排长准备地图、透明图和路线图，并分发给车长；

（5）班长和车长进行战前检查；

（6）班长确保所有装备故障被排除，向排长 / 军士报告；

（7）班长使用当前的装载计划，确保车辆装载适当，以便持续作业；

（8）排长用正确的呼叫信号进行无线电检查；

（9）排长 / 军士检查排个人物品、化生放核侦察、编制装备表装备和车辆；

（10）准备工作完成后，排长通知司令部；

（11）全排成员分成组；

（12）指定每个组进入、支援和安全的职责。

### （二）为化生放核侦察收集化生样品（03-3-DC115）

条件（提示）：恐怖主义行为包括大规模杀伤性武器伤害已经发生。化生放核侦察分队分为两组，进场小组进入热区，在事故现场遇到可疑物质。

标准：化生放核侦察分队收集化学或生物样品，分队对样品进行标记，维持军方的保管链。

任务步骤：

（1）进场小组穿戴 PPE 装备：

①采用同伴互助方法穿戴 PPE 装备；

②检查和验证合适的 PPE 装备的适配性和功能。

（2）进场小组维持态势感知：

①维持伙伴机制；

②进行持续的危害监测检查。

（3）进场小组收集样品：

注意：样品用 2 盎司容器收集。

A 标记、标签和记录样品信息（包括：样品如何获得；样品的物理描述；何时收集样品；样品获得的地点；样品的编号）；

B 建立和维持军方的保管链（实际控制）。

（4）进场小组保持通信：

①保持相互可见；

②与组长保持通信，根据样品收集计划提供报告。

（5）进场小组报告采样点，转交样品。

（6）进场小组向洗消线报告并进行处理。

### （三）为化生放核行动进行辐射侦察准备（03-3-DC116）

条件（提示）：恐怖主义行为包括大规模杀伤性武器伤害已经发生。放射性散布装置在事件地爆炸。技术洗消线已经建立，侦察分队接到警报和通知，在城市地区常规爆炸后存在潜在的放射性危害。分队被告知做好辐射侦察的准备。

标准：侦察小组在 1 h 内进行徒步辐射侦察，技术支援和救援小组已做好响应准备。

任务步骤：

（1）准备在热区进行辐射侦察：

①按照合适的技术手册，确保对分队辐射侦察装备进行了预防性维护检查与服务；

②确保通信装备正常运行；

③与排长进行通信；

④进行辐射本底测量；

⑤向排长报告辐射侦察结果。

（2）从排长处接收返回剂量和剂量率。

（3）穿戴 A 级 PPE 装备。

（4）记录和报告空气瓶开始时间。

（5）报告任务就绪状态，并等待进一步指示。

## 二、防护装备训练

### （一）穿戴 A 级人员防护装备（PPE）（03-3-DC114）

条件（提示）：恐怖主义行为包括大规模杀伤性武器伤害已经发生。在事故现场冷区，每名小组成员有一套完整的 A 级 PPE 装备。排长指示 2 个或更多侦察小组穿戴 A 级 PPE 装备。

标准：穿戴 A 级 PPE 装备，整个身体被包裹，在装具里没有裂缝和裂口。

任务步骤：

注意：战士在参加训练前应接受预先体检。

（1）穿戴自给式呼吸设备（SCBA）：

①提起气瓶，让岐管和背带自由悬挂（调整后偏心带扣自动锁定）；

②打开偏心侧扣，展开背带，将 SCBA 放在背上，气瓶阀门朝下；

③将面具带环绕在头上；

④拧紧并压紧两侧的偏心杠，将松开的表带末端塞入表带下；

⑤将背带分别向两侧展开，确保偏心扣打开，背带完全展开；

⑥双手抓住背板或气瓶（最好一手抓一边）；

⑦将气瓶阀门背离身体；

⑧戴上头带。

（2）穿戴 A 级 PPE 装备：

注意：在穿戴装备之前，进行目视检查并对装备进行气压测试。装备只有在没有故障的情况下才能使用。一名助手在场帮助完成换装程序。如果在室外训练，小组成员应找一个干净、平坦的地方站立。每名小组成员在穿戴装备前，都要拿掉里面衣服里所有突出的物品（钢笔、珠宝、徽章等）。

①脱掉鞋子或靴子；

②将双腿放入装备；

③穿上内袜；

④穿上安全靴；

⑤用防溅罩盖住安全靴；

⑥手和内手套洒上滑石粉，或使用单独的棉手套；

⑦将右臂伸进装备；

⑧展开装备的背部盖住气瓶；

⑨将左臂伸进装备；

⑩将软管连接在装备通风设备 / 外部送风装置；

⑪戴上安全帽；

⑫戴上面罩或呼吸面罩。

（3）使用个人通信系统进行通信检查。

（4）助手拉上拉链，关闭盖子。

（5）戴上外手套。

### （二）更换空气瓶（03-3-DC118）

条件（提示）：恐怖主义行为包括大规模杀伤性武器伤害已经发生。国内响应化生放核侦察分队在热区穿着 A 级个人防护装备。小组气瓶压力计指示，剩余空气容量不足 30%，排长下达撤离热区的命令，通过技术洗消线处理，并更换空气瓶。

标准：国内响应化生放核侦察小组要求更换空气瓶。小组从热区撤回，通过技术洗消线进行处理，并成功更换空气瓶。

任务步骤：

注意：该训练由两名身穿 A 级个人防护装备的战士执行，最少指定一名观察员，戴上丁基橡胶手套，更换空气瓶的人员坐在凳子或无靠背的椅子上。

（1）侦察小组通过技术洗消处理，运动到气瓶更换点；

（2）同伴 A 命令："我现在给你换空气瓶，请坐，面朝观察员"；

（3）同伴 B 坐下，等待下一步命令；

（4）同伴 A 解开同伴 B 的 A 级装具，说："我现在将更换你的空气瓶，断开调节器"；

（5）同伴 B 断开调节器，答复"调节器断开"；

（6）同伴 A 说："我现在将关闭你的空气瓶"；

（7）同伴 B 答复，"气瓶关闭"；

（8）同伴 A 启动气瓶安全装置，顺时针旋转空气供应阀至关闭位置；

（9）同伴 A 命令："给高压管道放气（Bleed）"；

（10）同伴 B 放掉高压管道的气，当再听不到空气逸出时，同伴 B 说："高压管道放气完毕"；

（11）同伴 A 说："我将断开你的高压管道"；

（12）同伴 B 答复，"断开"；

（13）同伴 A 转动手轮断开高压线，然后将高压线放到同伴 B 的装具中；

（14）同伴 A 说："我将释放气瓶锁定机械"，然后松开气瓶锁定机械，从背部取走空的空气瓶，将其放在地上；

（15）同伴 A 将充满气的气瓶放置在背带总成中，连接高压软管，将气瓶插锁在底板上；

（16）同伴 A 完全打开新气瓶上的手轮，读取压力计上的压力，告诉同伴 B 还剩多少空气；

（17）同伴 B 站起来，同伴 A 重新拉上拉链并复位 A 级 PPE 装备。

## 三、洗消训练

### （一）国内响应伤员洗消（DRCD）作业准备（03-3-DC101）

条件（提示）：恐怖主义行为包括大规模杀伤性武器伤害已经发生。分队接到警报、召回和集合的命令，以支持国内响应伤员洗消任务，装备已经分发并预先装到集装箱。分队接收到为 DRCD 作业做准备的命令。

标准：每名成员根据作业手册对装备和车辆进行维护检查和服务。装备和车辆根据分队标准作业程序和装载计划进行准备。集合车辆，为车队机动做好准备。

任务步骤：

（1）对装备和车辆进行预防性维护检查与服务；

（2）确保所有装备故障被排除，向排长报告状态；

（3）使用当前的装载计划，确保车辆为持续作业进行合适的装载；

（4）使用合适的呼叫信号进行无线电检查；

（5）检查个人、国内响应伤员洗消和车辆准备情况；

（6）准备完毕，通知排长。

### （二）建立国内响应伤员洗消场（03-3-DC102）

条件（提示）：恐怖主义行为包括大规模杀伤性武器伤害已经发生。分队已接收开设伤员洗消场地的任务。事件指挥官已确定接收和处理行走和不能行走伤员的地点。排长指示分队开设洗消场。

标准：分队在接收到指示 90 min 内，卸下物资、帐篷、装备和车辆，建立洗消场。

任务步骤：

注意：应该尽可能快地开设伤员洗消场，以便尽快处理伤员。伤员洗消走廊位于污染控制走廊内，始于热区，通过温区，止于伤员处理出口（延长到冷区约

30～50 m）。

（1）卸下物资和装备。

（2）建立如下区域：

①伤员收集点；

②伤员分检站；

③应急治疗站；

④液体污染废物区；

⑤固体污染废物区；

⑥登记站包括不能行走洗消站（污染物中和区、最后冲洗区、污染检查区）和行走洗消站（污染物中和区、最后冲洗区、污染检查区）；

⑦脱衣站：中和区、等待区、冲洗区、检查区；

⑧伤员洗消帐篷；

⑨装备 / 资产洗消站；

⑩重穿衣帐篷；

⑪伤员处置 / 注销站。

### （三）建立模块防护单元（03-3-DC105）

条件（提示）：恐怖主义行为包括大规模杀伤性武器伤害已经发生。该分队拥有具有模块化的洗消防护单元，指示其建立起来。

标准：在接收到命令 1 h 内安装和运行模块化洗消防护单元。

任务步骤：

（1）检查模块化洗消防护单元。

（2）将干净的塑料板放在地上。

（3）将控制平台放置在塑料布上。

（4）建立模块化洗消防护单元：

①在防护单元的每个角落站一个人；

②在抬起防护单元过程中，按下每个角落的 2 个红色旋钮；

③将桩以 90° 插入地下，离单元约 4～6 英尺；

④把绳子绑在木桩固定住；

（5）安装电灯。

（6）安装地板托盘：

①将托盘放在地板上；

②用塑料拉链把每个托盘绑在相邻的托盘。

（7）将污水泵放在水池中。

（8）将排放软管放入液体危害废物容器中。

（9）为不能走动的伤员安装滚轮系统。

作业场地要求：至少 100 m × 50 m，具有水泥、沥青或压实碎石地基，位于温区，距离消除栓 150 m。

### （四）建立污染废物系统（03-3-DC106）

条件（提示）：恐怖主义行为包括大规模杀伤性武器伤害已经发生。分队接收建立国内响应伤员（DRCD）污染废物系统的任务。排长接受事件指挥官的污染控制指导。排长指示分队建立 DRCD 污染废物系统。

标准：排长确定获取污染废物的地点和方法，两个系统都建立起来，受污染的固体废物装在防蒸发的袋子里，密封在固体容器里。被污染的液体废物被收集起来并抽进柔性容器。

任务步骤：

注意：受污染的废物系统建立在洗消场不超过 50 m 的地方。

（1）建立污染废物系统：

①建立污染废水收集系统：分开废水收集和容纳装备，将排水泵放置在离淋浴设施不超过 1 根软管长度的地方，将软管从容纳器连接到水泵；在洗消帐篷外建立织物水箱，展开水箱，向水箱顶口吹气，将软管连接到水泵，将软管放进水箱。

注意：在排水线和纤维水箱上标记“废物”。

②建立污染固体废物场，准备污染废物场：用防水布或塑料布保护地面，确保重型塑料袋中的污染物安全，标记受污染的废物场“废物”；在洗消线上部署污染废物容器。

### （五）开设不能行走伤员脱衣站（03-3-DC107）

条件（提示）：恐怖主义行为包括大规模杀伤性武器伤害已经发生。国内响应伤员洗消（DRCD）分队的任务是建立不能行走伤员的脱衣站。

标准：在热区建立不能行走伤员的脱衣站。洗消站编配合适的装备以便脱去伤员的衣服，并为受污染的废物收集站配备接收受污染衣物的设备。

任务步骤：

（1）建立不能行走伤员脱衣站：

①放置 2 个担架或支架，相距约 4 英尺，作为背上不能行走伤员的支撑；在接到建立该站命令 10 min 内，至少建立 4 个支撑系统；

②为每个支撑系统至少准备 3 gal 洗消液或肥皂水，装在 5 gal 塑料桶里；

注意：洗消液可在靠近清洁水源处的中心位置准备，转运到单独的水桶，并搬到每个担架上。

（2）不能行走伤员脱衣站装备如下：

①每 5 gal 水桶配 2 块海绵用于洗消；

②每个担架配 2 套重型剪切机或快刀，用于剪切病人衣服；

③每个担架配 2 套橡胶围裙、手套和靴子；

④带有大垃圾袋的垃圾桶，用来接收病人脱下的污染衣服；

（3）治疗不能行走伤员：

注意①：在配置 1 个帐篷洗消的情况下，不能行走伤员的衣服在帐篷外脱掉。伤员带进洗消帐篷并处理，通过底板上的不能行走伤员洗消线。

注意②：在配置 2 个帐篷洗消的情况下，伤员被带进不能行走脱衣帐篷，通过滚轮进入洗消帐篷。伤员通过底板上的洗消线进行处理。

①脱掉伤员身上的外套、袜子和鞋；

②将衣服和鞋放进垃圾桶；

③用海绵把洗消液涂抹到伤员全身，注意不要将洗消液弄进伤员眼睛或鼻子；

④用干净水冲洗伤员。

### （六）开设脱衣站（03-3-DC108）

条件（提示）：恐怖主义行为包括大规模杀伤性武器伤害已经发生。分队的任务是建立一个脱衣站。排长指示分队开设脱衣站。

标准：在接到指令 1 h 内，建立脱衣站。该站为两性提供隐私，并有足够的容器存放污染服装。

任务步骤：

（1）在接收到指令 30 min 内，在热区开设脱衣站。

注意：在配置 2 个帐篷的情况下，一个帐篷用于能行走人员，另一个用于不能行走人员。在一个帐篷配置的情况下，不能行走伤员脱衣站位于脱衣帐篷外。

（2）建立脱衣帐篷。

（3）设置分隔墙，将男女脱装区分开。

（4）安装灯具。

（5）该站配备如下装备：剪刀、2 桶洗消液、为男女脱衣站提供 2 个支架或木架、2 个带有塑料袋的大容器（用于装纳个人装备或外套等污染废物，置于帐篷窗口外面）。

### （七）建立国内响应伤员洗消淋浴系统（03-3-DC109）

条件（提示）：恐怖主义行为包括受到大规模杀伤性武器的威胁或已经发生。排配备有一套完整的 DRCD 淋浴系统。分队的任务是建立国内响应伤员洗消淋浴系统。

标准：开设国内响应伤员洗消淋浴系统。

任务步骤：

（1）打开国内响应伤员洗消淋浴系统；

（2）排列好组件；

（3）将闸阀 Y 连接到消防栓；

（4）将$1\frac{1}{2}$英寸消防软管连接到闸阀 Y 上；

（5）将$1\frac{1}{2}$英寸消防软管连接到洗消装置的热水器入口；

注意：洗消装置位于冷区。

（6）将热水器插上 110 V 电源；

（7）将花洒杆固定在帐篷的框架上；

（8）将移动花洒杆连接到洗消装置的接口；

（9）将固定沐浴杆连接到洗消装置的接口；

（10）将喷头对准远离入口和出口的地方，以控制径流；

（11）将红色和蓝色软管连接到洗消装置的加热器出口；

（12）打开热水器冲洗和洗刷球形阀；

（13）打开消防栓阀门；

（14）冲洗热水器流 1 min；

（15）把热水器开关打开；

（16）测试淋浴系统；

（17）关闭消防栓阀门。

### （八）开设伤员污染检查站（03-3-DC110）

条件（提示）：恐怖主义行为包括大规模杀伤性武器伤害已经发生。现有探测和监测装备，分队的任务是开设伤员污染检查站。

标准：污染检查站建立在温区，检查行走伤员和不能行走伤员的剩余污染，有剩余污染的伤员返回伤员淋浴单元。没有残留污染迹象的伤员被送往救济站。

任务步骤：

（1）建立污染检查站；

注意：建立该站以监测行走和不能行走人员。

（2）对检测和监测装备进行预防性维护检查和服务；

（3）防止检查站装备交叉污染；

（4）从头到脚监测伤员，特别注意身体的多毛部位和脚底；

（5）将仍受染的伤员返回洗消淋浴处。

### （九）建立技术洗消线（03-3-DC113）

条件（提示）：恐怖主义行为包括大规模杀伤性武器伤害已经发生。国内化生放核洗消分队接受开设国内响应技术洗消线的任务，以支援化生放核侦察行动。

标准：在侦察分队进入热区前，分队建立有效的技术洗消线。

任务步骤：

（1）开设并维持与事故指挥行动中心的通信。

（2）监测进出热区的所有人员的状态。

（3）开设技术洗消场，站点包括：1 号站：卸下装备，2 号站：外套擦拭和冲洗，3 号站：监测，4 号站：脱去外套，5 号站：取下空气罐，6 号站：脱掉面罩（面具），7 号站：人员淋浴，8 号站：医疗随访。

（4）根据需要调整和维持洗消场，主要包括反应性危险、环境条件、安全因素、危险废物和径流管理、指挥官和安全官指示。

（5）进场分队人员进行如下洗消：

①去除全部污染；

②验证洗消的彻底性，根据需要重新指示人员；

③在不扩散污染的情况下，进场小组脱掉服装；

④进场小组服装装包和标签；

⑤进场小组装备；

⑥危险废物的打包和标签；

⑦进行自消；

⑧编制通过技术洗消场处理的人员和装备清单；

⑨将清单送到事故司令部作业室；

⑩与处理危险废物的事件指挥官代表协调。

### （十）通过技术洗消线处理（03-3-DC119）

条件（提示）：恐怖主义行为包括大规模杀伤性武器伤害已经发生。国内响应化生放核侦察分队在热区完成任务，请求退出热区，并通过技术洗消线处理。指示国内响应化生放核侦察小组从热区撤出，并进行技术洗消。

标准：国内响应化生放核侦察小组通过技术洗消线处理，没有造成持续伤害或扩散污染。A 级 PPE 装具经过洗消、装包，并贴上处理的危险废物标签。

任务步骤：

（1）进入 1 号站（卸下装备）。卸下装备（工具、采集设备、探测器等）放进指定的容器。

（2）进入 2A 号站（全面洗消站）：

注意：如果污染物不是水反应型的。站着张开双臂和双腿，让洗消分队除去大部分污染物。

①为洗消小组去污、冲洗、除去污染物做准备，将靴子扔进指定的容器；

②为洗消小组去污、冲洗、除去污染物做准备，将外手套扔进指定的容器。

（3）进入 2B 号站（应用洗消剂）：

注意：对于空气净化呼吸器和动力空气净化呼吸器，在洗消过程中，应盖住过滤器入口，防止水污染。

①双臂张开，双脚分开站立，两膝微微弯曲；

②让洗消小组将洗消剂喷洒在装具的全部表面。

（4）进入 2C 号站（最后冲洗）。垂直举起胳膊，便于身体进行污染监测：

①双臂垂直举起，双脚分开站立，两膝微微弯曲；

②准备让洗消小组将洗消液喷洒在装具的全部表面；

（5）进入 3 号站（初步监测）：

①让洗消小组成员监测污染；

②当洗消分队成员监测污染时，双臂张开，双脚分开站立；

③如果检测到的任何剩余污染，返回 2B 号站。

注意：如果被洗消人员将返回热区，洗消小组将打开外套，向下向外脱下装具，露出自给式呼吸装置（SCBA），指示被洗消人员到 5A 号站进行处理。

（6）进入 5A 号站（更换空气瓶）。如果返回热区，更换空气瓶：

①准备让洗消小组将打开外套，向下向外脱下装具，露出自给式呼吸装置（SCBA）；

②脱下装具进入干净区域。

（7）进入 5B 号站（自给式呼吸装置移除）：

①让洗消小组成员移走空气瓶；

②让洗消小组安装新的空气瓶。

注意：如果为 C 级，洗消小组成员将替换空气净化呼吸器或动力空气净化呼吸器的过滤器。

（8）进入4号站（外套移走）：

①让洗消小组成员将自给式呼吸装置从面罩断开；

②让洗消小组成员将自给式呼吸装置从背上移走；

③让洗消小组成员移除和丢弃内手套。

（9）进入6号站（面具脱下站）：

①深吸一口气，屏住呼吸；

②洗消小组成员取下面具。

（10）进入7号站（人员淋浴）：

①洗刷和冲洗全身；

②特别注意头部、腋下和腹股沟可疑身体污染。

（11）进入8号站（医学评估/随访）。

注意：洗消后，所有战士都要接受医学监测。战士将补充水分，转移到其他地方。

## 四、人员搜救及医疗救护

### （一）建立医学应急伤员分检和应急治疗站（03-3-DC103）

条件（提示）：恐怖主义行为包括大规模杀伤性武器伤害已经发生。排长指示洗消分队开设应急医学分检和应急治疗站。

标准：洗消分队在接收到指示30 min内，在热区开设医学应急分检和应急治疗站。

任务步骤：

注意：医疗分检是由训练有素的医疗人员和当地医院的医疗支援人员进行的。

（1）分队在接收到命令30 min内，建立医学应急分检和应急治疗站。

（2）伤员最初在医疗应急分检站进行分检：

①行走伤员：检查症状、提供分类标签、指示到登记站；

②不能行走伤员：检查症状、提供分类标签、进行初级医学治疗、放置在担架上并运输到登记站。

### （二）开设和运行登记站（03-3-DC104）

条件（提示）：恐怖主义行为包括大规模杀伤性武器伤害已经发生。给分队一张桌子、公共广播系统、手持式电台或电话、椅子、书写材料、可密封的容器或装个人财物的袋子，排长指示开设登记站。

标准：在接到命令 20 min 内建立作业登记站。登记站的分队成员将确保每员伤员登记，给定一个参考编码，贴在他的医学标签和个人财物袋上，维持登记记录和个人物品袋作为负责项目，将伤员的准确记录传到注销站。最初的医学评估将由分诊医学军官确定。

任务步骤：

（1）开设登记站。

（2）登记站配备以下装备：

①联系分诊、装备 / 设备洗消站、伤员处理站、排部的通信装备（电台、电话）；

②记录所有气象和光照条件下病人数据的方法材料；

③清晰标记该站和功能的标志；

④桌子、椅子、个人物品容器或袋子，以及公共广播系统；

⑤手腕上的标签（或其他方法）用来标记个人伤亡情况，并将其与个人物品容器和登录名册联系起来；

⑥防水容器和密封袋子，可标记储存个人物品（如手表、戒指、钥匙、眼镜、密封的药片），可以洗消。

注意：伤员优先洗消。不能被洗消的物品（钱包、手提包、带有皮带或布带的手表等）被当作污染废物，并送到污染的固体废物站。

（3）记录伤员的如下信息：

①病人姓名（如果不知道姓名，则描述）；

②手环上的个人识别码；

③个人物品容器识别码（应该与手环码相关）。

（4）协调个人物品容器的收集和搬运工作，将其运往装备 / 物品洗消站。

### （三）建立救济站（03-3-DC111）

条件（提示）：恐怖主义行为包括大规模杀伤性武器伤害已经发生。班奉命开设救济站。

标准：开设救济站，并为作业配备装备。

任务步骤：

（1）在冷区建立救济站；

注意：除非架设第二个帐篷，不能行走伤员救济站位于救济站的外面。

（2）架设救济帐篷；

（3）建立分隔墙分开男女伤员；

（4）安装灯具；

（5）行走人员救济站装备如下：可折叠的桌子和椅子，毯子和工作服；

（6）安装加热器；

（7）建立不能行走人员救济站；

（8）不能行走人员救济站装备如下：毯子、2 副担架、4 个架子或担架；

（9）为污染废物准备 2 个大型废物容器；

（10）当该站准备接收伤员时，向排长报告。

### （四）在热区搜救伤员（03-3-DC117）

条件（提示）：恐怖主义行为包括大规模杀伤性武器伤害已经发生。国内响应化生放核侦察分队身穿 A 级个人防护装备，并与排长进行无线电通信。国内响应化生放核侦察小组遇到很多伤员，或有队员在热区遇到困难，必须撤离。

标准：国内响应化生放核侦察小组报告伤员情况，评估伤员的程度和数量，请求援助和运输伤员的装备，搜救伤员。伤员被运送到国内响应伤员洗消场的分检站。

任务步骤：

（1）侦察小组对热区的行走伤员作出反应：

①利用声音或手势指示伤员去伤员集合点；

②协助迷失方向或行走困难的伤员到伤员集合点。

（2）侦察小组对热区内不能行走伤员作出反应：

①快速评估热区的伤员数量和情况；

②向排长报告伤员数量和情况；

③搜索不能行走伤员；

④请求后援队协助将伤员运输到伤员集合点。

（3）侦察小组在热区对倒下小组成员作出反应：

①以尽快的速度救助倒下的“进场小组成员”；

②启动和部署备份小组替换倒下的小组成员；

③协助倒下的小组成员到技术洗消线。

注意：恢复和援助倒下的进入小组成员优先救援其他伤员。

④ 2 名洗消小组成员援助倒下的进入小组成员，包括：检查倒下的小组成员，发现问题（装具破坏、中暑、脱水、空气瓶故障等）；对倒下小组成员 PPE 装备从头到脚快速地冲洗 / 洗刷；脱下小组成员 A 级 PPE 装备，注意不要扩散可能的污染；检查倒下的进入小组成员的导气管是否畅通；开启冷却和补水程序；联系医务人员，告知倒下的进场小组成员；将队员送到医学应急治疗站。

# 第八章 美军部队化生放核防护训练

美军各军种都十分注重部队化生放核防护训练，将化生放核防护训练集成到作战训练计划中。既重视单兵防护训练，也重视集体防护训练；既重视基本生存训练，也重视作战训练；既重视现役作战人员训练，也重视相关文职人员和合同商的训练。

## 第一节　陆军部队化生放核防护训练

根据美国陆军管理规定，陆军领导和部队能在不同的作战环境中作战。陆军的训练挑战是优化、同步、学校训练、部队训练和自我发展，建设能够响应全军事领域作战的部队。

### 一、单兵训练

陆军化生放核防护训练主要分为入伍训练、军官教育训练和军士化生放核防护训练3部分。

#### （一）入伍训练（IET）

陆军新兵入伍基础训练分为基础战斗训练和高级单兵训练两部分。基础战斗训练为期10周，陆军现役、后备队和国民警卫队都是相同的。高级单兵训练根据军事职业不同而有所不同，在相关的学校进行训练，高级单兵训练课程持续4～52周。

基础战斗训练分为3个阶段：第一阶段，称为红色阶段，为期3周；第二阶段，也称为白色阶段，为期3周；第三阶段，称为蓝色阶段，为期4周。

入伍训练要求士兵穿戴至少4 h MOPP-4装备，并完成以下任务：使用面具保护自己；MOPP穿戴；洗消自己和装备；使用联合军种轻型集成技术保护自己。

新兵通常在第一阶段的第3周进入毒气室进行防护训练，戴上防毒面具进入充满CS的毒气室，毒气室训练是面具室内训练的最高阶段，新兵在离开毒气室前，脱下面具，短暂地体会毒气的效果。在脱面具的情况下，要求每个新兵背诵相关信息，如名字、社保号和忠诚誓言，因此，新兵被迫张开他们的嘴/眼和/或呼吸，没有回答正确的新兵有时在毒气室进行另外训练。

美国陆军基础战斗训练场有4个：（1）本宁堡，位于乔治亚州哥伦布市，为步兵和装甲兵提供一站式部队训练（OSUT）；（2）杰克逊堡，位于南卡罗莱纳州哥伦比亚市，是陆军最大的基础战斗训练场；（3）伦纳伍德堡，位于密苏里州圣罗伯特市，为工程兵、化学兵和军警提供一站式部队训练；（4）锡尔堡，位于俄克拉荷马州劳顿市。

### （二）军官教育训练

军官教育训练的目标是培养一批具有技术和战术能力、领导技巧、智能和经验的领导。军官教育系统主要包括基础领导课程、上尉职业课程、军官中级教育、军官高级教育。基础领导课提供职前课程；上尉课程提供高级兵种专业和兵种参谋训练；军官中级教育的公共核心课程包括联合PME1需求、职业野战训练和专业教育或资格课程。军官在不同级别接收化生放核防护训练。

### （三）军士化生放核防护训练

陆军战士公共技能分为4级：1级（E1～E4）、2级（E5）、3级（E6）、四级（E7～E8），在每一级都明确了士兵应接受的化生放核训练科目，见表8-1。训练方式有基础战斗训练（BCT）、一站式训练（OSUT）、部队训练等。

**表8-1 AWT技能化生放核防护训练要求**

| 序号 | 公共技能1级（E1～E4） | 初始训练场所 | 部队训练频率 |
|---|---|---|---|
| 1 | 为神经性毒剂伤害提供急救 | BCT/OSUT | 每年 |
| 2 | 使用化学洗消包洗消自己和单兵装备 | BCT/OSUT | 每年 |
| 3 | 使用MOPP工具保护自己免受化生放核伤害 | BCT/OSUT | 每年 |
| 4 | 对核危害或袭击作出反应 | BCT/OSUT | 每年 |
| 5 | 对生化危害或袭击作出反应 | BCT/OSUT | 每年 |
| 6 | 替换M40系列面具的滤毒罐 | BCT/OSUT | 每年 |
| 7 | 使用配发的防护面具保护自己免受CB沾染 | BCT/OSUT | 每年 |
| 8 | 维护配发的保护面具 | BCT/OSUT | 每年 |
| 9 | 使用M8或M9试纸探测化学毒剂 | BCT/OSUT | 每年 |
| 10 | 使用联合军种轻型（JSLIST）化学防护包保护自己免受化生放核伤害或沾染 | BCT/OSUT | 每年 |
| 11 | 当改变MOPP时使自己免受化生放核伤害或沾染 | BCT/OSUT | 每年 |
|  | 公共技能2级（E5） |  |  |

续表

| 序号 | 公共技能 1 级（E1～E4） | 初始训练场所 | 部队训练频率 |
| --- | --- | --- | --- |
| 12 | 使用 M256A1 化学毒剂侦检包识别化学毒剂 | 部队 | 每年 |
| 13 | 提交 NBC1 报告 | WLC | 每年 |
| 14 | 指导化生放核标识部署 | 部队 | 每年 |
| 15 | 操作 AN/VDR-2 辐射仪 | 部队 | 每年 |
| 16 | 当改变 MOPP 时使自己免受化生放核伤害或沾染 | 部队 | 半年 |
| 17 | 操作 AN/UDR-13 辐射仪 | 部队 | 每年 |
| 18 | 使用 NBC4 报告化生放核信息 | WLC | 每年 |
| 19 | 使用 M41 防护评估系统进行面具适佩性测试 | 部队 | 每年 |
|  | 公共技能 3 级（E6） |  |  |
| 20 | 进行脱面具程序 | 部队 | 每年 |
| 21 | 实施 MOPP | 部队 | 每年 |
| 22 | 监督穿过沾染区 | 部队 | 每年 |
|  | 公共技能 4 级（E7～E8） |  |  |
| 23 | 为化生放核攻击准备部队 | 部队 | 每年 |

## 二、集体训练

陆军化生放核防护集体训练指南和要求如下[①]：

（一）确保在化生放核条件下，士兵、领导和部队完成和维持熟练的战斗作业。单兵、领导和部队完成和维持化生放核防护任务标准。

化生放核防护任务如沾染规避、防护和洗消将通过如下行动集成到部队训练任务：指挥官分析面临的化生放核威胁；精选的野战训练和指挥所演习将包括化生放核防护内容，应对一支具有部署核生化武器能力的作战部队；对所有部队的外部评估，必须评价在化生放核环境中的表现。部队核生化防护训练应该包括化学战的每个方面。

（二）陆军部队中部署的文职人员将按照军事人员进行训练。

（三）为了增强部队化生放核防护训练，每个战术连、营或部队配 1 名化生放核防护军官和军士；化生放核军士是部队司令部的主要化生放核教员，也是化生放核防护行动、训练和化生放核防护装备维护方面的顾问。

① U.S. Army, AR 350-1, 79.

（1）编配化生放核防护装备的部队需要进行化生放核防护训练，并将指派化生放核军士。

（2）部队（连、营和部队）化生放核军官和军士必须成功完成陆军化学兵学校制定的课程。

（3）化生放核防护训练完全集成到进攻和防御作战演习中，实战化训练要求理解敌人运用核生化武器的条令和能力，并提高化生放核环境中任务效率。

（4）防御性化生放核作战行动将全部集成到演习情景中，这种集成将发展和测试化生放核条件下指挥官、参谋和部队执行任务的能力。

（5）根据陆军部手册 350—38，部队在 MOPP4 状态下进行单兵武器和乘员武器认证。

（6）沾染规避、防护、洗消训练将按照战斗训练标准程序进行。

（7）根据基本洗消任务，单兵使用单兵和部队洗消装备进行训练。所有级别的领导确保其部队熟悉作战和全面洗消程序。

（8）单兵和部队化生放核装备操作与维护是领导和士兵的职责。

（9）训练部队化生放核防护装备操作员，对指定的装备进行操作维护和可用性标准检查。

（10）训练文职人员的化生放核生存技能。根据应用合同和东道国协议，训练应急基本合同人员和国外东道国本地人员。

（11）如有必要，部队将使用烟火支援训练相关的任务。

## 第二节　海军部队化生放核防护训练

海军化生放核防护训练分为单兵、部队和基地级实施训练。单兵训练包括正规学校和网络训练课程，基础和高级化生放核单兵资格标准训练和评估。海军要求所有人员每年进行一次基于网络的化生放核训练，获得化生放核爆事件相关的基础知识和程序。在部队和基地，海军进行定期的化生放核防护训练和部署前演习。

### 一、单兵训练

“海上勇士”是海军对水手职业成长和发展的承诺，它有机地结合了水手的持续职业管理、以成长和发展为中心的愿景。五向量模型是“海上勇士”概念的一个关键组成部分，它伴随着水手的海军生涯，实现职业里程碑，为成就而嘉奖。该模型将水手成功所需的技能和知识归纳为5类：职业发展、人员发展、领导力、认证和资格、绩效（能力），如图8-1[①]所示。“海上勇士”分为入伍、学徒、熟练工和精通等级别。

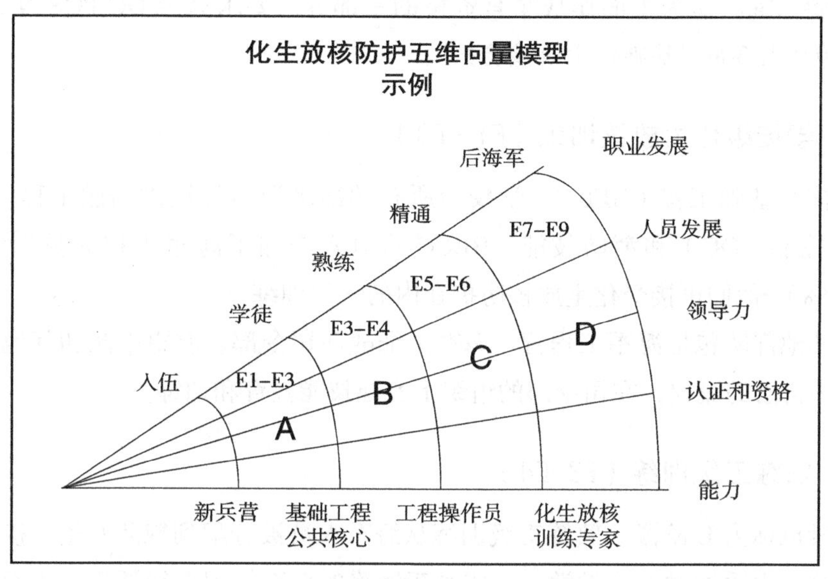


图8-1　海军五向量模型

## （一）入伍训练

1. 士兵入伍训练

新兵化生放核防护训练。海军新兵训练司令部主要负责新兵训练，约8周。在第6周进行化生放核防护训练，学时3 h，前2 h在教室学习，后1 h在毒气室进行气密训练。新兵训练的重点是使用个人防护装备和生存技巧，包括旨在增强个人对防护装备信心的训练。

新兵训练完成后，达到以下目标：识别不同MOPP的目的和特征，以及使用个人防护装备；解释穿上带有附件的高级化学防护服的程序和MCU-2/P化学生物面具；当进入充有催泪气体的毒气室时，使用MCU-2/P化学生物面具；解释协同行动与穿上化生防护装备的关系；解释海军核心价值与参加化生放核防护的关系；解释海军作战风险管理程序。

大多数舰上人员将从新兵或BECC直接进入舰艇，不需要额外的训练。上舰后，每名水手都会按照海军作战部长的指示进行训练。

---

① Deena S.Disraelly, Carl A.Curling, Jeffrey H. Grotte, Douglas P. Schultz, Richarh K.Wright. Nuclear, Chemcial and Biolgical Education and Training: A Review Across the Services and Joint Community. Institute for Defense Analyse, September 2007: 87.

2. 军官入伍训练

海军军官在候补军官学校接收 2 h 的化生放核室内训练，重点是个人防护装备和生存技能训练。作为水面作战军官资格的一部分，要求完成 DC PQS NAVEDTRA 43119-H 瞭望台 306“基础化生放核防护”。

## （二）学徒级化生放核训练（E1～E3）

公共核心基础工程（BECC）学校为所有学徒级消防员提供船舶工程入门课程，包括损害控制（DC）和消防技能。BECC 的引入增加了海军工程人员训练的比例（15%～17%），他们也接受化生放核防护在内的入门训练。

海军其他部队包括海军工程营、海军远征战斗司令部、航空中队和其他部队，根据需要采用自己的流程，在司令部的组织下实施技能教育和训练。

## （三）熟练工级训练（E3-E4）

此阶段也称为 B 阶段。熟练工级训练从海军人员被分配到舰队开始，接受额外化生放核训练。水手通过实践教学，完成基于网络的海军知识在线课程；水面舰艇军官和损害控制水手在舰艇学校接受额外的化生放核教育；海军修建营人员在完成灾害准备行动专家课程后，获得熟练工资格。

水面作战军官学校和损害控制助理（DCA）学校提供 2 门化生放核训练课程。修理部门领导 / 损害控制课程是为期 2 周的熟练级课程，为在水面舰艇担任维修队长的一线军官提供培训，课程包括化生放核防护程序和技术。

主要训练内容：

①检查化学防护装备，穿化学防护服，脱化学防护服，检查化学毒剂侦察盒；

②测试辐射、探测、指示和计算（RADIAC）探测器，操作 RADIAC 探测器，测试 RADIAC 计算机指示器，操作 RADIAC 计算机指示器，测量和记录 RADIAC 探测器的辐射照射，清洗和检查 RADIAC 探测器充电器，测试 RADIAC 探测器充电器，校准 RADIAC 监测设备；

③开设洗消站，检查洗消站，测试洗消喷头，实施人员洗消（非伤员），实施人员洗消（伤员）；

④建立沾染控制区，检查沾染控制区，演示使用沾染控制区能力；

⑤组织化生放核防护监测组，实施化学监视和测量，实施辐射监视和测量，实施舰上化生放核洗消，实施人员化生放核洗消，维护化生放核探测器，使用和维护集防系统，使用和维护伤员洗消系统；

⑥化生放核袭击后恢复行动，检查 CPS 系统，操作和维护 CPS 系统，MOPP 等

级，冲洗系统，部队防护和化生放核环境。

### （四）“精通”（E5～E6）和“职业”（E7～E8）级训练

损害控制助理（DCA）/ 高级现役损害控制员（DEDC）课程，训期 6 周，为一线军官、准尉（W1～W3）和军士（E6～E9）提供训练。课程重点针对分配到水面舰艇任职损害控制助理的人员。针对海军任务和活动相关的化生放核防护训练为期 1 周，内容包括管理化生放核防护和核武器事故 / 事件装备的操作和维护。现役结业人员被授于 4811NEC，所有结业人员获得“精通级”。

舰上及军营的军官和士兵要达到“精通级”和“专业级”，必须再学习专业的化生放核防护知识，参加为期 26 天的灾害准备行动课程（DPOS），或为期 12 天的舰上化生放核防护行动和训练专家课程。

备灾行动专家课程。为现役人员（E5～E9）、军官和外国军事人员提供高级精通级备灾行动专家的基础训练。在本课程中，学员要制订一份人为或自然灾害的灾害准备计划，包括准备、持续和恢复，进行辐射测量，并利用地图、地面定位系统和罗盘绘制化学污染地图。学员在受污染的环境中使用各种探测装备和防护装具，并利用表格和公式确定辐射水平。学员还要学习人员和装备洗消，基本指挥控制中心行动，庇护所的建立和管理，自救，同伴援助，及其他与化生放核战争相关的主题。目前，海军重新设计备灾课程，开设 2 门新课程：一门为海军基地人员开设的应急管理课，另一门为岸基远征人员开设的远征化生放核专家课程。灾难准备专家课程毕业的人中获得海军注册分类编号 NEC 9598。

舰载化生放核防护行动和训练专家课程。为海军所有级别的准尉（W1～W3）和军士（E5～E9）提供基础到高级精通级的训练。该课程结业人员将对其指挥关系内的人员进行化生放核防护训练，学习如何为舰上发生的化生放核事故进行准备、防护和恢复所必需的人员任务 / 要求。在课程中，高级现役损害控制人员将会接触到许多化生放核防护问题，并接受有关个人化生放核防护方面的综合课程。舰上化生放核防护行动和训练专家课程毕业的人员获得海军注册分类编号 NEC 4805。

这两门课程向海军、海岸警卫队和军事海运司令部，选择的外国军事人员，E-5 以上军士开放。课程的目的是为海上和岸上的司令部提供训练，使他们能够在化生放核污染的环境中成功地履行职责。此外，该训练能够使化生放核防护专家成为各自司令部的主要化生放核防护训练人员。从两门课程中任一门的毕业生被认定为“精通级”。虽然，这些课程的很多参与者是舰上和建筑营的现役人员，但也为航空中队、海军远征作战司令部和其他部队所要求的人员留有空间。

“精通级”阶段（E5～E6）主要训练内容：指导化生放核防护监测队；计算放

射性活度图，更新放射性活度图；计算沉降区停留时间；执行化生放核防护清单，MOPP 等级；实施人员洗消（非伤员），实施人员洗消（伤员）。

“专业级”阶段（E7～E9）主要训练内容：更新维护部分手册，更新化生放核清单，执行化生放核清单；维持当前/更新化生放核图书馆，就化生放核问题和训练场景向损害控制训练队提供建议；除了海军标准，对所有以前的化生放核标准负责。

### （五）其他训练手段

还有额外的化生放核课程供学习。课程、学生完成数量和教员要求都记录在海军专用装备训练系统（NTSP）中，并由人力和舰队部队审核和批准使用。

“海军知识在线”可进行化生放核防护训练。该训练正被纳入 PQS 计划和其他海军部队训练计划。每一个获得 NKO 账号的海员可进行训练。参加完在线课程后，水手要完成一项在线考试，要么通过，要么不通过。该测试是目前唯一可用的或在线训练所需的认证。

目前，“海军知识在线”化生放核防护训练内容有：化生放核和有害有毒物质识别、防护装备和测量；海军舰载集体防护系统和海军指定区域集体防护系统；岸基自动化学毒剂探测器和报警；化学战方向探测器 NA/KAS-1/1A；干燥滤毒单元；改进型化学毒剂监测器；改进型（化学毒剂）点源探测系统；联合生物点源探测系统；化生放核专家。

海军所有毒剂防护训练都在密苏里州伦纳德伍德堡的海军工程训练中心支队进行。该中心提供检测、识别、洗消化学毒剂的训练，允许人员穿着防护装备在实毒化学条件下执行任务。虽然陆军运行管理化学防护训练设施，但海军与美国陆军化生放核学校签订了一份备忘录，海军可进行实毒训练。

## 二、集体训练

损害控制部门负责以下 3 个方面的化生放核防护训练：（1）损害控制管理职责：配发防护服、面具，提供化生防护训练，维护化生防护装备。（2）损害控制中心职责：在化生防护中，管理和协调维修部队与值政人员的活动；在化生战环境中，他们还负责为驾驶台进行危害评估和提出建议。（3）修理部门：维修小组人员被分配到监测组、洗消组和洗消站。

完成个人资格标准（PQS）要求，或通过完成特定的正式课程和驻地训练后，海军人员接受化生放核非医学任务维持训练。人员必须演示穿上和脱下 MOPP 装备，以及个人洗消。此外，在整个部队训练周期中，海上部队执行演习或操练时，人员必须穿上防护装具去执行任务。

所有准备部署到舰艇、打击群、航空中队、工程营等部队的人员都参加化生放核训练演习。演习由舰上主题专家以及海上训练小组（ATGs）、舰队司令部、诺福克、弗吉尼亚和类型指挥官进行验证。此外，训练在海军、联合和联盟演习期间进行，并在舰艇、战斗群、中队和部队部署前进行。

海上训练小组位于东西海岸以及海外。在舰艇部署前的训练周期内，海上训练小组对化生放核防护训练以及其他需要认证的训练进行评估。评估只在基础水平级。

"最初，海上训练小组为舰上训练小组进行训练，包括所有舰上损害控制训练，并包括损害控制训练小组（DCTT）。损害控制训练小组负责协调和实施包括化生放核防护训练在内的所有舰上损害控制训练。然后舰上训练小组进行训练周期评估，为部署前的最后评估期做准备"[①]。在整个训练周期中，部队执行本身的评价工作，而海上训练小组则提供补充、监督和评价，并协调训练支援服务。

完成个别单位训练后，该单位与指定的部署群（或战斗组）一起进行中级训练，为部署前的综合训练做准备。在部署期间中，该单位参加高级训练直至舰队演习，并进行重复训练，以维持作战效果。

由于海军没有专业化生放核作业人员或维修员，所以依靠化生放核兼职人员。损害控制军士或航空水手长将接受化生放核装备操作员的任务和训练。航空中队维修人员将接受飞机和支援装备洗消的训练，而训练有素的海军修建营进行沾染控制，维修人员负责装备洗消。

舰艇在部署训练周期的基本、中级和高级阶段进行化生放核训练。在基本训练阶段，要求舰艇完成一次模拟化学袭击演习，包括水面战斗舰（泰孔德罗加、斯普鲁恩斯、阿利·伯克、奥利弗哈泽德佩里级）、两栖舰（蓝岭号、塔拉瓦黄蜂、奥斯丁、安克拉治、惠德贝岛、哈泊斯费里、纽波特级）、水雷舰（复仇者、鹗/鱼鹰、硫黄岛级）、支援舰（罗利、奥斯丁、萨克拉门托、供应和护卫级）。舰艇化生放核防护训练可以独立进行，也可以经过剪裁融入到舰艇训练中，但不包括在最后的评估阶段。航空母舰（小鹰号、约翰肯尼迪号、企业号和尼米兹级）在基本训练阶段完成 3 次模拟化学和生物袭击，一次训练安排在最后评估阶段，但间隔 1/4 训练时间。

在演习中，舰艇接收模拟情报，报告可能的化学或生物袭击警报，训练人员说明毒剂的数量和形态（液态、蒸汽或气溶胶），指定人员已经暴露在毒剂中，舰艇在袭击

① US Navy. Navy Training System Plan, N78-NTSP-A-50-0116/1, for the Joint Service Family of Decontamination Systems—Blocks Ⅰ, Ⅱ, Ⅲ, Ⅳ. April 2002, I-15.

前、中和后分级行动。

除了训练周期要求和其他训练，每艘部署的舰艇都进行季度化生放核和洗消训练。为支持舰艇作战准备和生存评估，每艘海上战舰激活烟羽发生器，进行舰艇化生放核系统的总体测试。

中级和高级训练是舰队指挥员的职责，化生放核防护训练融入中级训练，如海军陆战队远征部队演习或合成训练部队演习和高级训练联合任务部队演习。在训练的中级和高级阶段，航空母舰必须每6个月进行一次化学和生物袭击训练[①]。

## 第三节　海军陆战队化生放核防护训练

海军陆战队认为，化生放核防护训练是司令部的责任，指挥官确保每一名海军陆战员接受全面且完整的化生放核训练，达到保护自己、战友和装备的目标。[②]

### 一、单兵训练

MCO 1510.121A《海军陆战队通用技能计划》为所有海军陆战队员（现役战士和军官）职业发展生涯制定了一套完整的路线图，明确了每个阶段应具备的基本通用技能。通用技能分为3个级别：入伍训练、维持性训练和继续教育。[③]

#### （一）入伍训练

入伍训练阶段，所有海军陆战队员（不分军衔）学习通用技能。MCO 1510.89B《海军陆战队通用技能个人训练标准体系》（第1卷）规范了入门级的通用技能。入伍训练分为新兵训练和战斗技能训练。

1. 海军陆战队军官和士兵的入伍级化生放核防护训练是相同的，在新兵训练和基础学校进行。海军陆战队有2个新兵训练营：加利福尼亚州圣迭戈和南卡罗来纳州帕里斯岛。从第9、12募兵区的男兵进入圣迭戈新兵训练营，第1、4、6募兵区的新兵

① Adriane A. Stebbins. Can Naval Surface Forces Operate Under Chemical Weapons Conditions. Naval Postgraduate School, Monterey, California, June 2002: 35.

② US Marine Corps. Marine Corps Warfighting Publication, MCWP 3-37, MAGTF Nuclear, Biological, and Chemical Defense Operations. Quantico, VA: 21 September 1998, 5-1.

③ U.S. Marine Corps. Commandant of the Marine Corps. Marine Corps Order MCO 1510.89B Individual Training Standards (ITS) System for Marine Corps Common Skills (MCCS)—Volume 1. October 2004, 2.

和所有女兵进入帕里斯岛新兵训练营。海军新兵训练通常为期 13 周，新兵训练分为 3 个阶段。第 1 阶段 4 周，第 2 阶段 2 周，第 3 阶段 7 周。新兵化生放核训练的主要内容是穿戴防护面具和毒气体验。新兵训练的第 1 阶段最后一周，进入毒气室。新兵必须进入充满 CS 的毒气室，戴面具进行各种运动。包括健美操和脱面具，试图逃离毒气室的新兵被命令返回，不遵守者将被扣分。

2. 新兵训练结束后，海军陆战队员进入步兵学校训练，加强和拓展海军陆战队战斗技能训练，训练重点是化生放核条件下生存。

《MCCS 职责领域 20 单兵训练标准》规定了所有海军陆战队相同职业领域、岗位的训练要求。化生放核防护通用技能分为生存标准和基本作战标准两项。部队指挥官和教育训练规定将它作为部队训练计划和正式教导课程一部分。见表 8–2。

**表 8–2　海军陆战队单兵通用技能之化生放核防护（入伍）**

| 任务 | 名称 | 核心 | 功能学习中心 | 维持训练阶段 | 要求 |
|---|---|---|---|---|---|
| MCCS.20.01 | 识别北约核生化标志 | × | × | 12 | 列兵 |
| MCCS.20.02 | 维护 M40 野战防护面具 | × | × | 12 | 列兵 |
| MCCS.20.03 | 戴 M40 野战防护面具 | × | × | 12 | 列兵 |
| MCCS.20.04 | 穿个人防护服到达 MOPP4 | × | × | 12 | 列兵 |
| MCCS.20.05 | 在 MOPP4 状态下执行基本任务 | × | × | 12 | 列兵 |
| MCCS.20.06 | 执行核生化探测任务 | × | × | 12 | 列兵 |
| MCCS.20.07 | 洗消皮肤和个人装备 | × | × | 12 | 列兵 |
| MCCS.20.08 | 更换 MOPP 装具 | × | × | 12 | 列兵 |
| MCCS.20.09 | 对核袭击作出反应 | × | × | 12 | 列兵 |
| MCCS.20.10 | 对化学和生物作出反应 | × | × | 12 | 列兵 |
| MCCS.20.11 | 处理化学毒剂灾害 | × | × | 12 | 列兵 |
| MCCS.20.12 | 遵守贫铀弹（DU）安全程序 | × | × | 12 | 列兵 |

### （二）维持性训练

维持训练以加强和维持所有海军陆战人员的通用技能，不论军衔，每年进行训练和评估。MCO 1510.90A《海军陆战队通用技能单兵训练标准（ITS）体系》（第 2 卷）（下士至少尉）规范了维持性训练阶段的通用技能，其中化生放核防护训练内容见表 8–3。

表 8–3　海军陆战队单兵公共技能之化生放核（下士至少尉）

| 任务 | 名称 | 核心 | 功能学习中心 | 维持训练阶段 | 要求 |
| --- | --- | --- | --- | --- | --- |
| MCCS.20.13 | 上报 NBC–1 报告 | × | | 12 | 下士 |
| MCCS.20.14 | 完成 MOPP | × | | 12 | 下士 |
| MCCS.20.15 | 准备 NBC–4 报告 | × | | 12 | 中士 |
| MCCS.20.16 | 监督 MOPP 实施 | × | | 12 | 中士 |
| MCCS.20.17 | 监督 MOPP 装具更换 | × | | 12 | 中士 |
| MCCS.20.18 | 监督武器和装备洗消 | × | | 12 | 中士 |
| MCCS.20.19 | 控制沾染扩散 | × | | 12 | 中士 |
| MCCS.20.20 | 最小化穿戴 MOPP 装具的影响 | × | | 12 | 中士 |
| MCCS.20.21 | 监督部队脱面具程序 | × | | 12 | 上士 |
| MCCS.20.22 | 监督面具气密演习实施 | × | | 12 | 上士 |
| MCCS.20.23 | 对核袭击采取防护措施 | × | | 12 | 上士 |
| MCCS.20.24 | 对化学生物袭击采取防护措施 | × | | 12 | 上士 |
| MCCS.20.25 | 在核生化环境中行动 | × | | 12 | 少尉 |

对海军陆战队而言，“增加一个核化生专家到一个部队，不能确保整个部队在核化生袭击时的安全，或提高一个部队的核化生标准或熟练程……达到核化生熟练水平并保持核化生标准的唯一方法是针对每名海军陆战员的全面训练计划”。

### （三）继续教育

继续教育由教育司令部支持，由各正规学校进行承担。继续教育的重点是应用知识。此外，继续教育还包括在职培训、函授课程或远程学习等方式。

根据 MCO 3400.3F《核化生防护训练》中列出的熟练标准，所有陆战队员每年都接受单兵生存标准训练，每年完成个人防护装备演示。

## 二、集体训练

在化生放核条件下执行任务，各部队必须能够达到熟练的基本作战标准。海军陆战队认为，化生放核训练是训练计划的有机组成部分，并鼓励尽可能在化生放核条件下进行训练。但是，MCO P3500.72A《海军陆战队地面训练和准备计划》给予指挥官在决定完成任务所需的化生放核准备水平时的自由裁量权。

部队训练计划强调部队的资格和整体战备状态。单兵训练和战备活动是所有部队准备的基石。依靠化生放核防护人员，坚持训练政策，使用训练和战备手册，构成了部队化生放核防护训练的坚实基础。

海军陆战队在集体训练期间，尽可能开展化生放核防护活动，以达到完成战时任务所需的部队熟练标准。连长根据部队标准作战程序和上级司令部下达的指令，组织和训练化生放核防护分队及其他核生化人员。为了确保单兵和部队做好化生放核防护准备，司令部必须进行定期检查。检查是面向战场的，并为确定一个部队的总体准备能力而量身定制。

化生放核排要求每季度进行演练。为了提高演练的实际效果，部队化生放核军官与关键参谋 / 小分队领导一起计划和演练防护行动。该训练包括实际的化生放核警报报告，发放或模拟发放个人化生放核防护装备，编组和集合化生放核分队，在预先指定或紧急避难场地集合部队人员。

海军陆战队空地战斗中心 / 海军陆战队空地特遣部队司令部是一个作战训练中心，可进行相关的合成部队实弹训练、城市作战、联合 / 联盟级的综合训练，以促进作战部队的准备。战斗训练中心为部队完成在接近实战条件下的高级训练提供了独一无二的机会，从而使各部队能够评估和利用在国内所学的技能。

## 第四节　空军部队化生放核防护训练

由于空军面临不断增长的非对称作战，所有空军人员必须做好准备，不仅能在化生放核环境中生存，还要在化生放核环境中作战。空军军事训练系统确保每名人员都能得到精准、及时和有效的训练，现役、国民警卫队和后备队，军官和士兵在世界上任何地方、任何时间得到训练。空军通过课堂教育、部队训练和演习来确保化生放核防护训练的熟练程度和通用性。空军化生放核教育、训练和演习是一个完整的体系，教授空军在化生放核环境中所需的知识、技能和作战能力。所有空军入伍人员在军事基础训练阶段接受化生放核防护的基本训练，由通信电子战备飞行小队提供袭击、警报与报告、个人防护装备、集体防护、人员洗消、受染控制程序等其他训练。

### 一、单兵训练

空军条令指出，“应对化生放核的训练计划旨在为空军提供在化生放核环境中作业所必须的基本技能”。训练分为 3 类：入伍训练（accession training）、作战训练（operational training）和继续 / 重复训练（continuation/ recurring training）。

### （一）入伍训练

入伍训练提供了基础的应对化生放核战斗技能，这些技能是空军整个职业生涯所处化生放核环境中生存和作战所必要的。入伍人员参加基础军事训练学校（BMTS）的学习，训练完成后，合格者获得初级化生放核防护资格证。军官入职训练包括初级化生放核训练，合格者获得初级化生放核防护训练学分。

空军基础军事训练（BMT）在拉克兰空军基地（得克萨斯州圣安东尼奥）进行，训期 8 周，进行严格的身体和心理训练，在第 5 周，入伍人员进行化生放核爆训练，学习如何应对各种威胁如恐怖主义、生化武器和安全违规等。

入伍化生放核训练包括：基础防护措施和穿戴防护装备，报警信号，面向任务的防护状态（MOPP），化生放核性质、识别、探测和洗消，毒气室训练。化生放核爆训练与其他战斗技能训练相结合，最终达到生存和作战的全面能力。

其他人员包括在或部署到化学威胁地区的文职人员和承包商，如果他们进入空军之前没有完成训练，则在各自的基地接受初级化生放核防护训练。

### （二）作战训练

作战级的化生放核训练建立在入伍训练的基础上，并提供必要的技能，以确保在化生放核环境中完成任务。入伍训练提供初步训练，而作战训练提供更高级水平的训练，以便在化生放核环境中继续作战。

### （三）继续 / 重复性训练

继续 / 重复性训练，维持和加强部队在化生放核威胁和沾染环境中完成任务所必需的技能。指挥员必须确保其部队受过训练，能够在全维冲突的化生放核威胁环境中持续执行任务。继续训练能使指挥员评估整体能力，并保持部队在化生放核威胁环境中生存和作战的能力。该训练为空军人员提供与当前化生放核政策和程序同步的措施。此外，这还能使他们为增加责任做好准备，包括为指导部队其他人员训练、带领部队和编制化生放核行动计划。继续和辅助的训练通常在基地进行。课程包括化生放核爆防护训练、专业分队训练、化生放核爆防护高级领导课程，参与这些课程训练者能对核化生毒剂进行预测、探测、识别、标识、洗消和健康风险管理。

部署到中度或高度威胁地区的人员，将每 20 个月完成化生放核爆防护训练课程、爆炸物响应训练课程和任务资格训练。低度威胁区的人员如果接受部署任务，将通过“及时训练”接受 3 门课程。在化生放核威胁级别增长情况下，所有人员必须每 20 个月完成 3 门课程，直到威胁降低。全球化生放核爆威胁区域划分见表 8-4[①]，每个区域应进行的训练见表 8-5。

表 8-4　全球化生放核爆威胁区域

| 化生放核爆威胁区域 | 地理位置 |
| --- | --- |
| 高度威胁区（HTA） | 巴林、巴尔干地区、迭戈加西亚、埃及、希腊、印度、以色列、约旦、沙特阿拉伯联合王国、科威特、巴基斯坦、卡塔尔、中国台湾、韩国、索马里、新加坡、苏丹、泰国、土耳其、阿拉伯酋长国 |
| 中度威胁区（MTA） | 德国、意大利、日本、也门 |
| 低度威胁区（LTA） | 在高度和中度威胁区中没有列出的地方 |

表 8-5　空军化生放核防护个人训练（国防部防护报告 2002）

| 等级 | 初级训练（课时） | 初级训练时间 | 复习频率 | 备注 |
| --- | --- | --- | --- | --- |
| 低度威胁区（LTA） | 6～8 h | 指派到机动地点 90 d 内，进入永久驻地前 90 d（高度威胁区）（到达基地 60 d 内） | 每年演示能力（其后每 15 个月）（4 h） | |
| 中度威胁区（MTA） | 6～8 h | 到达前 90 d 内（到达后 30 d 内） | 到达前 90 d 内（其后每 15 个月）（4 h） | 化生放核防护训练 36 个月间隔或以上要进行初级训练 |
| 高度威胁区（HTA） | 6～8 h | 永久驻地前 90 d（到达前 60 d 内） | 到达后 30 d 内（其后每年） | 同上 |

机组人员的化生放核防护教育训练来自多个功能领域。机组人员生命保障为机组人员提供机组人员个人防护装备和处置人员的教育训练；飞行医学提供毒剂毒理学和药理学的训练；土木工程准备和应急管理飞行提供地勤人员化生放核爆操作和标准的教育训练，周期为 20 个月。

## （四）空军应急管理训练

在全球空军基地的所有毒物威胁环境中，空军应急计划的主要任务是：拯救生命；尽量减少资源的损失或退化；继续、维持和恢复作战能力。

① Air Force Instruction AFI 10-2501, Air Force Emergency Management (EM) Program, Planning and Operations. 24 January 2007, 44.

空军应急管理训练的目标是提供必要的知识和技能，以计划、响应和恢复应急管理事件。基于《北大西洋公约组织（北约）标准化协议 2150》《北约核生化防护能力标准》《航空标准化协调委员会航空标准 84/8》，设计应急管理课程以满足空军的能力标准。空军化生放核应急管理计划教育和训练课程见表 8–6。

表 8–6　空军化生放核应急管理计划教育和训练课程

| 课程 | 听众 | 重复频率 / 个月 | | | 课堂或演示展示时长 /h |
|---|---|---|---|---|---|
| | | 低威胁区 | 中威胁区 | 高威胁区 | |
| 化生放核爆防护 | 参见《空军应急管理训练政策》第 4.5 节 | 20 | 20 | 20 | 8（初级）/4（新兵） |
| 化生放核爆职能领域 TQT | 参见《化生放核爆防护 TQT 标准》第 4.7 节 | 20 | 20 | 20 | 由监督员或 AFCFM 决定 |
| 化生放核爆防护关键领导 | 基地和群指挥官，ICC 和 EOC 成员，空军职业代码管理确认的其他关键人员 | 20 | 20 | 20 | 1 |
| 爆炸物侦察 | 参见《空军应急管理训练政策》第 4.5 节 | 20 | 20 | 20 | N/A |
| 沾染控制区管理和行动 | 部队指挥官指定的成员 | 20 | 20 | 20 | 4 |
| 袭击后侦察 | 部队指挥官指定的成员 | 20 | 20 | 20 | 2 |
| 指挥控制中心行动 | 部队指挥官指定的成员 | 20 | 20 | 20 | 2 |
| 应急响应行动 | 所有 DRF 成员，AFI–10–2501 列出的 | 20 | 20 | 20 | 2 |
| 预备支援队 | 部队指挥官指定的成员 | 20 | 20 | 20 | 16 |
| 防护工程管理队 | 部队指挥官指定的成员 | 20 | 20 | 20 | 4 |
| 沾染控制队 | 部队指挥官指定的成员 | N/A | 20 | 20 | 4 |
| 演习评估队 | 部队指挥官指定的成员 | 20 | 20 | 20 | 2 |
| 部队应急计划代表 | 部队指挥官指定的成员 | 12 | 12 | 12 | 2 |
| BEPO | 所有人员 | N/A | N/A | N/A | 1/2 |

除了上述训练外，该计划每 20 个月向军人和应急文职提供重复的化生放核防护训练。训练内容包括：化生放核爆关键领导课程、联合高级领导课程、爆炸物侦察课程、污染控制区管理和行动课程、部队控制中心作业课程、应急响应行动课程、预备支援队课程、防护工程管理队课程和污染控制队课程。

空军 CE 预备学校开设学徒和高级训练课程。学徒课程是对应急管理人员的初步训练，教授重大事故和自然灾害以及化生放核行动的响应和恢复要求，包括化生放核危害的检测和洗消，绘图和报告程序。高级课程教授基本的知识和技能，实施化生放核攻击绘图、警报与报告、化生放核危害评估，以及评估致残和致死水平和预测相关危害的持续时间。

其他促进应急管理人员职业发展的课程还有：化生放核报警与报知、辐射应急队行动、民事支援队训练、美国空军欧洲突击队、在世界各地提供基本装备训练、化生放核爆感知、生存技能、关键领导等课程。

## 二、集体训练

部队负责进行共同核心应急技能训练，以确保空军人员做好全球部署准备，并在高威胁环境中发挥作用。个人、小组或机组必须按照 AFMAN 10-2602《核生化和常规防护行动和标准》中指定的特定战术、技术和程序进行技能训练，目的是在化生放核爆环境中执行战时任务。

化生放核防护任务资格训练（TQT）是在化生放核课堂训练之后进行，在模拟战时环境下，个人穿着全套地勤或机组人员个人防护装备，执行战时重要任务的训练。这些 TQT 标准旨在确保个人和分队能在化生放核环境中执行使命任务。指挥官有责任确保部队人员使用 AFMAN 10-2602 中确定的通用和功能性化生放核防护战术、技术和程序进行任务训练。个人必须表现出执行战时任务的能力。各部队将以文件的形式记录执行过的任务。该训练将空军特定的专业知识和演示结合在一起。

现役军人、文职人员和合同商人在完成化生放核爆防护课程后 60 天内，完成化生放核任务资格训练（TQT），此后根据各自的职业领域管理人员的决定，每 20 个月完成一次。空军后备队人员必须在完成化生放核防护课程后，在 4 项部队训练活动内完成 TQT。监督员训练和评估个人演示效果，而个人基于知识的目标是在线的。演示效果由部队训练者和监督者进行评估。

# 第九章 美军化生放核防护教育训练资源

为了提高化生放核教育训练效益，美军整合了军队的学校、研究机构、训练基地等资源，开发和采购了比较先进的模拟训练器材，充分利用这些设施进行化生放核防护训练。

## 第一节　化生放核教学机构

美军化生放核防护教学机构有很多，如陆军化生放核学校、机动保障中心军士学校、核武器防护学校、海军水面作战军官学校、海军陆战队化生放核学校、国防医科大学、海军作战医学院、美国陆军卫生部中心学校、海军卫生科学学校等。下文重点介绍几个教学机构。

### 一、美国陆军化生放核学校

美国陆军化生放核学校是美军进行化生放核防护教育最重要的机构。1952 年，化学兵学校在麦克莱伦堡建立。1973 年，化学兵学校搬到马里兰州的阿伯丁试验场，1980 年化学兵学校在麦克莱伦堡重新开放，开设核化武器进攻、使用、洗消和侦察等课程。1999 年因为麦克莱伦堡基地调整和关闭，该校随之关闭，搬到密苏里州伦纳德伍德堡。2008 年 1 月 11 日，更名为陆军化生放核学校。

#### （一）使命任务

美国陆军化生放核学校的使命任务是训练陆军化学兵，培养领导，支持部队训练，制订联合、多军种和陆军化生放核条令，转型未来陆军化学部队，联合化生防护项目的开发者。

陆军化生放核学校主要对陆军化生放核军官、准尉、军士和新兵进行训练；也为各军种培训化生放核人才。海军、空军、海军陆战队和海岸警卫队在伦纳德伍德堡保留训练分队，与化生放核学校合作，训练他们的人员。此外，还为盟友培养化生放核军官和化生放核准尉。

随着美国陆军化学兵逐步转型，美国陆军化生放核学校已将教育和培训目标从传统的核生化防护向全方位化生放核防御作战转变。近年来，美军对化生放核军官训练进行了一系列改革，修订了新的课程体系，加入了垂直一体化训练，更新了化生放核军官基础领导能力培训班和化生放核上尉班的部分内容，更好地为化生放核军官训练提供指导。

陆军化生放核学校还十分注重与美国陆军传染病研究所、美国陆军化学防护医学研究所、美国武装部队放射生物学研究所、美国陆军健康促进和疾病预防医药中心、美国陆军医疗卫生部、空军民用工程支援局等相关机构就训练事宜开展紧密合作。

陆军化生放核学校还负责制定作战条令，研究和提出装备需求。作为联合战斗开发者，为国防部化生防护计划实施联合军种实验。

## （二）组织机构

陆军化生放核学校隶属美国陆军部陆军条令与训练司令部伦纳德伍德基地机动保障中心，是初级职业教育院校，主要包括领导层、训练与领导发展理事会和第 3 化学旅。组织机构如图 9-1 所示。

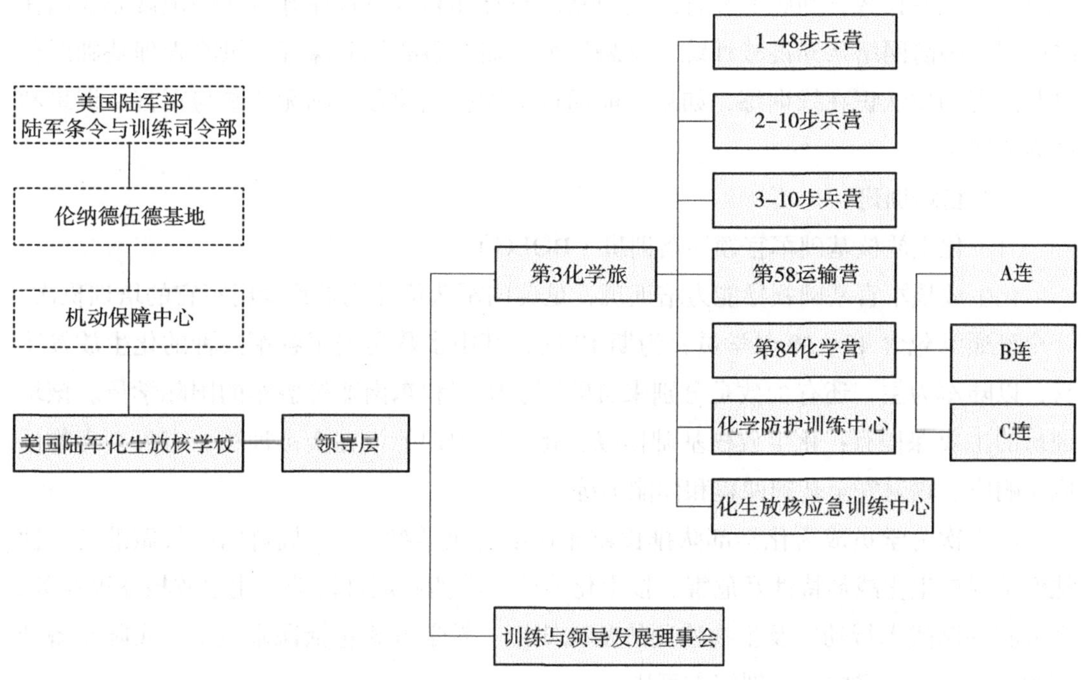


说明：1-48 步兵营，即第 48 步兵团第 1 营。

图 9-1　美国陆军化生放核学校组织机构示意图

（1）领导层。主要有化生放核学校校长，也是美国陆军化学兵司令；化生放核学校助理校长；化生放核学校团级一级军士长；化生放核学校团级一级准尉，2013 年开始设置该领导职位。

（2）训练与领导发展理事会。主要职责是提出需求和标准，研制相关的训练产品，用以训练、教育和发展联合部队与国际化生放核专士，陆军、空军、海军陆战队和海军士兵；开发部队训练需求和产品，以支持当前和未来的化生放核部队；管理联合实验，以支持联合战斗实验开发者；计划和管理反大规模杀伤性武器训练、教育和自我发展，以支持联合需求办公室、陆军和国家需求。主要包括理事会指挥部、行为分析部、单兵训练部、职业课程分部、功能课程分部、集训部和联合实验分析部等部门。

（3）第 3 化学旅。第 3 化学旅是陆军化生放核学校的主要培训机构。该旅包括 1-48 步兵营、2-10 步兵营、3-10 步兵营、第 58 运输营和第 84 化学营等部（分）队和化学防护训练中心（CDTF）、化生放核应急训练中心（IRTD）等训练单位。第 84 化学营 A 连为专职从事化生放核军官培训的主管单位。

### （三）教学班次

美国陆军化生放核学校主要培训美国陆军初级化生放核军官、新兵以及军士和准尉，还招收国际学员。陆军化生放核学校教学班次分为军官培训班、准尉培训班、师资班、专业专长教育和职业教育。其中基础教育和高级教育在开班前必须修完 5 门在线课程：国防网络认知挑战训练、反恐训练、陆军事故规避课程、风险管理基础课程以及危害物质认识在线训练，如果不能通过上述在线课程，则无法参与军官培训班和准尉培训班。

1. 军官培训班

（1）化生放核基础军官领导培训班（BOLC）

化生放核军官基础领导能力培训班，是美国军队培养化学兵少尉军官的培训班次。一个班通常包含 45～50 名学员，为期 17 周，其中多数是美军各军兵种的化生放核军官，以陆军为主，还有少数是分别来自欧洲、中东和东南亚等盟军的国际学员。该培训班的主要课程有：化生放核基础作战、化学防护训练设施实毒训练、有毒有害物质应急响应、辐射安全基础课程和体能训练。

该班次为学员成为化学部队排长或非化学营化学参谋 / 作战科副科长做准备，使他们掌握核生化战剂特性及危害、核生化侦检、洗消和烟幕行动、化生放核参谋业务、个人和部队战术行动以及生物检测的基础知识。教学方式包括课堂教学、实际装备训练和野外演习，完成实毒训练方可毕业。

国际学员分为两个阶段：国际学员预备课程和化生放核军官基础领导能力培训班

正式课程。国际学员预备课程为期 4 周。

（2）化生放核上尉培训班（CBRN C3）

化生放核上尉班是美军培养化学上尉军官的高级培训班次，通常包含 25～30 名学员，其中多数是美军各军兵种的化学军官，以陆军为主，还有少数是分别来自欧洲、中东和东南亚等盟军的国际学员。

上尉课程内容主要包括指挥、陆军作战、危害预测、计划和实施核生化侦检、洗消、生物检测作业以及保障机动部队的烟幕和喷火行动。另外，军官还接受核目标分析 / 弱点分析、辐射安全和环境管理训练。充分利用计算机模拟技术，强化核生化资源在保障战术作战中的应用。

国际学员培训分为两个阶段：国际学员预备课程和化生放核上尉班正式课程。其中国际学员预备课程为期 3 周，化生放核上尉班正式课程为期 22 周。培训班室内教学分为大课和分组讨论两种方式，室外教学包括实地练习、实毒作业等。国际学员在正式开课前需参加一次英语能力测试，非英语系国家的学员测试成绩必须达到 75 分以上才能参加培训课程的分组讨论。

2. 准尉培训班

准尉培训班分为化生放核准尉基础培训班和高级培训班。基础班和高级班通常由 10～12 名学员组成，来自各军兵种。

化生放核准尉基础培训班为期 10 周，为化生放核准尉提供技战术业务知识，使其胜任机动保障 / 区域保障连和技术护送小组领导助理职责。该培训班的主要课程包括化生放核基础作战、有毒有害物质应急响应、辐射安全基础课程、机动装载和体能训练。教学方式包括集体授课、小组讨论、计算机推演、野外实地训练等。

化生放核准尉高级培训班为期 8 周，为化生放核准尉提供技战术业务知识，使其胜任旅级或更高级化生放核准尉职责。培训大纲涵盖化生放核和有毒有害物质作战，以及合成部队作战。

首批准尉学员于 2011 年 7 月开学。到 2014 年底，在美国海军陆战队的协助下，已经成功举办 6 轮化生放核准尉基础培训班，共计有 66 名化生放核准尉获得了任命，这些毕业的化生放核准尉到野战炮兵、防空兵部队所属营服役，代替原来各营的化学参谋。2014 年，化生放核学校对准尉基础培训班进行了改进，增加了技术训练的份额，修订了教学大纲，使其更加符合反大规模杀伤性武器战略要求。2014 年年底，化生放核学校筹划了首期化生放核准尉高级培训班，于 2015 年开课。

3. 师资班

（1）化生放核徒步侦察培训班

培训对象为现役军官、军士、国民警卫队和后备队。该培训班为期 3 周，提供大规模杀伤性武器事件响应准备所需的技巧和知识。培训内容包括各种军用和商用化生放核装备的训练，以及个人防护装备和自控呼吸装具，应急响应转运程序，本土侦察行动的计划与准备，有毒工业化学品或物质的基本原理，采样与采集程序，任务中止程序，建立、处理和停止侦察小组洗消场所的程序。结业时，学员获得国家消防委员会 472 标准中有害物质技术人员培训级别的认证。

（2）化生放核响应人员培训班

培训对象为现役军官、军士、国民警卫队和后备队。该培训班为期 2 周，提供大规模杀伤性武器事件响应准备所需的技巧和知识。培训内容包括各种军用和商用化生放核装备的训练，以及个人防护装备、自控呼吸装具，应急响应转运程序，本土侦察行动的计划与准备，有毒工业化学品或物质的基本原理，采样与采集程序，任务中止程序，建立、处理和停止侦察小组洗消场所的程序。结业时，学员获得国家消防委员会 472 标准中有害物质技术人员培训级别的认证。

（3）生物一体化探测系统（BIDS）培训班

培训对象主要为现役军官和军士。该培训班为期 13 d，为学员提供操作生物一体化探测系统（BIDS）所需的知识和技能。培训人员不限于现役军人，也包括预备役人员，学员包括具有 74A/74D 军职专业的化生放核军官和士兵。培训分为 4 个单元：A 单元，包括系统介绍、驾驶员认证考核、哈里斯无线电通信、便携式轻型全球定位系统接收器。B 单元，为学员提供操作联合生物点源探测系统（JBPDS）中主要生物探测部件所需的知识与技能。C 单元，为学员提供如何在几种不同容器中包装生物样品、填写单据、转移样品至指定样品转移点的知识与技能。该阶段还讲授系统的数据分析和不同的操作模式。D 单元，针对之前的所有教学，将所有任务融合到实际演练中，在这阶段的最后，进行 24 h 的野外训练演习测试，检验学员在培训期间的学习效果。所有学员必须通过陆军学习管理系统完成远程学习任务。培训后学员可获得 L4 附加技术识别标志。

（4）化生放核大规模伤员洗消培训班

培训对象为现役军官、军士、国民警卫队和后备队。该培训班为期 8 d，提供大规模杀伤性武器事件响应准备所需的技巧和知识，是州应急管理响应系统的一部分。该培训班提供化生放核洗消行动技术与程序训练。该培训班采用实践训练方式。

（5）辐射安全培训班

培训对象为现役军官、军士、国民警卫队和后备队。该培训班为期 120 h，提供辐射安全方面的正规训练。该培训班提供辐射安全调整结构、辐射基础、辐射量与单位、辐射屏蔽、辐射生物效应、辐射探测原理、各类辐射仪操作、辐射源识别、辐照控制原则、辐射源追踪等方面的应用知识。学员毕业后具备驻军级别辐射安全军官资格。

4. 专业专长教育

（1）分析实验室系统操作员培训班

培训对象为现役军官、军士、国民警卫队和后备队。该培训班为期 5 周，提供大规模杀伤性武器事件响应准备所需的技巧和知识，是州应急管理响应系统的一部分。该培训班提供操作员级别的训练、样品分析技术与程序，以及分析实验室系统（ALS）操作员使用该系统所需的技战术业务知识。该培训班采用实践训练方式。结业时，参训学员能够操作各种处理和识别可疑危险物质的专业装备。

（2）作战辐射安全培训班

培训对象为现役军官、军士和国民警卫队。该培训班为期 40 h，提供常规辐射安全程序方面的正规训练。培训内容包括辐射安全调整结构、辐射基础、辐射量与单位、辐射屏蔽、辐射生物效应、辐射探测原理、各类辐射仪操作、辐射源识别、辐照控制原则、辐射源追踪等科目。学员毕业后具备驻军级别辐射安全军官资格。

（3）旅战斗队化生放核侦察培训班

培训对象为现役军官和军士。培训主要针对核生化侦察车辆，为期 11 周，科目包括核生化侦察车辆的操作与维修、化生放核侦察箱组、旅范围内的班排战术。培训后，学员可获得 L6 附加技术识别标志。

（4）化生放核技术护送培训班

培训对象为现役军官、军士、国民警卫队和后备队。该培训班为期 25 d。针对与化生放核有关的有毒有害物质，进行野战采样、探测、识别、局部洗消、缓解或补救方面的训练。该培训班实施有毒有害物质技术员级别作战响应和环境采样训练，遵循 29 号联邦法规 1910.120 和环保署应急响应小组协议。还提供有限空间感知级别的训练，遵循 29 号联邦法规 1910.146。

（5）民事支援技能培训班

培训对象为国民警卫队和后备队。该培训班为期 8 周。培训大纲遵循美国国家消防委员会 472 标准和 29 号联邦法规 1910.120。国民警卫队民事支援小组成员接受以下培训：有毒有害物质等级，感知、行动、技术员和事件指挥。针对支持与协助大规模杀伤性武器事件中的指挥人员的化生放核调查行动，定点侦察行动和采样行动进行训练。该培训班还提供指挥、控制、通信作战训练，个人防护装备、自控呼吸装具、单兵洗消程序等训练，以及各种军用和商用化生放核探测装备的训练。该培训班实施实践应用演练、野战训练演练和态势训练演练。

（6）民事支援小组行动培训班

培训对象为国民警卫队和后备队。该培训班为期 1 周，提供大规模杀伤性武器事件响应准备所需的技巧和知识，是州应急管理响应系统的一部分。该培训班提供应对大规模杀伤性武器行动技术与程序训练。

（7）统一指挥系统操作员培训班

该培训班为期 4 周，提供大规模杀伤性武器事件响应准备所需的技能和知识，是州应急管理响应系统的一部分。该培训班提供操作员级别的训练，使统一指挥系统操作员或小组领导具有使用该系统完成任务所需的技战术业务知识。该培训班采用实践训练方式。结业时，参训学员能够操作各种与其他联邦实体保持通信的专业装备。

（8）军事设施应急管理计划培训班

该培训班为期 1 周。该培训班为设施支援小组和国家打击力量等响应资源提供训练，前者主要保障军事设施，后者适用于地方社区，化生放核威胁毒剂，恐怖分子非对称威胁，以及诸如威胁分析模板、化生放核想定和事件指挥系统等之类的计划工具。

### （四）主要训练设施

1. 化学防护训练设施（CDTF）

CDTF 的使命任务是为美国及其盟国军事力量，以及特殊的政府和民事服务机构进行艰苦的、真实的和精确的化学防护训练。CDTF 的训练对象包括陆军、海军、空军和海军陆战队人员，国防部文职人员，盟国军人，CDTF 提供化学实毒训练、放射源训练和生物试剂训练。

该设施于 1981 年开始设计，1984 年开始建设，1986 年完成，花费 1 490 万美元，1987 年 3 月投入使用，结束了化学兵长达 10 多年无毒剂训练的历史。

新的 CDTF 由密苏里州圣·路易斯的贝纳姆有限公司设计，哥伦比亚格里利的享塞尔·费尔普斯建筑公司和堪萨斯州城区的工程兵承建，于 1997 年 5 月 23 日开始建造，1999 年 1 月 22 日完成。

该设施有 8 个室内训练港湾，可实现神经性毒剂的可控释放。现代和冗余工程控制和化学试剂监测系统将毒剂蒸汽浓度水平控制在对生命和健康危害之下。

为符合美国和军方环保标准，确保实毒训练的效果，美陆军化生放核学校兴建了专业实毒训练设施——化学防护训练中心，其目标是构建一个既能满足陆军化生放核学校军事专业课程教学需要，又能为联合部队和国民警卫队大规模杀伤性武器民事支援队提供一个全谱的实毒训练环境。该实毒训练环境可供国土防御和反恐作战演习，要求个人防护器材必须达到 A 级标准。A 级实毒训练设施符合职业安全和健康许可要求。为解决化学防护训练中心缺少符合规定的 A 级个人防护装备的问题，陆军化生放核学校提供了大量的防护、呼吸装置以及无线电通信设备，以供装备一个由 7 人组成的核化生响应小组。

2007 年 7 月初，陆军化生放核学校的化学防护训练中心开始进行升级，并在 2008 财年前初步形成并实现了 A 级实毒训练计划。美陆军特别安排第 93 民事支援队与化学防护训练中心官员进行密切协调，提供必要的合作。此后，化生放核学校与陆军部进行了积极的协调，获得陆军部安全官员的许可，允许在化学防护训练中心使用 A 级防护装备，以及制定严格的训练程序，防止暴露在神经性毒剂中的防护服吸附毒气而扩散开来。进入化学防护训练中心的装备必须在其控制之下，如果不再需要的话，则要进行 1 000℃高温焚烧。为此，化学防护训练中心重启了一个秘密实验区，该实验区拥有部分有机磷酸酯的蒸馏分析设备及相关实验设备。

2. 化生放核应急训练中心

该中心于 2007 年 11 月建成投入使用，占地约 22.5 英亩。为美国陆军国民警卫队民间支援队、担任国土安全的陆军化学兵部队、国防部应急反应小组以及化生放核装备保障小组提供高技术水准的化生放核应急培训。训练中心开设的训练科目，既满足战时国家需求，也可用于应对持续出现的美国国内恐怖袭击威胁。

训练中心由以下设施组成：

1 个演习控制室，作为核心设施用于现场监控和训练场景拍摄。整个设施内部都安装了可用于低可见度区域红外拍摄的照相设备。

6 个教室，1 个训练效果评估室，若干个供参谋和军官使用的办公室，2 个用于室内洗消训练的大型隔离区域，以及 2 个虚拟现实模拟训练区域。

1 个城市演习训练区域，包括 1 座工厂、1 个邮局和 2 个仓库，用于化生放核侦察、规避和洗消训练。这些建筑设施通过一个有多个入口的地下通道系统相互连接，与可能面临的行动环境相类似。其中一个仓库有 3 层，用于展现冲击波对建筑物外部和内部的毁伤情况。一条双车道上有一辆翻倒的油罐卡车，用于训练对泄漏液体的清除。在有轨车训练区域，有几节封闭式或非封闭式油槽车、一节货车和一个运输集装箱。在该训练中心较偏僻的区域精心建造了一个地下设施，用于限制区和秘密实验室的训练。

化生放核应急训练中心是一个设计现代化、工艺先进和体量较大的训练场地，为美军防范化生放核恐怖袭击提供了强有力的知识和技能支持。更重要的是，其高技术水准的训练模式将使部队不仅能在战场上发挥专业职能，还能在城市街道等特定环境下为地方提供军事援助。

## 二、机动保障中心军士学院

机动保障中心军士学院是美国陆军最大的一所军士学院，隶属陆军条令与训练司令部伦纳德伍德基地。该学院对经过遴选的军士进行培训，通过严格的战术、技术和陆军价值观训练，培养思维敏捷、训练有素、技能娴熟的化学兵、工程兵和宪兵军士、班领导和排级军士，灌输士兵道德，并对军士在不断变化的当作战环境条件中所取得的经验与教训进行评价。

机动保障中心军士学院培训层次分为战士领导培训班、基础军士培训班和高级军士培训班，战士领导培训班次不分兵种，基础军士培训班和高级军士培训班分化学兵、工程兵和宪兵 3 个兵种。

### （一）战士领导培训班

培训对象通常是下士和中士，为其提供基本指挥训练，使其胜任小分队指挥官职务。该班次培训士兵掌握两种化生放核能力：提交 NBC 1 报告；用 NBC 4 报告传达化生放核信息。

### （二）化生放核高等领导培训班

该培训班前身是化生放核基础军士培训班（CBRN BNCOC），于 2009 年 10 月 1 日更为现名。培训对象主要是上士，为期 15 周，通过训练，学员将成为一名化生放核连班长和一名非化学连或营的化生放核军士。主要内容有：在化生放核行动中向连 / 营指挥员提出建议、训练非化学士兵掌握核生化规避、洗消和防护方法以及指挥烟幕 / 洗消班。该培训班的第二阶段是职业管理领域（CMF）74D 技术训练，讲授化生放核军士 CMF74 方面的战术和技术，以及如何将这些知识运用到瞬息万变的 21 世纪战场。

### （三）化生放核高级领导培训班（CBRN SLC）

该培训班前身是化生放核高级军士培训班（CBRN ANCOC），于 2009 年 10 月 1 日更为现名。培训对象主要是三级军士长，一般为期 13 周，通过训练，学员将成为化生放核排军士、旅级化生放核军士，以及师或军级化生放核分队的化生放核军士。训练内容包括高级技术行动、危害评估、后勤和维修管理、联合兵种作战、烟幕和喷火保障以及训练管理。

## 三、美军核武器防护学校

核武器防护学校的历史可以追溯到“曼哈顿计划”时期。1947 年，美国成立了实施陆海空三军特殊武器计划（AFSWP）的机构，在美军桑迪亚基地创建了特殊武器学校，20 世纪 50 年代，特殊武器学校的名称变更为“原子武器训练小组”。在过去的

60多年里，该校的机构和名称发生多次变化。1997年，该学校更名变为“核武器防护学校”。

核武器防护学校位于美国新墨西哥州阿尔布开克的柯特兰空军基地，是国防威胁降低大学的一部分，由国防威胁降低局（DTRA）作战保障委员会管理。国防威胁降低大学是国防威胁降低局的训练机构，包括两个部分：一个是核武器防护学校，另一个是防御威胁降低信息分析中心。

核武器防护学校为国防部和联邦、州和地方机构提供放射性与核武器教育和训练、核辐射事件指挥与控制、事件响应以及化生放核模拟。主要开设后果评估、危害预测、爆炸物处置和其他大规模杀伤性武器相关课程。该校采取在校、远程和移动教育3种教学模式，提供大规模杀伤性武器相关学科专业认证制度。

核武器防护学校也保障国防部长办公室、参谋长联席会议、各军兵种和作战司令部等机构，提供训练建议和野战核武器服务。该校提供武器维修和应急响应方面的训练。1998年国防威胁降低局成立，学校将训练扩展到化生放核爆响应训练，当然，核武器教学仍然是其核心任务。

## 四、海军水面作战军官学校

海军水面作战军官学校隶属美国海军水面舰艇作战训练中心，位于罗得岛州纽波特，主要培养海军各级水面作战军官。

美国海军水面作战军官学校由美国海军各水面舰艇军官学校合并而成。20世纪60年代，美国海军培训水面舰艇军官的学校主要有驱逐舰军官学校和反潜战军官学校。为了加强培训水面舰艇军官，美国海军从1970年开始，先后在罗得岛州和科罗拉多州各成立一所水面作战军官学校。1975年，美国海军又将各培训水面舰艇军官的学校合并成统一的水面作战军官学校。1975年以来，海军水面作战军官学校一直致力于海军水面作战军官的培训。

水面作战军官学校各教学系为：指挥训练系主要设置大舰舰长课程、未来舰长课程和未来副舰长课程。部门长训练系设置的主要课程是部门长课程。分队长训练系设置的主要课程为分队长课程。损害管理训练系设置的主要课程为损害管理课程，为部门长课程、副舰长课程、舰长课程和牧师长课程提供损害管理基础教育。工程专业训练系设置了蒸汽机工程高级课程、柴油机工程高级课程、燃气涡轮工程课程和燃气涡轮工程高级课程。此外，水面作战军官学校还设置了战术行动军官课程、战术行动军官/值日军官课程、海上安全军官课程、情报军官课程、联合海上战术发展课程等。其中分队长课程和损害管理课程中设有化生放核内容。

分队长课程。该课程主要培训新任命的水面作战少尉军官，使其掌握担任水面舰艇分队长职务的基本知识、职责和管理技能。该课程学制 3 周，每年举办 15 期。第 3 周学习分队长管理方法、损管、消防和核生化防护知识。

损管课程。该课程旨在培训损管助理，每年举办 5 期，每期 6 周。该课程分为 7 个单元，其中第 6 单元为核生化防护。

## 五、陆军卫生部中心学校（国防医学战备训练教育学院）

美国陆军卫生部中心学校及其国防医学战备训练教育学院开设化学毒剂损伤救治的培训课程。主要有：

（1）国土安全卫生专业课程。该课程作为处理大规模杀伤武器恐怖攻击事件“国家响应方案”的组成部分，主要培养高级卫生军官对美国本土及海外基地遭受化生放核爆攻击及重大自然灾害的应对能力。除现役部队、预备役、国民警卫队和海岸警卫队的高级卫生军官以外，参训人员还包括国家公共卫生局官员、联邦与地方卫生人员，以及各级应急响应行政管理人员，所有参训人员必须预先完成联邦应急管理局制定的相关课程。

该课程的内容主要是在“国家响应方案”框架内如何应对大规模杀伤武器攻击事件（准备、反应、恢复），形式包括专家报告、桌面推演和学员互动。授课人员大多来自军队与政府管理部门（如联邦紧急事件处理局、联邦调查局、美国公共卫生局、国土安全局、卫生与人道服务局和美国北方司令部）。经过该课程培训，参训人员能够掌握构建应对大规模杀伤武器攻击事件医学响应的各项基础要素，还可获得相应的继续医学教育学分（30～40 分）。

（2）三军化生放核爆攻击医学课程。2002 年，联合参谋部与国防部负责卫生事务副部长责成国防医学战备训练学校提出化学（与生物）武器伤员医学处理的培训需求与评估方法，国防医学战备训练学校据此推出三军化生放核爆攻击医学课程——“应急战备与响应课程”。该课程是基于网络的模块化远程课程，分为基础课程、作战或行动人员课程、临床医师课程、管理与指挥人员课程 4 个层次。陆军、海军、空军的卫生人员在分配到固定岗位之后 12 个月内必须完成相应层次的培训课程，此后每 3 年还要接受维持（保持）培训。

（3）大规模杀伤武器紧急医学响应课程。该培训课程旨在培训国防部系统或三军（陆军、海军、空军）卫生人员应对化生放核爆攻击造成的大规模平民死伤或人道主义灾难的救援能力，以使军队卫生人员能够适时扩充到地方、州、联邦体系中，应对国内及海外突发事件。

该课程由国防医学战备训练学校制定，第 2 卫生旅组织实施。课程期限 3 天，主要培训地点在加利福尼亚州的帕克斯军营。培训形式分为室内理论授课、室外演习训练、桌面推演，培训内容包括化学毒剂（也含生物毒剂、放射性物质、高能爆物质）、检伤分类、伤员治疗、心理反应，以及去除沾染、个人防护、后续危害处理等。

（4）紧急战备响应课程。该课程是针对军队医疗机构开设的应对化生物放核爆攻击的应急响应课程。培训内容包括化生放核爆攻击的历史回顾与当前威胁、威胁作用物（如化学毒剂）的特性及损伤的病理生理学与治疗原则等。该课程分为基本知识课程（2 学时）、短期课程（1 天）、行政管理与指挥课程（1 天），各课程的培训对象分别是非卫生专业人员、卫生专业人员、行政管理人员或指挥军官。

## 第二节　化生放核科研机构

美军部分化生放核科研机构也承担化生放核防护教育训练任务，如国防大学大规模杀伤性武器研究中心、陆军埃奇伍德化学生物中心、陆军化学防护医学研究所、陆军传染病医学研究所和陆军医疗中心等机构。

### 一、美国国防大学大规模杀伤性武器研究中心

美国国防大学大规模杀伤性武器研究中心成立于 1994 年，主要研究大规模杀伤性武器对美国和全球安全的影响。该中心在职人员有 17 名，包括 1 名主任，1 名副主任，1 名参谋长，1 名特聘研究员，高级研究员 7 人（其中有教授职称的 1 人，教育协调员 1 人），研究员 4 人，1 名教育项目经理，1 名调研人员。在职人员均履历丰富。

该中心在教育、研究和宣传工作上有广泛的任务，从事与新兴的大规模杀伤性武器有关问题的研究，如封锁、消除、后果管理、威慑和升级管理。该中心还研究和探讨来自大规模杀伤性武器的不断更新和不断发展的威胁，包括核恐怖主义和恐怖主义。

该中心旨在加强领导人和未来的领导人对大规模杀伤性武器威胁的认识，是参谋长联席会议关于联合职业军事教育和大规模杀伤性武器问题的高级顾问。此外，该中心还开设学术讲座和课程，重点是防止和打击大规模杀伤性武器的扩散，主办一个年度研讨会和一个关于大规模杀伤性武器局部问题的月度研讨会，不定期发布研究报告：

- 2010 年 10 月 1 日，发布《尼克松总统决定放弃美国进攻生物武器计划》；
- 2011 年 12 月 1 日，发布《美国批准化学武器公约》；
- 2012 年 1 月 1 日，发布《定义“大规模杀伤武器”》；

- 2012年6月1日，发布《防扩散安全倡议：起源与演变》；
- 2012年6月，发布《民用核电计划的扩散风险》；
- 2012年10月1日，发布《1991—1992总统的核倡议》；
- 2012年10月，发布《重启星球大战：2017全球导弹防御》；
- 2012年12月6日，发布《国际原子能机构决定查找伊朗不遵守协议的真相》；
- 2014年6月10日，发布《大规模杀伤武器的未来：2030本质与作用》。

该中心是一个理学硕士的培养点，与密苏里州大学联合为国防部培养能参与大规模杀伤性武器研究项目的人员。硕士研究生的课程包括12门课程，共36个学时，其中基础课程15个学时，专业课程21个学时。

硕士研究生需要完成下列任务：关于国际事务的强化写作课程；在专业相关的国防部的岗位实习；在国防大学参加额外的两个学期的应对大规模杀伤性武器研讨会；4门额外的与大规模杀伤性武器相关课程；1篇硕士学位论文或者1个与综合口试相结合的实体研究项目。

研究生的课程设置和科学硕士的培养以互补的方式建立，使研究生有更强的与大规模杀伤性武器相关的专业知识和科学深度。

## 二、陆军埃奇伍德化学生物中心

埃奇伍德兵工厂成立于1917年，主要生产毒剂弹药，后经过与相关研究机构的数次整合和名称变更，1988年，正式命名为埃奇伍德化学生物中心。埃奇伍德化生中心的工作人员主要由管理人员、技师、工程师、化学家、生物及生命科学家、物理学家及相关人员组成。至2008年，该中心的工作人员总数已达1 596人。其中研究与技术部人数为435人，工程技术部815人，综合计划部346人。

埃奇伍德化学生物中心隶属陆军部陆军器材司令部下属的陆军研究、发展与工程技术司令部，是美国开展非医学化学与生物防护研究的权威机构。该中心分布在美国的3个地区，分别是美国马里兰州的陆军阿伯丁试验场、阿肯色州的派恩布拉夫及伊利诺伊州的罗克艾兰。埃奇伍德化学生物中心的主要任务是利用一流的科学、工程与技术，从基础研究到技术发展、工程设计、装备评估与支持战场处置的全周期研究中，在侦察、防护及洗消等领域开展研究，为美国各级政府、机构及士兵、国民提供化学与生物防护相关的对策、训练及装备等。

埃奇伍德化学生物中心制定了一个化生放核爆培训计划，为其学科专家和客户沟通提供平台。这种独特的关系使科学家和工程师能够通过课堂、实践练习和反馈项目分享他们的知识、经验和专业人才。

培训对象有：美国中央司令部、第 20 保障司令部（第 22 化学营、第 110 化学营）、国民警卫队民事支援队、美国国务院外交安全局、美国陆军化生放核学校、中央情报局大学、联合消除协调分队、化生防护联合项目执行办公室等。

埃奇伍德化学生物中心开设的课程主要有：

（1）指挥和参谋化生放核爆敏感场所培训课。为期 2.5 d，学员将能够描述各种可能的危险化生放或爆炸事件，其目的能够计划和执行一个适当的响应，以及评估事件。

（2）小规模化学毒剂生产。为期 3 d，学员将能够描述和分析操作小规模化学操作所必需的过程，从而生产化学战剂，并了解在上述操作中所涉及的化学物质类型。

（3）小规模生物战剂生产。为期 4 d，学员将能够描述和执行必要的过程，促进细菌细胞的繁殖和扩大生长，验证培养的细菌生长的有效性；还能够描述和执行从营养源中提取蛋白质所需的过程。在这 4 天的课程中，每个参与者都有机会使用设备和程序，允许从几个细胞中生长出几克细菌。通过完成这个练习，学员将能够描述和分析一般细菌的繁殖过程。此外，每个参与者将有机会利用从营养源中提取蛋白质的设备和程序。通过完成这个练习，学员将能够描述和分析一般的蛋白质萃取物，如从蓖麻籽中纯化蓖麻毒素或从玫瑰豌豆中纯化艾布里蛋白。

（4）大规模生物毒剂生产。为期 2 d，学员将能够分析培养和大规模发酵细菌所需的过程，并掌握生物发酵设备的知识。学员还将增进了解生物生产设施如何运作的能力，包括各个部门作为一个整体运作的方式，以及评估生产所需的关键设备。

（5）化学和生物采样课程。为期 2 d，主要目的是让学员描述采样工具和方法的使用，以获得具有代表性的环境样本。学员将能够描述安全获取、包装和注释样品的正确方法。为了达到课程目标，学员参与实践活动，实践和操作所有必要的概念，以完成课程目标。

（6）化生放简易爆炸装置探测和识别课程。为期 3 d。主要目标是让学员正确认识各种简易爆炸装置和 / 或化生放核分散装置，包括用于制造这些装置的工艺和 / 或材料。学员将能够掌握检测简易爆炸装置和 / 或化生放分散装置特征的方法，还能够利用最明智的路线远离任何可能的简易爆炸装置和 / 或化生放分散装置。

（7）基本化生放毒剂训练。为期 4 d，学员将理解基本的化生放概念，以及它们与化生放毒剂的关系。培训内容包括利用分队设备进行毒剂检测和识别，基本毒剂生产和伤员处理。

（8）利用小型 CB 生产敏感场地和秘密实验室。为期 4 d，学员先分析，然后执行分队对秘密实验室和生产设施进行敏感场地评估方法。

（9）化生放核爆评估。为期 4 d，目标是让学员能够描述和评估当前的化生放核爆威胁，以便在不久的将来把这些信息传播给其他人。本课程旨在为化生放核爆领域的教师复习和更新知识库。为了达到课程目标，学员将会收到不同的简报，内容包括化学及生物武器、化学及生物制剂的侦测、敏感部位的调查及抽样。每一套简介都将附有实践活动，让学员利用他们的知识分析各种化生放核爆的情况。然后学员将分析这些不同的情况，并把它们纳入他们的教学计划。

（10）大规模杀伤性武器基本课程（民事支援队）。为期 3 d，为每个小组提供化生放核武器的基本知识以及特性。

（11）大规模杀伤性武器高级课程（民事支援队）。为期 5 d，为有经验的大规模杀伤性武器民事支援队设计，他们具有扎实的化生放核和敏感场所的基础知识。高级课程的目的是加强团队的知识基础，以便能够描述、评估和建议潜在的化生放核爆情况，这些情况在本质上具有更复杂的技术性。

## 三、陆军化学防护医学研究所

陆军化学防护医学研究所（USAMRICD）是美军承担化学毒（战）剂损伤救治培训任务的最大训练机构[①]。该所位于马里兰州东北部的阿伯丁试验场，是美国陆军医学研究与装备司令部下属的六家研究机构之一，其主要职能是从事化学毒（战）剂损伤的预防与治疗研究。研究所下辖的化学伤员救治分所在美国陆军卫生部中心学校及核生化总军医办公室的指导下，负责化学毒（战）剂损伤救治的培训，开设多项化学毒（战）剂损伤救治培训课程，培训对象包括美国陆军、海军、海军陆战队与空军等诸军兵种的卫生人员、行政管理人员、化学兵，以及国防部系统文职人员。

陆军化学防护医学研究所开设课程如下：

1. 化生毒剂伤员战场救治。美军将“化生毒剂伤员战场救治”划归院前急救范畴，此项培训课程面向作战部队的一、二级救治机构（如陆军营医疗排和师旅医疗连）的卫生人员，培训对象主要包括卫生军士、医辅人员、助理医师、牙科医师和少量医师与护士；此外，参加培训人员还包括化学部队官兵、院前急救人员和消防员。该课程旨在培训化学毒剂损伤的战场救治技术，提高受训人员对化学毒剂伤员的战时救治能力。

该课程培训 5 d，既有室内课，也有室外课。其中室外课 3 d，包括在穿着防护装具条件下进行野外实验课、战场救治程序训练和野外演习；此外，参训人员还要进入模拟训练中心进行模拟训练。完成培训课程并且考试合格的参训人员，可获得继续教育 32 学分。

---

① 赵达明，薛蓬．美军化学毒（战）剂损伤救治培训．临床军医杂志，第 40 卷，2012（6）：1565-1568.

2. 化生毒剂伤员医学救治。该课程是美国陆军化学防护医学研究所与美国陆军感染性疾病医学研究所联合开办的培训课程，培训对象包括医师、护士、其他卫生专业人员（牙科医师、兽医、专业治疗师及助理医师、医辅人员和高级卫生军士）。

该课程培训时间 6 d，培训内容包括化学毒剂损伤的病理生理学、诊断与治疗。该培训既有室内课，也有室外课；既有理论课，也有实验课（在实验课中，参训人员接受化学毒剂损伤的检伤分类培训，以及采用模拟人在模拟环境下训练伤员处理技术）。完成培训课程，参训人员可分别获得的继续教育学分为 44.75（医师）、46.25（护士）和 45（其他人员）。

3. 化生放核爆伤员医院治疗。该课程是美国陆军化学防护医学研究所与美国陆军传染病医学研究所和美军放射生物学研究所联合开设的培训课程。该课程的定位是大学本科后（研究生）高级培训课程，其中化学损伤救治是培训课程的重要组成部分，旨在使参训人员掌握大规模杀伤事故的应对方案制定与院内治疗方法。

该课程每年开课 2 次，每次训期 5 d。培训以研讨方式进行，其中一半课程为分组活动（医院组则重点研讨“医院处理事故指挥系统”），最后组织参训人员进行一次应对大规模杀伤武器（含化学武器）攻击事件的“桌面推演”。培训对象包括医院行政管理人员、急救方案编制人员、医师、护士、公共卫生官员、院前急救人员等，军队与地方参训人员人约各占 50%。完成该课程，参训人员可分别获得的继续教育学分为 32（医师）、36.7（护士）和 32（其他人员）。

4. 化生放核损伤医学治疗。该课程是美国陆军化学防护医学研究所与美国陆军感染性疾病医学研究所、美军放射生物学研究所为美国军队外科医师协会主办的第 116 次年会制定的培训课程。“化生放核损伤医学治疗”课程由“化生放核爆伤员医院治疗”课程精简而成，课期 3 天。培训对象为军队外科医师，培训内容包括化学与生物、放射和核事故损伤的医院治疗。培训结束后给予参训人员相应学分。

5. 化学毒（战）剂损伤救治培训。美国陆军化学防护医学研究所依托互联网常年开设“化学毒（战）剂损伤救治远程培训”课程，学员根据需要通过用户名与密码登录培训网站，选择所需培训内容。远程培训内容包括神经毒剂、糜烂毒剂、吸入性毒剂、氰化物毒剂、防暴剂等化学毒剂伤员医学救治（每项 2～4 学时）、化学毒剂损伤的伤员分类（3 学时）和虚拟野战演练（12 学时）。

## 四、陆军传染病医学研究所

美国陆军传染病医学研究所（USAMRIID）的使命是提供前沿医学能力，慑止和防御当前及新兴生物威胁。该研究所位于马里兰州。2001 年“9.11”恐怖袭击后，新增拨款允许研究所增加员工以提升其现有应对生物威胁的能力，包括生物威胁特征、疾病的深入研究和医学对策的发展。其核心工作领域包括为不确定性做好准备，医学对策的研究、发展、测试与评估，快速鉴别生物战剂，训练和教育部队，以及提供医学生物防护方面的专业知识。例如，在威胁判定与诊断方法领域为作战部队实施野战训练。

美国陆军传染病医学研究所营区由 20 栋建筑物和 582 369 平方英尺的实验室及保障场地组成，其中 134 469 平方英尺是 2 级生物安全、3 级生物安全和 4 级生物安全实验区，是唯一具备 4 级生物安全控制实验室的国防部设施。

2012 年，核化生防护计划助理国防部长办公室赋予研究所以下职责：实施 3 级生物安全和 4 级生物安全医学对策的研制测试和评估。研究所对实验室基础设施进行了调整，保留了关键的事务专家，需要他们在“优秀实验室实践”系统下开展研究。

根据美国陆军传染病医学研究所的说法，新设施将提供富余的实验室空间和新的实验室设计，以改善工作流程和生产率，特别在进行动物研究时更是如此。新设施将包含几个新的能力，这些能力可以提升对于动物病理生理学的理解，提高应对生物威胁医学对策的效果。

### 五、陆军医疗中心

沃尔特里德陆军医疗中心位于哥伦比亚特区，与马里兰州仅有 1.6 km 的距离。医疗中心的主体部分包括治疗机构、护理机构与管理部门，都位于华盛顿市内繁华的住宅区周边，洛科克里克公园和乔治大街之间，靠近马里兰州和哥伦比亚特区的交界处，分为福里斯特格伦和格伦黑温两个营区，共占地 87 万 $m^2$。医疗中心拥有病房 5 500 间，占地 11 万 $m^2$，内科医生 600 名，军内外护士 535 名，另外还有 600 名持有执照的专业护理人员。

## 第三节　化生放核模拟训练器材

美军的化生放核训练器材种类全面、技术先进且操作方便，广泛用于各军种化生放核防护训练，在提高部队化生放核防护能力、应急能力以及普及知识教育等方面发挥了重要作用。

## 一、化生放核环境模拟器材

化生放核环境模拟器材主要包括化生放核物质模拟剂和危害环境模拟等，化生放核物质模拟剂用于模拟化学毒剂和放射性物质，化生放核危害环境器材主要用实拟和虚拟两种手段模拟化生放核袭击和危害环境。

### （一）毒剂模拟剂

1. M256 型毒剂检测盒

该检测盒由加拿大 Anachemia 公司生产，已装备美国军队。该装置训练学员学习识别 G 类和 V 类神经性毒剂、糜烂性毒剂芥子气（H）和光气肟（CX），以及血液性毒剂氢氰酸（AC）和氯化氰（CK）。训练时，由教员确定模拟何种毒剂，然后学员使用模拟器进行检测训练。

该模拟器内装 36 个独立包装的取样检测器，其中 18 个取样检测器模拟存在糜烂性毒剂，另外 18 个模拟“完全清除”。

2. 72 型化学战剂化验训练装置

该训练装置分为两种类型，即 72A-1 型和 72A-2 型，装置内可装液态和气态化学战剂模拟剂，液态化学战剂模拟剂可供 M8 型化学战剂侦毒纸检验 G 类、H 类和 V 类毒剂的训练使用。

气态化学战剂模拟剂可用于侦毒片、侦毒管和 M256 型侦毒器的训练。

3. V 类毒剂模拟剂

该模拟剂由美国陆军部研制。模拟剂的性质与 VX 相似，呈液体，在水中的溶解度与 VX 相似，能通过氧化和水解破坏毒性，无抗胆碱酯酶的性质，可用于消毒研究。

### （二）化生放核环境仿真模拟器材

1. 有效应急响应训练系统（VERTS）

该系统由美陆军研制。主要为陆军国民警卫队的大规模杀伤性武器民事支援分队训练提供视觉效果真实的环境，显示军队兵力部署和装备部署情况，显示地方第一响应者和装备的部署使用情况。此外，还提供每个城市主要设施的图像和建筑结构数据库。

该模拟系统由一个 PC 机平台的模块式网络组成，可作为监测站、作战 / 训练指挥站、医务站。

该系统支持单兵和集体两种训练模式。提供了所有民事支援队训练模拟。VERTS还提供了现实场景的演习。通过VERTS，可以使部队不用集结到一起就能共同训练。验证后的VERTS还可以用于国防部其他机构和人员训练。

2. 核化生爆地面效应模型

该模型由美国MEVATEC公司研制，已部署到美国陆军及与化生放核爆相关的部门。该模型是一种评估化学、生物袭击和高爆后地面效应的模拟软件工具。它利用真实的数字地形信息和当前气象数据/预测数据提供自动的地面危害评估，并生成NATO格式的预警信息。

## 二、化生放核侦察模拟训练器材

### （一）“狐”式核生化侦察车模拟训练系统

该系统由美国陆军化生放核学校研制，是近实战训练系统（CCTT）的组成部分，主要用于战术机动训练，也可供操作人员进行装备操作训练。

“狐”式侦察车交互式仿真系统主要由近实战训练系统公共平台、化生放核危害环境服务器和传感器模拟器组成。它能在真实的作战环境中按照真实的作战节奏进行训练演习；采用大气扩散模型，结合毒剂类型、气象和地形等因素建立高度逼真的沾染环境，使训练能在一个真实的化生放核危害环境中进行；可进行探测、识别、采样、报告等完整的侦察训练，也能接收作战命令，使友军避免沾染，对敌人作出反应等共同训练。

美国陆军有3种“狐”式侦察车仿真系统，每种系统都有各自的训练目标和对象。

（1）“狐”式侦察车实物模型仿真系统。用于初级训练，学员在教室利用该系统学习MM1、M21和MICAD的基本知识。

（2）“狐”式侦察车车组仿真系统。主要用于班、组训练和车内乘员的协调训练。学员在掌握车上各子系统后，使用此系统。该系统又区分为两种类型，分别对应M93A1和较早的XM93“狐”式侦察车。

（3）“狐”式侦察车交互式仿真系统。

### （二）核监测训练器材

ROK 410型放射性模拟器。该模拟器由法国Saphymo公司生产，已装备法国和其他国家军队。该模拟器主要由传送器和10个接收器组成，接收器按照DOM 410型测量计设计，内部经过改进可加装天线，能接收8 km外由传送器发出的信号。操作频率在 3 250～3 400 kc/s 的传送器，能发出模拟辐射信号，使所有接收器进行读数。

## （三）化学侦察训练器材

1. ChemPro100-SIM

该模拟器由美国 Environics 公司和英国 Argon 电子公司联合生产。ChemPro100 模拟器主要由模拟警报和 ChemPro100 训练系统组成，可以监控用户的操作情况。警报模拟信号由教员控制器或电源模拟器发出。一个教员控制器最多可以控制 20 个模拟器；群运算使教员有能力将多个模拟器作为一个进行控制；通过模拟"动态云团"，单个或一组模拟器可在 250 m（约 260 码）范围内生成由人工控制的模拟攻击。

该模拟器完全复制了 ChemPro100 探测器的使用接口，ChemPro100 实装的所有附件都可以用在模拟器上。

2. HAPSIM-P 训练模拟器

该模拟器由英国 Argon 电子公司和 Inficon 公司联合研制，模拟 HAPSITE 系列装备，具体包括 HAPSITE®、HAPSITE Smart、HAPSITE Smart Plus 以及 HAPSITEER。该模拟器可以模拟人员、材料和大面积沾染，也可模拟局部洗消和全部洗消。

该模拟器还包括电子模拟危险物质源，可被用来模拟许多化学毒剂和有毒工业化学品，简单易用。该模拟探测器可模拟部分 MS 操作功能以及 GC/MS 全部操作功能。使用指定的 Argon PlumeSIM 系统的 HAPSIM-P 也可以进行野外和室内的大面积烟羽和下风监测训练。该模拟器与 Argon 公司生产的其他化学探测模拟器完全兼容，因此可以在同一个训练想定中进行综合训练。该模拟器备有强大的受训者错误报告仪，能在 Hapsite 盘上记录所有学员的训练情况。用 HAPSIM-P 训练模拟器代替真正的探测器，避免了使用真实探测器时昂贵的维护费用，还可在训练中减少 NEG 泵和载气消耗。

3. LCD 系列探测器模拟器

该模拟器由美国 Smiths Detection 研制生产，模拟美军联合毒剂报警器（JCAD）。LCD 系列模拟器与其他化学战剂和有毒工业物质训练模拟器保持兼容。使用者可以更换 LCD 系列探测器上的筛包。讲授人员可以发出模拟探测器上的模拟筛包耗尽信号，要求学员更换筛包（提供一个备用筛包，模拟器可以明确区分两个筛包的不同）。该模拟探测器还有一个模拟置信检验器，具有和真正置信检验器一样的外形和性能。可以模拟持续沾染、局部沾染和全部沾染以及风力效果。该模拟器还可以监测设备的正确使用，向讲授人员报告学员的任何错误操作。

4. M22 ACADA 模拟器

该模拟器是英国 Argon 电子公司研制生产，模拟 M22 ACADA 装备。该模拟器具有强大的远程教学功能，可以模拟神经性毒剂和糜烂性毒剂攻击。学员操作错误可实时向教员报告。M22 ACADA SIM 和 CAMSIM 兼容，可以进行真实的化学防护综合训练。ACADA SIM 不需要预防性维修和定期校准。模拟器使用干电池提供电源，也可以根据使用者的具体情况选择锂电池或者其他 ACADA 电源。

## 三、洗消模拟训练器材

1. 洗消作业仿真系统

该系统由美军研制，对人员全面洗消和装备全面洗消进行了计算机仿真。仿真系统的主要模型包括部队到达模型、人员全面洗消模型、装备全面洗消模型和分队离开模型。仿真系统需要输入几个关键数据。第一个数据是沾染部队到达信息，该信息从位于加利福尼亚的国家训练中心获得数据。预测部队到达信息主要依赖化学沾染程度。国家训练中心通常在训练演习中模拟化学武器袭击，但是当所有受染车辆在移动到洗消场之前集结时，到达数据源是人为的。第二个数据是装备全面洗消站的实际操作时间。用野战测试的化学毒剂模拟剂和 M12A1 PDDA 来提供数据。第三个数据是人员全面洗消数据。被赋予任务的化学兵分队严格按照手册指导人员全面洗消。每站记录平均处理时间。用于评估的关键输出数据是：分队所需时间、分队在系统中等待的平均时间、作业人员、队列间隔和潜在的瓶颈位置。

2. XM313 消毒训练包

XM313 消毒训练包是 M295 个人装备的辅助器材，它由 1 个塑料盒构成，内装 4 个独立小袋和 1 个储藏袋。每个小袋内装有 1 只便宜且无毒的惰性粉末的训练用手套。储藏袋用来放置使用过的手套，以便在训练中再次使用。

XM313 消毒训练包的原理是用廉价的无毒惰性粉末代替 M295 消毒包中昂贵的 XE555 树脂。XM313 训练模拟器材，让使用者模仿对防毒面具 / 头巾、手套、鞋、武器、头盔以及携行装备的化学 / 生物战剂进行消毒。XM313 的外形与 M295 个人装备消毒包完全一样，只是它的包装盒、小袋和手套均为蓝色，并注明训练专用。使用时，手套中的惰性无毒粉末可以自由地流动于无纺聚酯布材料中。使用者通过对 XM313 的训练，即使新手也能很容易掌握 M295 个人装备消毒包的各方面性能。训练中使用 XM313 将比使用含 XE555 树脂的 M295 个人装备消毒包节省约 50% 的费用。

3. M258A1 型皮肤消毒训练盒

该训练装盒由美国研制。内装 6 个蓝色消毒袋，3 个袋上标有“1 号消毒巾”字样，每个袋内浸有模拟消毒剂溶液的纱布垫，另 3 个袋上标有“2 号消毒巾”字样，每个袋内有一个纱布垫和一个装有模拟消毒剂的玻璃氨瓶。M258A1 消毒盒是一种训练用皮肤消毒盒的安全代用品，其模拟消毒剂对人员无刺激性。

## 四、化生放核防护指挥模拟训练器材

### （一）EnviScreen 化生放核及环境监测系统

该系统由美国Environics公司研制，专门为化生放核危机管理人员提供有效应急管理的模拟仿真训练平台。该系统由监控软件、网络化检测器和传感器所组成。EnviScreen系统支持SILAM气体扩散模型算法，也支持军事领域的HPAC和ATP-45模型算法。模型算法和图形可视化是一个自动执行的过程。

该系统可提供仿真和高效的战术演练功能，可以对不同的情景进行模拟，以利于形成一套危机管理程序和做法。

### （二）联合作战效果集成系统（JOEF）

该系统由美国库比克公司研发。装备美国陆、海、空军和海军陆战队。

该系统是一个支持军事行动中化生放核防护的仿真系统，主要界面为联合军种或各个军种自动报告化生放核信息的联合报警与报知网络（JWARN），JOEF可以实现化生放核探测器/传感器和$C^4I$系统之间传输数据的自动化，以尽量降低化生放核袭击事件的毁伤效果；能以近实时的方式与JWARN共同实现对战时军事行动的评估、风险等级的划分、化生放核防护及防护资源配置、预先计划/分析的战备评估等功能。

### （三）固定地点的模拟、仿真训练与分析软件（STAFFS）

该软件由美国空军研究实验室（AFRL）研制，是一种通用的模拟仿真模型，可以表示在固定地点、设施的作战效能，如空军基地、机场、港口等，具有分析毒剂、生物战剂袭击及作战效能的能力。STAFFS支持分布交互环境下的实战演习和训练，也支持作战分析与需求分析等主要功能。作战演习软件与STAFFS交互运行，接受输入数据，为其他模型软件提供输出数据，实现了人机互动网络程序和仿真。分析软件包括许多不同的模拟和仿真案例并为不同的使用者提供了专用界面。

### （四）化生放核伤亡事故训练系统

该训练系统由美国诺斯洛·普格鲁门公司设计，用于训练应急响应人员管理和处置灾难导致的伤亡（包括遭受化生放核武器恐怖袭击的伤员），是交互式和分布式的客

户 / 服务器模拟系统。

该系统可以模拟几种核应急事件，3 种化学毒剂（包括氯气、芥子气和沙林）和 3 种生物战剂（包括肉毒杆菌、炭疽菌和兔热病），以及模拟战场上疾病造成的伤亡（如狂犬病、痢疾）和其他常见的伤亡。

该系统可为美国陆军医疗中心、学校以及陆军外科医院提供化生放核模拟训练，使用者可以通过该系统进行指挥控制和医疗救援的训练。

# 第十章 美军化生放核防护教育训练特点

美军具有丰富的化生放核防护教育训练理论与实践，既有许多成功的经验，也存在不足的方面，辩证地分析美军化生放核防护训练的经验方法，对提高我军核生化防护训练具有重要的参考价值。

## 第一节 美军化生放核防护教育训练主要经验

### 一、美军化生放核防护训练体系设计完善

美军十分重视体系设计，能够使各种训练要素做到上下衔接和左右平衡，避免或减少重复，提高化生放核防护训练的整体效益。

#### （一）化生放核防护训练组织管理体系完善

美军建立了纵向到底、横向到边的化生放核管理机构。国防部有专门负责化生放核防护训练的国防副部部长和国防部部长化生放核防护项目助理；在参谋长联席会议，化生放核防护联合需求办公室负责制定联合作战条令，组织联合化生放核防护教育训练；各军种设有训练司令部，职责之一是组织本军种的化生放核防护训练，陆军从集团军到营各级司令部都设有化生放核防护机构，连级设有兼职的化生放核参谋；海军在舰艇、基地和航空兵部队指定相应的部门组织化生放核防护训练；空军在各基地和航空联队、中队指定相应的部门组织化生放核防护训练；海军陆战队的地面作战部队，从作战师到营各级司令部编有专门的化生放核参谋组织训练，航空部队和勤务部队都编有兼职参谋进行化生放核防护训练。

#### （二）化生放核训练理论体系完整

美军化生放核防护训练理论从层次上分为训练战略和战略规划、训练条令、训练

和评估大纲、战士训练出版物等层次。

在战略和战略规划层面，相关文件有《陆军训练战略》《战略转型计划》《化生放核防护条令、训练、领导和教育战略计划》等。如《化生放核防护条令、训练、领导和教育战略计划》明确了化生放核教育训练的目标、途径和方法。

美军的通用训练条令是组织化生放核防护训练应该遵循的基本原则、理论和方法。如《部队训练》《FM 5-19 综合风险管理》《FM 7-0 全维作战部队训练和领导》《FM 7-1 聚焦战斗训练》《FM 25-4 如何训练》等。

陆军训练和评估大纲、士兵训练出版物、空军手册、海军陆战队训练和战备手册是组织化生放核防护训练的直接参考。例如，化学旅或营、化学连和化生放核中心、化生放核侦察排、发烟洗消排等训练与评估大纲，陆军战士通用任务、化学专业军士 1～4 级、民事支援等士兵手册，海军陆战队训练化生放核训练和准备手册等。

### （三）化生放核军事职业发展路线清晰

美军的所有军事职业岗位都有职业代码和清晰的发展路线图，如《美国陆军军官职业发展指南》《美国陆军军士职业发展指南》对陆军化生放核军官和军士的职业发展均进行了全程规划。化生放核军官从少尉到上校在每个衔级应该学习什么课程，具备什么学位，可能担任什么职务，晋升的概率都描述得十分清楚。

### （四）化生放核防护训练资源优化整合

美军化生放核防护训练资源比较丰富，主要包括地方院校、训练基地机构、军队院校和军队研究机构，各种资源互为补充，满足了不同对象、不同层次及不同专业化生放核防护训练的需要。

国防部认可的地方院校是化生放核军官获得学位的主要教学机构。美军在地方大学建立后备军官训练团，后备军官训练团是初级化生放核军官的主要来源；在化生放核军官职业发展过程中，化生放核军官可选择到地方研究生院攻读理学学位，如化学、生物学、微生物学、环境工程学等学科。

训练基地 / 机构主要进行新兵和技能训练，包括新兵训练基地、国防医学准备培训机构、海军建筑训练中心、军事海上运输司令部训练中心和舰队训练中心。

军队院校是培训化生放核军官、专业军士和联合参谋的主体，主要进行领导、管理、指挥、战术和装备操作等内容的培训。其包括国防大学大规模武器研究中心、核武器防护学校、陆军化生放核学校、陆军医疗中心和学校、水面作战军官学校司令部、海军卫生科学学校、海军陆战队化生放核学校等。

研究机构拥有先进的实验设施和高水平的科研人才，有其独特的优势，是美军进行化生放核防护训练的一个重要途径，承担了部分化生放核相关技术培训。这些机构包括武装力量辐射研究所、埃奇伍德化学生物中心、陆军化学防护医学研究所、陆军传染病医学研究所、陆军健康促进和疾病预防中心、海军医学研究中心、海军水下医学研究所等。各研究机构在2012—2015年培训的总人数见表10-1。

**表10-1 美军院校和研究机构化生放核防护训练人数**

| 年度 | 训练人数 |
| --- | --- |
| 2015 | 104 253 |
| 2014 | 88 192 |
| 2013 | 124 594 |
| 2012 | 137 819 |

## 二、美军化生放核防护训练组织实施科学

美军化生放核防护训练准备充分、对象全面、内容针对性强、模式匹配且方法灵活，十分注重安全和风险管理。

### （一）化生放核防护训练对象覆盖面宽

美军认为，化生放核防护能力是战场的一项基本技能，军队和文职人员都必须接受化生放核防护训练。陆军要求作战人员每年进行化生放核防护训练。海军要求所有人员每年进行一次基于网络的化生放核防护训练，所有海军必须在化生放核防护方面进行高强度训练，化生放核防护训练使海军部队在化生放核袭击中提高生存概率，继续战斗，在化生放核沾染环境中防卫他们的舰船或部队；海军还要求各基地的家属接受化生放核训练。空军每年约45 000新兵接受训练，此外还根据驻地威胁等级定期组织训练，2014年，106 000多空勤人员完成了化生放核感知培训。海军陆战队要求陆战队员每年接受包括化生放核在内的单兵生存标准训练，海军陆战队各兵种作战条令指出，“所有派往作战部队的人员必须进行化生放核训练，目的是在该环境中生存和继续他们的使命。”“在化生放核袭击中为部队增加1名专业人员或提高部队的标准或训练等级，并不能确保整个部队安全，达到化生放核熟练程度和维持化生放核标准的唯一途径是强化单个陆战队员的综合训练计划。”美军在全球执行军事任务，离不开大量的地方企业和人员提供各种支持，美军的作战和训练条令要求与之相关的地方人员进行化生放核防护训练，以提高他们在化生放核环境中的支援保障能力。

### （二）化生放核防护训练内容因情剪裁

美军化生放核防护训练内容很多，但组织实施并不是千篇一律。一是针对不同的对象确立了不同的训练内容。作战人员与专业人员不同，各军种训练内容也不同。如舰上 MOPP 和陆上 MOPP 是不同的，在单兵生存训练标准中，海军没有要求以最小的危害穿过或绕过核生化沾染区域。二是根据作战任务确定训练计划。美军《联合基本使命任务清单开发手册》指出，在制作训练计划时，要根据赋予的使命、上级的计划或命令、作战条令和通用联合任务清单，确定本级的基本使命任务。

美军作战前还开展化生放核针对性训练。海湾战争前，为应对伊拉克可能拥有的化学和生物武器，美军开展了专门的化生放核防护训练。陆军进行了大规模洗消演习、大规模化学毒剂救护演习、指挥所演练和预警与报告系统的演习。海军在航行和驻泊期间进行了化学伤亡人员处理和设备洗消训练。空军在训练中检验了机场和装备洗消防灾计划。海军陆战队进行了师规模的洗消演习，以便评估大规模生化攻击的效应和防御能力。特种作战部队不仅自己进行了强化训练，而且还指导其他联军部队训练。

### （三）化生放核防护训练模式与职业岗位匹配

美军不同的职业岗位对化生放核防护能力和知识要求不同，因此，不同的岗位对应不同的训练模式。

初级训练基地集中。美军各军种新兵在各自的新兵训练基地进行集中训练，包括化生放核知识学习和体验毒气训练。陆军有本宁堡、杰克逊堡、伦纳伍德堡和锡尔堡 4 个训练基地；海军有大湖新兵训练基地；空军有拉克空军新兵训练基地；海军陆战队有南卡罗来纳州帕里斯岛和加利福尼亚州圣迭戈新兵训练基地。陆军化学兵在化生放核学校实施“一站式”训练，即新兵基础训练和高级训练均在陆军化生放核学校完成。

职业训练分段衔接。职业训练主要指专业人员的发展，美军对职业训练有严格的要求，无论是化生放核军官还是化生放核军士，只有经过下一级的培训并获得资格后，才可以获得上一级培训的资格。参加上尉课程的培训的要求之一是军官基础课程毕业，参加指挥和参谋课程，必须完成下层课程。

功能训练资格认可。所有在化生放核学校完成职业后果管理模块的学生，参谋长联席会议化生放核联合需求办公室为其授予民事防护支援二级证书。化生放核防护是联合军官的训练内容之一，联合军官参加化生放核学校的培训，训练完毕可得学分。

部队训练要素融合。美军认为化生放核防护训练不是单一的训练，必须将其有机地融入各级训练体系中。陆军条例 AR 350-1《陆军训练与教育》指出：“核生化防护训练必须完全集成到部队的进攻与防御演习中，以有助于检验指挥官、参谋和部队在核生化环境中执行任务的能力。”“为了建立和维持化生放核环境中的作战能力，化生放核训练在训练和战备手册中是训练计划和科目的一个部分”。“海军陆战队不进行核生化战争，但在核生化环境中进行作战，因此，集体训练、操练和演习必须集成到战争游戏和部队训练中，以确保全面理解核生化防御作战和程序，每一名海军陆战队员经过训练，必须快速识别核生化袭击、戴面具并穿戴防护服，在穿戴防护服的情况下执行指挥任务，在核生化环境中生存一段时间。所有海军陆战机构必须持续地将核生化防护训练集成到建立部队完整、内聚和核生化防护作业技能中。”

### （四）美军化生放核防护训练方法灵活多样

针对化生放核防护训练对象多且内容不同的特点，为了提高训练效果，美军采取了灵活多样的训练方法。

实毒训练。所有新兵在入伍训练阶段都要体会实毒，亲身体验个人防护装备如何防护毒剂。在陆军化生放核学校的学员都要在化学防护训练设施中，亲身经历沙林和辐射的实毒训练。“沙漠风暴行动”中的部队指挥员证实，那些经历过化学防护训练设施训练的战士在穿戴防护装备中表现出极大的自信，对他们所指挥的其他战士产生了积极的影响。

远程训练。针对美军全球分布以及不同岗位需求的特点，美军利用互联网和函授进行化生放核防护训练，在线学习主要包括“联合知识在线”“陆军知识在线 / 防护知识在线（AKO/DKO）”“海军知识在线（NKO）”。防护医学战备训练所提供函授教育和在线学习，函授课程包括诊断课程、作业人员 / 响应人员课程、基础感知课程、实施 / 指挥员课程，在线课程包括诊断和基础感知等课程。

演习频繁。美军各军种和战区联合司令部每年都会举行不同程度的化生放核演习。一些演习专门针对响应化生放核相关事件，另一些则将化生放核防护因素加入主要场景清单中，作为战场的一个条件。陆军的“突然响应”“红龙”化生放核演习每年一次。2011 年开始，美韩在韩国每年举行 1 次代号为“能够响应”的生物威胁响应联合军事演习。根据海军的《设施保护指令》，所有海军设施要求每半年进行一次化生放核模拟战术演习，较大的基地每三年进行一次桌面和全体人员参与的训练演习。空军要求所有设施基于《设施全频谱威胁响应（FSTR）计划 10-2》和其他演习计划制定和进行演习，化生放核爆低威胁地区要求每年举行一次，中、高威胁地区每半年举行一次。海军陆战队每年举行“热情哨兵”“警惕的盾牌”等演习。美军的各战区联合司令部和功能司令部也举行化生放核防护演习，如北方司令部举行的系列“北方边界”演习。此外，美军还举行了跨国或跨机构的反化生放核恐怖演习，如“黑暗冬季”“高官”等演习。

国际合作。美军注重与同盟国一起作战，朝鲜战争、海湾战争、阿富汗战争和伊拉克战争中，多国部队与美军并肩战斗。为了在作战中协调一致行动，美军在军事训练中经常与伙伴国家组织联盟训练，包括化生放核防护训练。近年来，美军同韩国、日本、菲律宾、泰国、加拿大等国进行了联合化生放核防护演习。加强对外军人员的培训，化生放核学校设有国际培训班，培训欧洲、中东和东南亚等地区的国际学员。联合训练演习的意义在于，加深美国与同盟国之间的理解，发现在联合行动中协同、通信等方面存在的问题，从而克服这些障碍，为提升联合处置化生放核事件能力奠定基础。

### （五）注重训练安全和风险管理

美军十分重视训练安全，认为战斗训练通常在危险环境和较危险条件下进行。在训练实施过程中，所有人员都必须具备安全意识。训练必须按照适宜标准和步骤实施，确保训练在安全模式下完成。不走不必要的捷径，捷径可能危及部队的安全、人员生命以及装备。所有观察者、控制者和施训者都有责任确保所有训练在安全模式下实施。在训练之前，所有人员应被告知采取专门的安全措施，在所有训练实施过程中，都要密切关注这些安全措施。训练安全主要在指挥员、领导和个人 3 个层面上实施。

风险管理集成到任务或作战计划、准备、实施和恢复的所有阶段。

## 三、美军化生放核防护训练配套建设先进

为了保证化生放核防护训练落到实处，美军加大训练设施建设，提高化生放核训练水平和管理水平。

### （一）化生放核防护训练设施实战化

美国陆军化生放核学校建有先进的化学防护训练设施和化生放核事件响应训练设施。化生放核防护训练设施符合美国和军方环保标准，能够进行实毒训练、放射性训练和生物试剂训练，2008 年形成并实现了 A 级实毒训练（可在神经性毒剂环境中训练）。该中心为化生放核学校、联合部队和国民警卫队民事支援队提供了全谱的实毒环境，满足国土防御和反恐作战演习需求。化生放核事件响应训练设施于 2007 年 11 月建成投入使用，占地 22.5 英亩，由主体设施和城市演习训练区组成。主体设施主要包括演习控制室、训练效果评估室、室内洗消训练区和虚拟现实模拟区；城市演习训练区包括 1 座工厂、1 个邮局和 2 个仓库，为美军防范化生放核恐怖袭击训练提供了强有力的平台。埃奇伍德化学生物中心除了拥有先进的化学生物实验外，还有几个户外

靶场用于训练。

### （二）化生放核防护训练器材模拟化

为了克服化生放核环境对训练的制约，提高化生放核防护训练水平，美军十分重视模拟化训练。模拟化训练一方面提高了作业效益，弥补了准备差距，提供了训练环境；另一方面扩大了化生放核防护训练的对象。目前，美军自研和采购大量的模拟训练器材，形成了化生放核物质与危害模拟、化生放核防护指挥训练、化生放核侦察战术和技术训练、洗消战术与技术训练的模拟训练器材体系。自研器材如固定地点模拟仿真训练和分析软件、化生放核伤亡训练系统、FOX 核生化侦察车仿真系统、战场核生化武器效应模拟、洗消仿真训练系统等；从英国 Argon 电子公司采购的模拟器材有 AP4C、ChemPro 100、M22 ACADA 等装备的模拟器材。

### （三）化生放核防护训练管理信息化

为了全面掌握美军的训练情况，美军专门开发了数字训练管理系统（DTMS）和联合训练管理信息系统。DTMS 交互的目的是陆军训练信息系统成为真正的“系统的系统”，而不是独立系统的集合。

（1）数字训练管理系统。该系统是训练管理的“一站式商店”，发布长期、短期训练计划，为项目管理员、监督员、人力资源管理员和训练 / 事件协调员提供不同工具，增强整个训练 / 事件管理。该系统在所有级别具有提供计划、资源和管理部队的能力，为部队指挥员提供不间断地更新的部队训练状态。目前，该系统集成陆军人事数据库、医学防护系统、防务战备系统（陆军）、陆军知识在线等系统，支持者自动访问数据库集体和个人任务。

（2）联合训练管理信息系统。该系统从 2005 年开始研发，目前已全面用于联合训练管理。该系统可以无缝地集成联合训练的需求、计划、实施和评估 4 个阶段，有 5 000 多独立用户，管理 4 500 多联合训练课目，有企业版和简化版，企业版可以在 SIPRNet 和 NIPRET 上运行，简化版为离线方式，可支持单独的演习。

## 第二节　美军化生放核防护教育训练的主要不足

尽管美军化生放核防护教育训练有很多优点，但在实际落实过程也存在很多问题与不足。

## 一、化生放核防护训练职责不明确

### （一）国防部化生放核防护训练职责不明确

国防部的指示和实施计划并没有明确职责。例如，国防部指令 DoDD 2060.02 明确，在应对大规模杀伤性武器政策中，国防部副部长（人力和准备）负责国防部应对大规模杀伤性武器部队卫生防护（FHP）政策、训练和准备工作的实施，并建立规范国防部 FHP 项目的程序和标准。为了支持副部长，负责卫生事务的国防部助理部长是国防部副部长（人力和准备）办公室的唯一联络人。

《化生防护计划管理的实施计划》明确国防部部长助理（核化生）作为国防部部长办公室内的一名联络员，负责全面协调和整合国防部化生防护计划的医疗和非医疗项目，协调和整合核化生教育和训练工作。

尽管国防部指示 5134.8，要求国防部部长助理（核化生）协调，并与其他相关职能的国防部组织交换信息，但这种关系未正式纳入美军的条令。例如，《国防部训练转型战略计划》没有指定国防部副部长（采购、技术和后勤）或其任何下属的办公室负责管理或协调训练。

### （二）部队化生放核力量职责不明确

目前，美国化生放核响应力量有：大规模杀伤性武器民事支援队、国民警卫队化生放核爆增强响应部队、化生事件响应部队和陆军第 20 支援司令部。关于谁应该对条令发展负责的问题，除了化生事件响应部队，民事支援队和化生放核爆增强响应部队似乎不清楚，甚至对那些实际参与这一计划的人也是如此。其他组织可能对制定条令和训练有重要作用，包括陆军医学部门中心和学校等。

### （三）其他机构没有发挥应有的作用

美国法典第 10 条规定，化生放核防护的理论发展、教育、训练和认证是每一个军种的责任。虽然化生放核防护条令、教育、训练和认证主要是军种和联合参谋的职责，但其他办公室、机构、组织和工作团体希望或期望在这个领域承担责任，愿意参与制定、指导或提供条令、教育和训练。一些机构通过他们的任务和国防部的指示来扮演官方角色。

如果没有军种和联合需求办公室协调和合作，这些机构不能为化生放核防护领域作出贡献。没有一个军种主题问题专家注意到任何一个化生放核教育和训练机构的价值。这些机构没有接触这些军种，或没有提供这些军种认为必要或有益的职能。

依照《化生防护项目的实施计划》规定的职责，联合需求办公应与国防部威胁降低局，作为核武器训练的指定执行机构，应该支持并促进各工作小组、利益相关者团体和组织，努力解决核化生防护训练、教育和条令等问题。

## 二、条令相对滞后制约了训练

### （一）条令相对滞后和保密限制，阻碍了在化生放核防护教育训练中对新的化生放核威胁和危害的考虑

各军种根据条令和需求制定核化生防护教育训练，以确保各军种成员制定化生放核防护所需的知识、技能和能力。但条令在一定程度上制约了训练。

（1）条令相对滞后。条令审查和更新周期几年。例如，陆军条令每三年审查和更新一次。其他军种可能需要更长的时间或更短的时间，这取决于军种、当前行动、任务变更等。因此，从理论上条令始终落后于新政策、装备和任务。由于条令规定了需求，教育和训练方面还存在进一步的滞后。由于军校的课程是根据现行的条令要求编制的，在条令更新之前不提供新的教育训练。

（2）新装备训练滞后尤其明显。联合项目执行办公室制定新装备训练，并与新装备一起部署。然而，训练内容是训练用户新系统的基本操作、维修等，而不是如何使装备满足一般任务。装备通常直接提供给部队，而不是学校或训练司令部。因此，在更新条令和需求之前，新装备训练不会纳入学校教学内容中。

（3）没有考虑新的化生放核威胁和危害。当前化生放核防护理论、要求和熟练程度标准，主要关注于传统的化生放核毒剂。尽管关于较新的战剂和现有战剂的变化讨论越来越多，但条令继续集中于在“冷战”期间和“冷战”前已被武器化的已知战剂。关于更新毒剂和当前现有毒剂新变体的信息是机密的，因此不能融入非机密条令、需求或作战出版物中。单兵可能不需要接受关于毒剂本身的训练，而是他们应该采取什么防护行动的训练。

（4）空军政策和空军条令之间存在矛盾。政策规定，对于那些已经在或即将部署到中等或高度威胁地区的人员，必须进行训练，而条令要求化生放核教育和训练作为一种手段，不断加强和现实的练习。在实践中，空军正在努力将应对化生放核的知识、技能和能力制度化，并将所需的能力纳入现有的课程和训练课程计划，以尽量减少可能存在的潜在差距。

### （二）海军化生放核防护条令和需求忽略了联合条令和多军种战术、技术和程序的某些要素

海军的需求和熟练程度的基本标准，因其不同的任务和作战环境而不同于其他军种，在许多情况下，在联合和多军种出版物中被作为例外。对所有军种人员共同的部分条令和基本熟练程度标准可能不被纳入海军规定的现行要求。一些能力和熟练程度的标准可能不适用于海军不同部队：水面、潜艇、航空、建筑、远征军作战司令部以及其他。

### （三）术语比较混乱

目前的术语太多，如核生化（NBC）、化生放（CBR）、化生放核（CBRN）、化生放核爆（CBRNE）、大规模杀伤性武器（WMD）、应对化生放核（C-CBRN）、化生放核防护（CBRND）等。

如果有多个短语都表示由核、化学、生物、放射和高当量爆炸威胁构成的单一概念危害，则会导致混淆。这些短语之间的区别是不太清楚。应对大规模杀伤性武器、应对 CBRN 和 CBRN 防御，它们几乎可以互换使用。

应对大规模毁灭性武器的定义存在混乱。“被动防御”用于军队在战斗中，“后果管理”用于美国大陆内外的基地保护，响应核化生和有毒工业化学品或有毒工业材料攻击，以及帮助联邦或外国政府。

## 三、化生放核医学教育训练存在差距

### （一）缺乏军种需求

事实上，医学护理人员进行了化生放核生医疗高级教育和训练，但在实际中，军种要求医学护理人员参加高级课程的需求很少。对各军种的医学护理人员来说，参加高级专业医学课程（FCBC、MCBC 和 MEIR）的要求非常有限，参加人员也很少。医学人员接受高级医疗专业化生放核训练要求因军种而异。更多的条令建议医学人员参加高级课程，但没有具体的要求。各军种可能任务功能不同，其化生放核教育和训练需求也不同。

美国陆军化学防护医学研究所、美国陆军传染病医学研究所和武装部队放射生物学研究所的 3 门课程（FCBC、MCBC、MEIR），近年来从国防部或军种很难获得资金，很大程度上是因为军种没有提出需求，哪些必须参加和什么时间参加。国防部于 2004 年为 EMPRC 基础课程制定了政策和需求，而军种要求所有医疗部门人员进行基

础训练操作。军种每季度向国防医学战备训练教育学院报告是否符合这些要求。部队卫生防护委员会（FHPC）负责监察军种的符合性，并确保符合训练的要求。

### （二）大多数课程没有经过认证

目前，只有7门化生放核医学教育课程通过国防医学战备训练教育学院的认证，以满足联合和军种教育的需求。7门课程包括4门基础级应急医疗准备和响应课程（EMPRC）（基础感知、操作员/响应者、临床医生和执行/指挥官）和3门高级课程（FCBC、MCBC和MEIR）课程。4门EMPRC课程符合医务人员基础教育和认知水平教育的要求。3门高级课程，在化生放核伤员的医疗管理方面，提供了有益的先进水平的专业医学教育，这7门课程符合课程设计的需要。

化生放核爆医学训练计划的教学内容，作为军事医疗人员的化生放核训练基础，由助理国防部部长（卫生事务）提出，很好地遵循了条令和需求，阐述了熟练标准。尽管有超过160个联合或军种医学课程包含一些化生放核内容，但其中大多数都没有通过国防医学战备训练教育学院熟练程度标准的认证。

### （三）国防部和军种的化生放核医学教育工作缺乏系统集成

虽然有许多医学和非医学课程提供了化生放核的内容，但它们没有标准化，大多数不符合国防医学战备训练学院标准，而且对于部分医疗护理提供者和专业，化生放核医学教育没有建立职业生命周期。

医学教育工作的治理和管理没有很好地结合起来，缺乏军队卫生保健提供者在军种中诊断和治疗化生放核伤员的能力的认证和跟踪。

美国政府问责局在一份报告中批评了国防部化生放核医学教育工作，但国防部或军种仅解决了化生放核伤员管理中最基本的医学教育需求。

## 四、化生放核教育不完善

### （一）中高级化生放核教育缺乏

对于化生放核专业力量，化生放核军官的上尉课程是最后一次化生放核教育，上尉以上的军事职业教育中没有化生放核内容。化生放核军士在E4和E7军衔期间接受最后一次化生放核教育，E8以上没有专门的化生放核教育和训练。对于化生放核医学人员，高级医学化生放核教育明显存在不足。

对于各军种的非专业军官，他们只在入职和初级岗位上接受化生放核教育和训练，而在中级和高级很少进行教育和训练。

### （二）化生放核防护教育没有整合到作战中

目前，除部分参谋、战争学院和核武器防护学校开设化生放核防护课程外，还没有正式的教育来促进化生放核作战和被动防御的整合，使其成为部队内部或跨军种作战的整体概念。目前，美军正采取措施进行评估。

1. 将化生放核作战和防护集成到现有军种和联合演习中，实现各军种内部和跨军种的化生放核防护能力。在联合的环境中，演习也会以不同的方式挑战每个军种。在部队级，联合演习可以类似于军种演习，因为每个军种人员都根据自己的军种条令和训练作出反应。在部队和联合各级进行的演习，要求部队领导考虑到化生放核对部队各部门的影响，并考虑到化生放核防护对继续行动的影响。联合演习的另一个好处是，要求联合司令部级的参谋了解军种化生放核能力和技能，以及化生放核活动对不同军种的不同影响。在评估化生放核被动防御和作战融入演习的程度时，可以确定和建议是否需要额外的正规教育。

2. 在中高军种院校和高级联合院校开设课程。各军种与高级联合和军种军事高级参谋学院和学校以及国防威胁减少局合作，评估是否需要并在必要时开展正规教育，以促进化生放核防护融入军事职业教育。目前，美国国防大学正在评估和发展化生放核防护联合职业军事教育。

### （三）部分专业人员缺乏正规的化生放核教育

对于从事化生放核相关岗位的部分人员，如装备需求、条令编写、研究、测试和评估、采购人员等，应该接受额外的正式化生放核教育训练。目前，他们只知道化生放核防护个人技能相关的知识：戴口罩、穿防护服、识别危险标志、洗消等。然而，他们不仅需要个人技能，而且需要了解化生放核防护的基本原理和科学、相关技术和研究现状。

例如，装备需求人员，应了解毒剂的物理和化学性质、现有技术和能力、潜在的运用概念和作战概念，并能够了解和评价效益和成本。如果没有这些知识，就不可能编写出具有操作性和系统性的防护需求。

## 五、化生放核训练任务不落实

### （一）训练没有放在优先考虑的位置

在“冷战”期间，人们普遍认为存在化生放核威胁。在沙漠风暴和沙漠盾牌期间，化生放核防护教育和训练也被加强，以准备应对可能的威胁。在进入阿富汗和伊拉克后，化生放核防护的努力也有所增加。但由于在波斯尼亚、科索沃、阿富汗及伊拉克都没有发现核生化武器，所以化生放核训练便不再受美军指挥官的重视。

与美军每天在伊拉克和阿富汗所面临的常规威胁和危险相比，化生放核威胁现在被认为是微不足道的。除美军偶然和意外地接触到化学制剂，以及反叛分子企图将有毒工业化学品作为武器而失败之外，预计的化生放核威胁并没有实现。因此，化生放核防护准备已不再是优先事项。当被迫选择在何处以及如何花费训练、时间和资源时，指挥官可能会选择训练、装备和时间来抵御当前的威胁，如叛乱分子、简易爆炸装置和狙击手。

事实上，唯一会增加化生放核防护的紧迫性的是，一次成功的化生放核攻击对美军造成伤亡，或有明显迹象表明可能存在威胁。但是，在一个化生放核突然成为优先事项的战区，可能没有时间训练部队和准备军种人员采取行动，以减轻化生放核危害的影响。在一次攻击之后，将会有资源来确保部队准备好进行化生放核被动防御，但是准备训练也必须继续，以便能够减轻突然出现的威胁。

此外，在演习中加入化生放核防护内容，一方面减少了演习中可以执行的战斗基本任务的数量，另一方面限制了进攻性战斗行动，因此美军有时也忽视化生放核训练。

### （二）训练指示不具体

美国陆军强调化生放核训练的重要性，却没有为战斗训练中心轮训部队规定最低的化生放核训练任务标准。美军在《陆军必训任务》中明确了士兵应掌握的化生放核防护基本任务，但没有指出化生放核训练在什么地方实施。负责评估美军作战部队训练与战备的指挥官指出，在部队进行部署前应接受化生放核训练，但没有规定化生放核训练在战斗训练中心进行。由于没有法规明确规定战斗训练中心轮训部队必须接受化生放核防护训练，也没有规定其应接受的化生放核训练任务标准，化生放核防护内容训与不训、训到何种程度都具有较大随意性。

轮训部队指挥官不太重视化生放核训练。在轮训前 180 天，旅长通常会与师长或军长进行协调，商议部队在战斗训练中心的施训内容。部队指挥官有权对施训内容进行调整，导致化生放核训练任务常被压缩或取消，以让位于其他训练任务。部队的化生放核防护基本技能无法达到陆军规定的熟练程度。

### （三）训练任务不到位

在战斗训练中心接受化生放核训练的陆军营、旅所占比例很小。国家训练中心官员估计，在 20～25 天的轮训中，各轮训旅（约 4 000 人）仅有 150～200 人接受了

18～24 h 穿戴防护器材的训练。联合战备训练中心官员表示，轮训旅中仅有 200 名士兵接受了 16～20 h 穿戴防护器材的训练。也就是说，轮训部队仅有 5% 左右的士兵接受了化生放核训练。

2016 年 2 月 24 日，美国国防部总监察长发布了《驻韩陆军和海军陆战队化生训练有待提高》报告，该报告指出陆军和海军陆战队部队没有将化生放核训练集成到部队集体训练。

虽然轮换的装甲旅战斗队在部署前演习中进行了集体化生放核训练，并且计划在韩国驻训期间进行额外的集体化生放核训练，但其他驻韩陆军和海军陆战分队没有进行集体化生放核训练。他们评估了 19 个陆军部队和 1 个海军陆战队部队的非统计样本，其中 18 个陆军部队和 1 个海军陆战队没有计划、实施或评估集体化生放核训练。出现这一现象的原因在于，陆军和海军陆战队部队集中于单兵化生放核训练，并没有将集体化生放核训练集成到他们各自的任务训练演习中。此外，4 个评估部队中司令部没有实施集体化生放核训练检查；5 个部队未能采取正确的措施纠正司令部检查所指出的集体化生放核训练方面存在的不足；10 个部队在司令部检查中未指出集体化生放核训练的不足。①

### （四）训练内容不扎实

部队进入战斗训练中心后，训练中心要对轮训部队进行评估以确定其化生放核训练任务。战斗训练中心的观察员认为，大多数部队都没有掌握最基本的化生放核防护技能，士兵无法正确穿戴防护器材和操作化学检测装备，根本达不到陆军法规规定的熟练程度。观察员将这归咎于部队驻地训练的不扎实。基本化生放核防护技能训练通常在部队驻地进行，旨在为部队获取复杂的化生放核防护技能打基础。由于部队缺乏基本技能，进入战斗训练中心后无法完成复杂的整体化生放核训练。联合战备训练中心和机动作战训练中心的报告指出，美军部队在驻地进行的化生放核基本训练不够扎实，士兵与指挥官缺少化生放核防护知识和训练。观察员建议部队在驻地训练中加强化生放核训练与集成，以强化士兵、指挥官和部队在化生放核环境中持续作战的能力。

在部署之前，国家训练的化生放核防护训练也不扎实：在人员全身防护状态下军种人员进行有限的训练或不训练。在演习中故意不正确使用防护装备，以尽量减少装备的限制；由于部队准备水平较低，使用模拟器的训练受到限制；在训练中心缺乏展示核化生防护技能的需求。

---

① Inspector Geneal. Chemical and Biological Training for Army and Marine Corps Units in the Republic of Korea Needs Improvemnet. U. S. Department of Defense, February 24, 2016。

# 附　件

## 附件 1：合成部队化生放核任务清单

| 任务编号 | 任务 | 连 | 营 | 旅 | 师 | 军 | EAC | MEB | 装甲旅战斗队 | 步兵旅战斗队 | 斯特瑞克旅战斗队 | 备注 |
|---|---|---|---|---|---|---|---|---|---|---|---|---|
| 03-BDE-0065 | CBRN 条件下作战准备 | | | × | | | | | × | × | × | |
| 03-BDE-0066 | 核攻击准备 | | | × | | | | | × | × | × | |
| 03-BDE-0067 | 友军核打击准备 | | | × | | | | | × | × | × | |
| 03-BDE-0069 | 核攻击反应 | | | × | | | | | × | × | × | |
| 03-BDE-0070 | 化学攻击准备 | | | × | | | | | × | × | × | |
| 03-BDE-0071 | 化学攻击反应 | | | × | | | | | × | × | × | |
| 03-BN-0065 | CBRN 条件下作战准备 | | × | | | | | | | | | |
| 03-BN-0066 | 核攻击反应 | | × | | | | | | | | | |
| 03-BN-0067 | 友军核打击准备 | | × | | | | | | | | | |
| 03-BN-0069 | 核攻击反应 | | × | | | | | | | | | |
| 03-BN-0070 | 化学攻击准备 | | × | | | | | | | | | |
| 03-BN-0071 | 化学攻击准备 | | × | | × | | | | | | | |
| 03-DIV-0065 | CBRN 条件下准备 | | | | × | | | | | | | |
| 03-DIV-0066 | 核攻击准备 | | | | × | | | | | | | |
| 03-DIV-0067 | 友军核打击准备 | | | | × | | | | | | | |
| 03-DIV-0069 | 核攻击反应 | | | | × | | | | | | | |
| 03-DIV-0070 | 化学攻击准备 | | | | × | | | | | | | |

续表

| 任务编号 | 任务 | 连 | 营 | 旅 | 师 | 军 | EAC | MEB | 装甲旅战斗队 | 步兵旅战斗队 | 斯特瑞克旅战斗队 | 备注 |
|---|---|---|---|---|---|---|---|---|---|---|---|---|
| 03-DIV-0071 | 化学攻击反应 | | | | × | | | | | | | |
| 03-DIV-0404 | 指导 CBRN 防护行动 | | | | × | | | | | | | |
| 03-CO-9200 | 实施化学攻击后脱面具程序 | × | | | | | | | | | | |
| 03-CO-9201 | 落实 CBRN 保护措施 | × | | | | | | | | | | |
| 03-CO-9203 | 化生攻击反应 | × | | | | | | | | | | |
| 03-CO-9204 | 实施化生攻击后的行动 | × | | | | | | | | | | |
| 03-CO-9205 | 友军核打击准备 | × | | | | | | | | | | |
| 03-CO-9208 | 穿过放射性沾染区 | × | | | | | | | | | | |
| 03-CO-9209 | 遮蔽反应 | × | | | | | | | | | | |
| 03-CO-9223 | 核攻击反应 | × | | | | | | | | | | |
| 03-CO-9224 | 实施作战洗消 | × | | | | | | | | | | |
| 03-CO-9225 | 实施化学侦察 | × | | | | | | | | | | |
| 03-CO-9226 | 穿过化学沾染区域 | × | | | | | | | | | | |
| 03-CO-9310 | 实施徒步化学测量 | × | | | | | | | | | | |
| 03-CO-9312 | 实施彻底洗消 | × | | | | | | | | | | |
| 03-PLT-0001 | 实施 CBRN 乘车定位 | | | | | | | | × | | × | CBRN 侦察排 |
| 03-PLT-0002 | 实施 CBRN 乘车侦察 | | | | | | | | × | | × | CBRN 侦察排 |

续表

| 任务编号 | 任务 | 连 | 营 | 旅 | 师 | 军 | EAC | MEB | 装甲旅战斗队 | 步兵旅战斗队 | 斯特瑞克旅战斗队 | 备注 |
|---|---|---|---|---|---|---|---|---|---|---|---|---|
| 03-PLT-0003 | 实施 CBRN 乘车监测 | | | | | | | | × | | × | CBRN 侦察排 |
| 03-PLT-0004 | 实施 CBRN 乘车侦察采样 | | | | | | | | × | | × | CBRN 侦察排 |
| 03-PLT-0005 | 实施现场特征描述 | | | | | | | | | × | | CBRN 侦察排 |
| 03-PLT-0008 | 计划 CBRN 侦察和监测任务 | | | | | | | | × | × | × | CBRN 侦察排 |
| 03-PLT-0009 | 任务准备 | | | | | | | | × | × | × | CBRN 侦察排 |
| 03-PLT-0019 | 确定生物监测点 | | | | | | | | × | | × | CBRN 侦察排 |
| 03-PLT-0022 | 实施生物监测 | | | | | | | | × | | × | CBRN 侦察排 |
| 03-PLT-0028 | 为撤离进行生物采样 | | | | | | | | × | | × | CBRN 侦察排 |
| 03-PLT-0029 | 将生物样品撤离到指定样品转运点 | | | | | | | | × | | × | CBRN 侦察排 |
| 03-PLT-0030 | 协调部队指挥官或上级司令部运用部队 | | | | | | | | × | | × | CBRN 侦察排 |
| 03-PLT-0031 | 布置生物探测系统 | | | | | | | | × | | × | CBRN 侦察排 |
| 03-PLT-0038 | 实施生物探测数据分析 | | | | | | | | × | | × | CBRN 侦察排 |
| 03-PLT-0044 | 实施 CBRN 徒步侦察定位 | | | | | | | | | × | | CBRN 侦察排 |
| 03-PLT-0045 | 实施 CBRN 徒步侦察调查 | | | | | | | | | × | | CBRN 侦察排 |

续表

| 任务编号 | 任务 | 连 | 营 | 旅 | 师 | 军 | EAC | MEB | 装甲旅战斗队 | 步兵旅战斗队 | 斯特瑞克旅战斗队 | 备注 |
|---|---|---|---|---|---|---|---|---|---|---|---|---|
| 03-PLT-0046 | 实施 CBRN 徒步监测 | | | | | | | | | × | | CBRN 侦察排 |
| 03-PLT-0047 | 实施 CBRN 徒步侦察采样 | | | | | | | | | × | | CBRN 侦察排 |
| 03-PLT-0048 | 实施空中 CBRN 侦察 | | | | | | | | × | × | × | 飞机支援的 CBRN 侦察排 |
| 03-PLT-1076 | 实施有毒工业物质侦察 | | | | | | | | × | × | × | 如果需要使用 CBRN 侦察排 |
| 03-PLT-5129 | 进行技术洗消 | | | | | | | | | × | | CBRN 侦察排 |
| 03-PLT-9225 | 进行化学侦察 | | | | | | | | | × | | CBRN 侦察排 |
| 03-SEC-0002 | 维持 CBRN 运行评估 | | × | × | × | × | × | × | × | × | × | 参谋任务 |
| 03-SEC-0003 | 维持 CBRN 通用态势图 | | × | × | × | × | × | × | × | × | × | 参谋任务 |
| 03-SEC-0004 | 计划化学兵运用 | | × | × | × | | | × | × | × | × | 参谋任务 |
| 03-SEC-0006 | 准备有毒化学工业物质释放易损性分析 | | × | × | × | × | × | × | × | × | × | 参谋任务 |
| 03-SEC-0007 | 准备化学易损性分析 | | × | × | × | × | × | × | × | × | × | 参谋任务 |
| 03-SEC-0008 | 准备生物易损性分析 | | × | × | × | × | × | × | × | × | × | 参谋任务 |
| 03-SEC-0009 | 准备核易损性分析 | | × | × | × | × | × | × | × | × | × | 参谋任务 |
| 03-SEC-0010 | 执行易损性评估 | | × | × | × | × | × | × | × | × | × | 参谋任务 |

续表

| 任务编号 | 任务 | 连 | 营 | 旅 | 师 | 军 | EAC | MEB | 装甲旅战斗队 | 步兵旅战斗队 | 斯特瑞克旅战斗队 | 备注 |
|---|---|---|---|---|---|---|---|---|---|---|---|---|
| 03-SEC-0011 | 处理气象数据 | | × | × | × | × | × | × | × | × | × | 参谋任务 |
| 03-SEC-0012 | 准备污染预测 | | × | × | × | × | × | × | × | × | × | 参谋任务 |
| 03-SEC-0013 | 协调化生调查 / 采样行动 | | × | × | × | | | × | × | × | × | 参谋任务 |
| 03-SEC-0014 | 协调生物调查任务 | | × | × | × | | | × | × | × | × | 参谋任务 |
| 03-SEC-0015 | 推荐作战照射指南 | | × | × | × | × | × | × | × | × | × | 参谋任务 |
| 03-SEC-0017 | 准备附录 10（CBRN 防护）至附件 E（保护） | | × | × | × | × | × | × | × | × | × | 参谋任务 |
| 03-SEC-0018 | 准备生物攻击 | | × | × | × | × | × | × | × | × | × | 参谋任务 |
| 03-SEC-0019 | 生物攻击反应 | | × | × | × | × | × | × | × | × | × | 参谋任务 |
| 03-SEC-0020 | 执行作战环境评估 | | × | × | × | × | × | × | × | × | × | 参谋任务 |
| 03-SEC-0080 | 计划生物监测和采样行动 | | × | × | × | | | × | × | × | × | 参谋任务 |
| 03-SEC-1017 | 监视 CBRN 和遮蔽任务 | | × | × | × | | | × | × | × | × | 参谋任务 |
| 03-SEC-1018 | 实施 CBRN 侦察和监测计划 | | × | × | × | | | × | × | × | × | 参谋任务 |
| 03-SEC-1020 | 准备 CBRN 信息收集计划 | | × | × | × | × | × | × | × | × | × | 参谋任务 |
| 03-SEC-1810 | 计划遮蔽运用 | | × | × | × | × | × | × | × | × | × | 参谋任务 |

续表

| 任务编号 | 任务 | 连 | 营 | 旅 | 师 | 军 | EAC | MEB | 装甲旅战斗队 | 步兵旅战斗队 | 斯特瑞克旅战斗队 | 备注 |
|---|---|---|---|---|---|---|---|---|---|---|---|---|
| 03-SEC-1811 | 准备附录 9（战场遮蔽）至附件 C（作战） | | × | × | × | × | × | × | × | × | × | 参谋任务 |
| 03-SEC-9002 | 制订 CBRN 防护计划 | | × | × | × | × | × | × | × | × | × | 参谋任务 |
| 03-SEC-9007 | 协调 CBRN 保护 | | × | × | × | × | × | × | × | × | × | 参谋任务 |
| 03-SEC-9012 | 处理 CBRN 报告 | | × | × | × | × | × | × | × | × | × | 参谋任务 |
| 03-SEC-9020 | 建立 CBRN 报警报告系统 | | | | × | × | × | | | | | 参谋任务 |
| 03-SEC-9791 | 促进 CBRN 响应行动 | | | × | × | × | × | × | × | × | × | 参谋任务 |

## 附件 2：陆军化学兵基本任务清单

### 一、化生放核（CBRN）旅

核心任务：为指定的 CBRN 营和其他任务单位提供任务指挥；指挥 CBRN 和 CBRNE 行动和指导战场遮蔽；在支援作战区内，协调任务部队的指派和运用。

#### （一）协调 CBRN 响应行动（03-BDE-0008）

计划 CBRN 响应行动支援（03-BDE-0002）

准备 CBRN 响应行动支援（03-BDE-0003）

指导 CBRN 响应行动的响应活动（03-BDE-0004）

指导 CBRN 响应恢复支援（03-BDE-0005）

执行旅任务指挥活动程序（71-BDE-5100）

#### （二）实施大规模杀伤性武器清除行动（03-BDE-0009）

协调 CBRNE 行动支援（03-BDE-0010）

实施 CBRNE 威胁信息收集、监视和侦察（34-BDE-4001）

执行旅任务指挥活动程序（71-BDE-5100）

#### （三）进行大规模杀伤性攻击行动（03-BDE-6922）

实施 CBRNE 威胁信息收集、监视和侦察（34-BDE-4001）

实施旅任务指挥活动程序（71-BDE-5100）

#### （四）促进大规模杀伤性武器拦截行动（03-SEC-6921）

实施 CBRNE 威胁信息收集、监视和侦察（34-BDE-4001）

执行旅任务指挥活动程序（71-BDE-5100）

#### （五）协调 CBRN 防护（03-SEC-9007）

CBRN 条件下作战准备（03-BDE-0065）

指导 CBRN 防护行动（03-BDE-0404）

实施 CBRN 侦察及监视计划（03-SEC-1018）

制订 CBRN 防护计划（03-SEC-9002）

处理 CBRN 报告（03-SEC-9012）

建立 CBRN 预警和报告系统（03-SEC-9020）

执行旅任务指挥活动程序（71-BDE-5100）

#### （六）实施旅级远征部署行动（55-BDE-4800）

为部署（旅）准备人员（12-BDE-0004）

实施旅级部队投送有关的行动（55-BDE-4801）
实施旅级部署前活动（55-BDE-4805）
协调实施旅级部署训练支援（55-BDE-4858）
协调旅级后方分队支援（55-BDE-4863）
执行旅任务指挥活动程序（71-BDE-5100）

## 二、司令部（HHC）、化生放核（CBRN）旅

核心任务：负责所有司令部连的行政和后勤支援。

### （一）实施远征部署行动（55-CO-4830）

执行部署前的供应活动（10-CO-4804）
执行部署前的维修活动（43-CO-4805）
执行部署警报活动（55-CO-4801）
实施铁路装载行动（55-CO-4802）
执行部署前的训练活动（55-CO-4803）
为部署准备装备（55-CO-4806）
执行连的分队领导程序（71-CO-5100）

### （二）协调连保障行动（63-CO-4050）

提供分队供应保障（10-CO-4515）
销毁物料及设备（43-CO-4522）
执行车辆回收（43-CO-0001）
执行战场损伤评估及修复（BDAR）（43-CO-0002）
实施分队级维修工作（43-CO-4564）
实施预防性维修检查及服务（43-CO-4575）
执行连的分队领导程序（71-CO-5100）

### （三）成立连部（63-CO-4518）

落实 CBRN 保护措施（03-CO-9201）
伪装装备（05-PLT-3003）
治疗伤员（08-CO-0003）
撤离伤员（08-CO-0004）
实施分队防卫（63-CO-0727）
占领新的作业地点（63-CO-4009）
执行连的分队领导程序（71-CO-5100）

## 三、化生放核（CBRN）营

核心任务：提供 CBNRE 和遮蔽任务的任务指挥、规划、整合、指导和执行。

### （一）协调 CBRN 响应行动（03-BN-0008）

计划 CBRN 响应行动支援（03-BN-0002）

准备 CBRN 响应行动支援（03-BN-0003）

指导 CBRN 响应行动的响应活动（03-BN-0004）

指导 CBRN 响应恢复支援（03-BN-0005）

建立 CBRN 事件响应行动中心（03-BN-6592）

在进攻、防御、稳定和民事当局防卫支援中，管理指定和配属分队，提供交通支援（55-BN-0051）

执行营的任务指挥行动程序（71-BN-5100）

### （二）进行 WMD 清除行动（03-BN-0009）

协调 CBRNE 行动支援（03-BN-0010）

实施技术护送行动（03-BN-6950）（只限于 A、C 分队）

实施 CBRNE 威胁信息收集、监视和侦察（34-BN-4001）

执行营的任务指挥行动程序（71-BN-5100）

### （三）协调 CBRN 防护（03-SEC-9007）

准备 CBRN 条件下行动（03-BN-0065）

指导 CBRN 防护行动（03-BN-0404）

实施 CBRN 侦察及监视计划（03-SEC-1018）

制订 CBRN 防护计划（03-SEC-9002）

处理 CBRN 报告（03-SEC-9012）

建立 CBRN 报警报知系统（03-SEC-9020）

执行营的任务指挥行动程序（71-BN-5100）

### （四）实施营远征部署行动（55-BN-4800）

为部署（营）准备人员（12-BN-0004）

实施营级部队投送有关的行动（55-BN-4801）

实施营级部署前活动（55-BN-4805）

协调营级部署训练支援（55-BN-4858）

协调后方分队保障（55-EAC-4863）

执行营的任务指挥行动程序（71-BN-5100）

## 四、化生放核（CBRN）连（区域支援）

核心任务：为指定的作战地域提供 CBRN 侦察、监视和洗消支援。

### （一）指导民事当局 CBRN 防护支援（03-CO-0001）

建立大规模伤员洗消场地（03-CO-5124）

实施行走伤员洗消（03-CO-5125）

实施非行走伤员洗消（03-CO-5126）

实施事件追踪（03-CO-6591）

实施伤员收集程序（03-CO-6593）

实施徒步 CBRN 现场侦察（03-PLT-5127）

执行分队领导程序（71-CO-5100）

### （二）执行 CBRN 侦察和监视任务（03-CO-0002）

实施 CBRN 敏感场地搜寻（03-PLT-0012）

实施 CBRN 徒步侦察定位（3-PLT-0044）

实施 CBRN 徒步侦察测量（3-PLT-0045）

实施 CBRN 徒步监测（03-PLT-0046）

实施 CBRN 徒步侦察取样（03-PLT-0047）

实施化学侦察（03-PLT-9225）

执行分队领导程序（71-CO-5100）

### （三）协调生物检测系统的运用（03-CO-0018）

实施生物监测（03-PLT-0022）

为撤离准备生物样本（03-PLT-0028）

将生物样本撤离至指定的样本转运站（03-PLT-0029）

布置生物探测系统（03-PLT-0031）

撤收生物探测系统（03-PLT-0032）

进行生物检测数据分析（03-PLT-0038）

执行分队领导程序（71-CO-5100）

### （四）执行洗消任务（03-CO-1002）

维持持续洗消（03-PLT-1008）

实施作战飞机洗消（03-PLT-1011）

实施固定场地洗消（03-PLT-5001）

实施地面洗消（03-PLT-5002）

实施作战洗消支援（03-PLT-5100）

实施彻底洗消支援（03-PLT-5123）

执行分队领导程序（71-CO-5100）

### （五）进行远征军部署行动（55-CO-4830）

执行部署前的供应活动（10-CO-4804）

执行部署前的维修活动（43-CO-4805）

执行部署报警活动（55-CO-4801）

实施铁路装载行动（55-CO-4802）

实施部署前的训练活动（55-CO-4803）

为部署准备装备（55-CO-4806）

执行分队领导程序（71-CO-5100）

### （六）成立连部（63-CO-4518）

落实 CBRN 防护措施（03-CO-9201）

伪装装备（05-PLT-3003）

处理伤员（08-CO-0003）

撤离伤员（08-CO-0004）

实施分队防卫（63-CO-0727）

占领新的作业地点（63-CO-4009）

执行分队领导程序（71-CO-5100）

## 五、化生放核（CBRN）连（生物）

核心任务：为军事力量或民事当局提供生物监测和有限的后果管理支援。

### （一）协调生物检测系统的运用（03-CO-0018）

实施生物监测（03-PLT-0022）

为撤离准备生物样本（03-PLT-0028）

将生物样本撤离至指定的样本转运站（03-PLT-0029）

布设生物探测系统（03-PLT-0031）

撤收生物探测系统（03-PLT-0032）

实施生物检测（BD）数据分析（03-PLT-0038）

执行连的分队领导程序（71-CO-5100）

### （二）实施远征部署行动（55-CO-4830）

执行部署前的供应活动（10-CO-4804）

执行部署前的维修活动（43-CO-4805）

执行部署警报活动（55-CO-4801）
实施铁路装载行动（55-CO-4802）
执行部署前的训练活动（55-CO-4803）
部署准备装备（55-CO-4806）
执行连的分队领导程序（71-CO-5100）

### （三）建立连部（63-CO-4518）

落实 CBRN 防护措施（03-CO-9201）
伪装装备（05-PLT-3003）
治疗伤员（08-CO-0003）
撤离伤员（08-CO-0004）
实施分队防卫（63-CO-0727）
占领新的作业地点（63-CO-4009）
执行连的分队领导程序（71-CO-5100）

## 六、化生放核（CBRN）连（危害响应）

核心任务：为指定的作战区域提供 CBRN 侦察、监视和洗消支援。

### （一）向民事当局提供 CBRN 防护支援（03-CO-0001）

建立大规模伤员洗消场（03-CO-5124）
实施行走伤员洗消（03-CO-5125）
实施非行走伤员洗消（03-CO-5126）
实施事件追踪（03-CO-6591）
执行伤员收拢程序（03-CO-6593）
实施徒步 CBRN 现场侦察（03-PLT-5127）
执行分队领导程序（71-CO-5100）

### （二）执行 CBRN 乘车侦察和监视任务（03-CO-0010）

实施 CBRN 乘车侦察定位（03-PLT-0001）
实施 CBRN 乘车侦察测量（03-PLT-0002）
实施 CBRN 乘车监视（03-PLT-0003）
实施 CBRN 乘车侦察取样（03-PLT-0004）
执行分队领导程序（71-CO-5100）

### （三）执行 CBRN 徒步侦察和监视任务（03-CO-0013）

实施 CBRN 敏感场地利用（03-PLT-0012）

实施 CBRN 徒步侦察定位（03-PLT-0044）
实施 CBNR 徒步侦察测量（03-PLT-0045）
实施 CBRN 徒步监视（03-PLT-0046）
实施 CBRN 徒步侦察取样（03-PLT-0047）
实施技术洗消（03-PLT-5129）
执行分队领导程序（71-CO-5100）

### （四）协调生物检测系统的运用（03-CO-0018）

实施生物监测（03-PLT-0022）
为撤离准备生物样本（03-PLT-0028）
将生物样本撤离至指定的样本转运站（03-PLT-0029）
布设生物探测系统（03-PLT-0031）
撤收生物探测系统（03-PLT-0032）
实施生物检测（BD）数据分析（03-PLT-0038）
执行分队领导程序（71-CO-5100）

### （五）执行洗消任务（03-CO-1002）

维持持续洗消（03-PLT-1008）
实施作战飞机洗消（03-PLT-1011）
实施作战洗消支援（03-PLT-5100）
实施彻底洗消支援（03-PLT-5123）
执行分队领导程序（71-CO-5100）

### （六）实施远征军部署行动（55-CO-4830）

执行部署前的供应活动（10-CO-4804）
执行部署前的维修活动（43-CO-4805）
执行部署警报活动（55-CO-4801）
实施铁路装载行动（55-CO-4802）
执行部署前的训练活动（55-CO-4803）
为部署准备装备（55-CO-4806）
执行分队领导程序（71-CO-5100）

### （七）建立连部（63-CO-4518）

落实 CBRN 防护措施（03-CO-9201）
伪装装备（05-PLT-3003）
治疗伤员（08-CO-0003）

撤离伤员（08-CO-0004）
实施分队防卫（63-CO-0727）
占领新的作业地点（63-CO-4009）
执行分队领导程序（71-CO-5100）

## 七、化生放核（CBRN）协调分队

核心任务：为战区陆军 CBRN 参谋计划、作战和后勤保障提供人员扩充。

### （一）协调 CBRN 防护（03-SEC-9007）

指导 CBRN 防护行动（03-DET-0404）
实施 CBRN 侦察及监视计划（03-SEC-1018）
制订 CBRN 防护计划（03-SEC-9002）
处理 CBRN 报告（03-SEC-9012）
建立 CBRN 报警报知系统（03-SEC-9020）
执行连的分队领导程序（71-CO-5100）

### （二）进行远征军部署行动（55-CO-4830）

执行部署警报活动（55-CO-4801）
执行部署前的训练活动（55-CO-4803）
为部署准备装备（55-CO-4806）
执行连的分队领导程序（71-CO-5100）

## 八、CBRNE 连

核心任务：为军队或民事当局提供咨询、评估、抽样、检测、核查、安全、包装，护送化学生物装置，生物危险监测的有限后果管理支援。

### （一）指导大规模毁灭性武器（WMD）失能任务（03-CO-0011）

执行大规模毁灭性武器失能任务（03-CO-0011）
建立人员洗消站（PDS）（03-TM-0018）
执行转运任务（03-TM-0021）
执行武器 / 弹药贮存 EOD 程序（09-CO-1206）
大规模毁灭性武器事件响应（09-CO-1210）
执行连的分队领导程序（71-CO-5100）

### （二）指导 CBRN 敏感现场利用（03-CO-0012）

实施 CBRN 敏感场地利用（03-TM-0012）

建立人员洗消站（PDS）（03-TM-0018）
执行转运任务（03-TM-0021）
执行连的分队领导程序（71-CO-5100）

## （三）指导护送任务（03-CO-0014）

执行护送任务（03-TM-0014）
建立人员洗消站（PDS）（03-TM-0018）
执行转运任务（03-TM-0021）
执行连的分队领导程序（71-CO-5100）

## （四）执行回收化学战剂任务（03-CO-0016）

执行化学 / 生物分析任务（03-TM-0013）
执行回收化学战剂（RCWM）任务（03-TM-0016）
建立人员洗消站（PDS）（03-TM-0018）
执行转运任务（03-TM-0021）
化学 / 生物爆炸品处置事件响应（09-CO-1214）
执行连的分队领导程序（71-CO-5100）

## （五）进行远征部署行动（55-CO-4830）

执行部署前的供应活动（10-CO-4804）
执行部署前的维修活动（43-CO-4805）
执行部署警报活动（55-CO-4801）
实施铁路装载行动（55-CO-4802）
执行部署前的训练活动（55-CO-4803）
为部署准备装备（55-CO-4806）
执行连的分队领导程序（71-CO-5100）

## （六）建立连部（63-CO-4518）

落实 CBRN 防护措施（03-CO-9201）
伪装装备（05-PLT-3003）
治疗伤员（08-CO-0003）
撤离伤员（08-CO-0004）
实施分队防卫（63-CO-0727）
占领新的作业地点（63-CO-4009）
执行连的分队领导程序（71-CO-5100）

## 九、CBRNE作战司令部

第20 CBRNE司令部对被指派的CBRN和EOD部队实施任务指挥权。

核心任务：向陆军和联合、机构间、政府间、多国（JIIM）总部提供（按订单）CBRN和EOD部队，（按订单）部署一个JTF-E总部，以支援COCOM需求。

### （一）实施CBRN行动（03-DIV-6900）

协调CBRN响应行动（03-DIV-0008）

实施WMD清除行动（03-DIV-0009）

与战斗和其他司令部运用大规模杀伤性武器协调小组（03-DIV-0100）

运用核失能小组（03-DIV-0200）

运用CBRNE分析补救活动（CARA）（03-DIV-0300）

实施CWMD行动（03-DIV-7000）

执行师的任务指挥行动程序（71-DIV-5100）

### （二）监察爆炸品处置行动（09-DIV-7001）

实施联合、跨组织及多国（JIM）爆炸品处置行动（09-DIV-7004）

协调非常重要的人员防护支援（09-DIV-7006）

管理武器技术情报支持目标处理（09-DIV-7016）

执行师的任务指挥行动程序（71-DIV-5100）

### （三）实施师级与力投送有关的行动（55-DIV-4801）

实施师级重新部署活动（55-DIV-4878）

执行师级国内后方分队活动（55-DIV-4864）

平衡战略机构和合作伙伴与当前的维持运行（旅以上兵种）（63-CMD-0054）

执行师的任务指挥运作程序（71-DIV-5100）

### （四）实施师部署活动（55-DIV-4804）

指导师部署警报及召回（55-DIV-4850）

执行师级部署先遣队活动（55-DIV-4861）

运行师紧急行动中心（55-DIV-4852）

计划部署（55-DIV-4873）

执行师的任务指挥行动程序（71-DIV-5100）

### （五）在作战环境中建立师指挥部（71-DIV-0050）

协调师后勤支援（71-DIV-4100）

执行师的任务指挥行动程序（71-DIV-5100）

实施师指挥所运行（71-DIV-5200）
维持师任务指挥的连续性（71-DIV-5250）
管理师的资料及数据（71-DIV-5310）
处理师相关信息（71-DIV-5315）
通过知识管理整合态势感知（71-DIV-5330）

### （六）建立联合任务部队司令部（71-JNT-5500）

执行师的任务指挥行动程序（71-DIV-5100）
师作战的任务组织（71-DIV-5123）
为联合任务部队提供联合作战区的目标资料（71-JNT-2424）
控制联合任务部队行动（71-JNT-5440）
为联合任务部队制定联合部队联络结构（71-JNT-5520）
实施联合任务部队联合参谋行动（71-JNT-5570）
为联合任务部队协调机构间和多国支援（71-JNT-5790）

## 十、HHC、CBRN 作战司令部

核心任务：负责司令连所有部门的行政和后勤支援。

### （一）实施远征军部署行动（55-CO-4830）

执行部署前的供应活动（10-CO-4804）
执行部署前的维修活动（43-CO-4805）
执行部署警报活动（55-CO-4801）
实施铁路装载行动（55-CO-4802）
执行部署前的训练活动（55-CO-4803）
为部署准备装备（55-CO-4806）
执行连的分队领导程序（71-CO-5100）

### （二）协调连支援行动（63-CO-4050）

在进攻、防御、稳定和民事当局防卫期间提供分队支援（10-CO-4515）
销毁物料及装备（43-CO-4522）
执行车辆回收（43-CO-0001）
执行战场损伤评估及修复（BDAR）（43-CO-0002）
实施分队级维修（43-CO-4564）
实施预防性维修检查及服务（43-CO-4575）
执行连的分队领导程序（71-CO-5100）

### （三）建立连部（63-CO-4518）

落实 CBRN 防护措施（连）（03-CO-9201）

伪装装备（05-PLT-3003）

治疗伤员（08-CO-0003）

撤离伤员（08-CO-0004）

实施分队防卫（63-CO-0727）

占领新的作业地点（63-CO-4009）

执行连的分队领导程序（71-CO-5100）

# 参考文献


[ 1 ] Department of Defense. Strategy for Countering Weapons of Mass Destruction[EB/OL]. (2023)

[ 2 ] JP 3-11 Operations in Chemical, Biological, Radiological, and Nuclear Environment [EB/OL]. Joint Chiefs of Staff, 29 October 2018.

[ 3 ] JP 3-40 Countering Weapons of Mass Destruction[EB/OL]. Joint Chiefs of Staff, 31 October 2014.

[ 4 ] JP 3-41 Chemical, Biological, Radiological, and Nuclear Response[EB/OL]. Joint Chiefs of Staff, 09 September 2016.

[ 5 ] JP 4-02. Health Service Support[EB/OL]. Joint Chiefs of Staff, 31 October 2006.

[ 6 ] FM 3-11, MCWP 3-37.1, NWP 3-11, AFTTP 3-2.42. Multi-Service Doctrine for Chemical, Biological, Radiological, and Nuclear Operations[EB/OL]. July 2011.

[ 7 ] FM 3-11.3, MCWP 3-37.2A, NTTP 3-11.25, AFTTP (I) 3-2.56. Multiservice Tactics, Techniques, and Procedures for Chemical, Biological, Radiological, and Nuclear Contamination Avoidance[EB/OL]. 2 February 2006.

[ 8 ] FM 3-11.4, MCWP 3-37.2, NTTP 3-11.27, AFTTP (I) 3-2.46. Multiservice Tactics, Techniques, and Procedures for Nuclear, Biological, and Chemical (NBC) Protection [EB/OL]. 2 June 2003.

[ 9 ] FM 3-11.5, MCWP 3-37.3, NTTP 3-11.26, AFTTP (I) 3-2.60. Multiservice Tactics, Techniques, and Procedures for Chemical, Biological, Radiological, and Nuclear Decontamination[EB/OL]. 4 April 2006.

[ 10 ] FM 3-11.34, MCWP 3-37.5, NTTP 3-11.23. Multiservice Tactics, Techniques, and Procedures for Installation CBRN Defense[EB/OL].

[ 11 ] FM 5-19 Composite Risk Management[EB/OL]. Headquarters, Department of the Army, July 2006.

[ 12 ] FM 7-0 Training Units and Developing Leaders for Full Spectrum, Operations [EB/OL]. Headquaters, Department of the Army, Febuary 2011.

[ 13 ] FM 100-14 Risk Management[EB/OL]. Headquarters Department of the Army, Washington, D C, 23 April 1998.

[ 14 ] ATTP 3-11.36/MCRP 3-37B/NTTP 3-11.34/AFTTP (I) 3-20.70. Multiservice Tactics,

Techniques, and Procedures for Chemical, Biological, Radiological, and Nuclear Apects of Command and Control.[EB/OL] 12 July 2010.

[15] ATP 3-11.37 MCWP 3-37.4 NTTP 3-11.29 AFTTP 3-2.44 Multi-Service Tactics, Techniques, and Procedures for Chemical, Biological, Radiological, and Nuclear Reconnaissance and Surveillance[EB/OL]. March 2013.

[16] ATP 3-37.11 Chemical, Biological, Radiological, Nuclear, and Explosives Command. Headquarters, Department of the Army, AUGUST 2018: D-6STP 21-1-SMCT Soldier's Manual of Common Tasks Warrior Skills Level 1[EB/OL]. Headquarters Department of the Army, September 2012.

[17] STP 21-1-SMCT Soldier's Manual of Common Tasks Warrior Skills Level 1[EB/OL]. Headquarters Department of the Army, June 2009.

[18] STP 21-24-SMCT Soldier's Manual of Common Tasks Warrior Skills Level 2，3, and 4[EB/OL]. Headquarters Department of the Army, September 2008.

[19] Leader's Guide to After-Action Reviews (AAR)[EB/OL]. US Army Combined Arms Center–Training, Fort Leavenworth, Kansas 66027, September 2011.

[20] ATP 3-90.40 Combined Arms Countering Weapons of Mass Destruction[EB/OL]. Headquarters, Department of the Army, 29 June 2017：1-2.

[21] ARTEP 3-207-10-DRILL Drills for Nuclear, Biological, Radiological (NBC) Reconnaissance Platoon[EB/OL]. Headquarters Department of the Army, 14 March 2002.

[22] ARTEP 3-457-10-DRILL Drills for Smoke/Decontamination Platoon[EB/OL]. Headquarters Department of the Army, 14 February 2002.

[23] ARTEP 3-327-10-DRILL Drills for Chemical, Biological, Radiological, or Nuclear (CBRN) Domestic Support Missions[EB/OL]. Headquarters Department of the Army, 27 December 2004.

[24] History of Chemical and Biological Detectors, Alarms, and Warning System[EB/OL]. U.S. Army Soldier and Biological Chemical Command, 3-6.

[25] History of Decontamination[EB/OL]. U.S. Army Soldier and Biological Chemical Command.

[26] TC 3-8 Chemical Training[EB/OL]. Headquarters Department of the Army, 29 September: 1994: 2-1.

[27] History of Chemical and Biological Detectors, Alarms, and Warning System[EB/OL]. U.S. Army Soldier and Biological Chemical Command, 7-15.

[ 28 ] Pamphlet 600-3 Commissioned Officer Professional Development and Career Management[EB/OL]. Department of Army, 1 February 2010.

[ 29 ] Jeffery K. Smart, M. A. History of Chemical and Biological Warfare: An American Perspective[EB/OL]. U. S. Army Chemical and Biological Defense Command, Aberdeen Proving Ground, Maryland, 21010-5423: 36.

[ 30 ] Major Joseph J. Hauer. The Chemical Corps' Conversion from NBC to CBRN[J]. Army Chemical Review, July - December, 2007: 4-6.

[ 31 ] U.S. Army Human Resource Command, "Notification of Future Change to DA Pam 611-21, E-0704, Revision of Enlisted Career Management Field (CMF) 74 (Chemical) and Military Occupational Specialty (MOS) 74D (Chemical Operations Specialist)" [EB/OL]. 13 July 2006.

[ 32 ] U.S. Army Human Resource Command, "Notification of Future Change to DA Pam 611-21, O-0804-06, Revision of Officer Branch 74 (Chemical) and Area of Concertation (AOC) 74A (Chemical, General), Skill Identifier (SI) L3 (Technical Escort) and 5H (Nuclear Target Analyst; Deletion of AOC 74B (Chemical Operations and Training), and AOC 74C (Chemical Munitions and Materiel Management)" [EB/OL]. 21 May 2007.

[ 33 ] GA0-15-257 Chemical and Biological Defense[EB/OL]. United States Government Accountability Office, June 2015.

[ 34 ] Homeland Defense and Defense Support of Civil Authorities[EB/OL]. DOD, February 2013.

[ 35 ] LTC George T.Christenson. Chemical, Biological, Radiological and Nuclear (CBRN) Response[EB/OL].

[ 36 ] MAJ Jon Dotterer & SFC Richard Axelson. Consequence Management[EB/OL]. 28 May 2014.

[ 37 ] Deena S.Disraelly, Carl A.Curling, Jeffrey H. Grotte, Douglas P. Schultz, Richarh K.Wright. Nuclear, Chemical and Biological Education and Training: A Review Across the Services and Joint Community[EB/OL]. Institute for Defense Analyse, September 2007.

[ 38 ] US Navy. Navy Training System Plan, N78-NTSP-A-50-0116/1, for the Joint Service Family of Decontamination Systems—Blocks Ⅰ, Ⅱ, Ⅲ, Ⅳ[EB/OL]. April 2002.

[ 39 ] Adriane A. Stebbins. Can Naval Surface Forces Operate Under Chemical Weapons Conditions[EB/OL]. Naval Postgraduate School, Monterey, California, June 2002.

[ 40 ] Air Force Instruction AFI 10-2501, Air Force Emergency Management (EM) Program, Planning and Operations[EB/OL]. 24 January 2007.

[ 41 ] U.S. Marine Corps. Marine Corps Warfighting Publication, MCWP 3-37, MAGTF Nuclear, Biological, and Chemical Defense Operations[EB/OL]. Quantico, VA: 21 September 1998.

[ 42 ] U.S. Marine Corps. Commandant of the Marine Corps. Marine Corps Order MCO 1510.89B Individual Training Standards (ITS) System for Marine Corps Common Skills (MCCS)—Volume 1[EB/OL]. October 2004.

[ 43 ] Inspector Geneal. Chemical and Biological Training for Army and Marine Corps Units in the Republic of Korea Needs Improvemnent[EB/OL]. U. S. Department of Defense, February 24, 2016.

[ 44 ] The United States Army Chemical, Biological, Radiological, and Nuclear School Traing Strategy[EB/OL].

[ 45 ] 纪学仁 . 化学战史 [M]. 北京：军事译文出版社，1991.

[ 46 ] 于义风 . 反核生化恐怖 [M]. 北京：解放军出版社，2004.

[ 47 ] 朱建新 . 生物战史 [M]. 北京：时事出版社，2015.

[ 48 ] 董鸿宾 . 美国军事基本情况 [M]. 北京：军事科学出版社，2013.

[ 49 ] 美国国会预算办公室 . 美军力量结构读本 [M]. 夏之冰，海狼，译 . 北京：知远战略与防务研究所，2016.

[ 50 ] 夏治强，滕珺，赵钦 . 2019-2020 CBRN 威胁与外军防化装备技术发展 [M]. 北京：中国原子能出版社会，2021.